전통과 변화의 교회

도서출판 말씀과만남은 그리스도인들과 세상 모든 사람들이
하나님의 말씀과 만나 그 생각이 새로워지고 그 삶이 풍성해지도록 돕고 있습니다.

The Malsseum & Mannam Publishing House is helping Christians and men in the world to
meet with God's Word so that they may have their spirits renewed and have an abundant life.

전통과 변화의 교회

김 이 봉 지음

1판 1쇄 / 2005. 9. 25
발행처 / 말씀과만남
발행인 / 최 헌 근
등록번호 / 제20-444호
등록일자 / 1991. 6. 19

138-220 서울특별시 송파구 잠실동 339-3
Tel : (031) 594-6327, Fax : (031) 594-6328
전자우편 : mmpress@hanmail.net

ISBN 89-7508-156-7

정가 : 10,000원

잘못된 책은 바꾸어 드립니다.

전통과 변화의 교회

김이봉 지음

말씀과만남

할렐루야!

우리 모두에게 하나님의 사랑이 충만하기를 기원합니다.

어느덧 세월은 흘러 강단에서 말씀을 선포한지 40년의 세월이 흘렀습니다. 금년말로 작은 종이 은퇴를 선언하였습니다. 그동안 12권의 설교집이 출판되었고, 이번이 은퇴하는 마지막입니다.

1. 감격속에 사는 사람, 2. 부끄러움 없는 삶, 3. 성도는 순례자, 4. 고통에 대한 믿음의 사람, 5. IMF 시대에 행할 일, 6. 새 힘을 주소서, 7. 변화된 삶의 기적, 8. 하나님이 쓰시는 사람, 9. 예수 그리스도의 사람, 10. 약속의 하나님, 11. 영원을 사모하는 마음 등이었습니다.

본래 목회 초반에는 이런 생각을 못했지만, 중반에서 은퇴할때까지 20권의 책을 출판했으면 했었습니다. 그 뜻이 이루어졌습니다. 설교집 외에 다른것들 8권을 합쳐 꼭 20권이 되었습니다. 인생도 가고, 세월도 가지만 인쇄된 활자는 후세인들에게까지 읽혀지리라 생각합니다.

험난한 세상에서 그 고난의 세월속에서 지켜주신 하나님께 감사를 드립니다. 매년마다 상도교회 출판부장으로 수고한 최헌근 집사님과 제직들, 그리고 좋은책으로 만들어준 말씀과 만남사 여러분들에게 진심으로 감사를 드립니다.

아무쪼록 우리 하나님의 영원한 사랑이 여러분들 위에 항상 함께 하기를 기원합니다.

2005. 9. 20. 상도교회 담임목사 김 이 봉

목 차

1부 하나님의 경륜

2부 건강한 삶의 의미

이 책을 읽는
모든 분들께 하나님의 복이
임하기를 축원드립니다.

1 하나님의 경륜

전통과 변화의 교회

[마태복음 9장 16-17절]

생베 조각을 낡은 옷에 붙이는 자가 없나니 이는 기운 것이 그 옷을 당기어 헤어짐이 더하게 됨이요 새 포도주를 낡은 가죽 부대에 넣지 아니하나니 그렇게 하면 부대가 터져 포도주도 쏟아지고 부대도 버리게 됨이라 새 포도주는 새 부대에 넣어야 둘이 다 보전 되느니라

전통과 변화의 교회

세상에는 변해야 할 것이 있고, 변하면 안 될 것이 있습니다. 변해야 할 것이 변하지 않고, 변하면 안 될 것이 변하면, 그것은 불행입니다. 즉 세상은 변하지만, 〈진리〉는 변함이 없어야 합니다.

살아 움직이는 생명체는 모두 성장과 결실이라는 변화의 과정이 있습니다. 어린이들의 성장하는 과정을 보시기 바랍니다. 아들, 딸이란 본질적인 것은 그대로 있지만, 그들의 겉 모습은 항상 성장이란 과정에서 변하고 있음을 볼 수 있습니다.

이것은 자연만물에서도 마찬가지입니다. 지금 한창 뜨거운 햇살에 논 밭의 벼들은 이삭이 올라오고 있습니다. 얼마있으면 푸르던 논밭은 황금들판을 이루게 될 것이고, 추수의 계절이 될 것입니다. 이것은 하나의 자연의 섭리요 변화입니다.

이깃은 우주천체에서도 마찬가지입니다. 태양은 언제나 그 자리에 있고, 태양을 중심한 모든 항성들은 자신의 궤도를 이탈하지 않고 돌고 있습니다. 이런 의미에서 우리의 신앙생활에서도 변해야 할 것과 변치 않아야 할 것이 있습니다. 특히 하나님의 교회에서 이것은 매우 중요합니다.

1. 교회는 변치 않아야 할 것과 변해야 할 것이 있습니다.

우리 상도교회는 58년의 역사를 가진 교회입니다. 58년 동안 변한 것도 많고, 달라진 것도 많습니다. 우선 외적인 모습들이 많이 변했습니다. 본당의 모습과, 교육관과, 새로 건축한 사회봉사관, 그리고 화천기도원 등 우선 외형적인 모습들이 많이 변했습니다. 그런가하면, 교인들도 초창기에 있던 교인들은 이제 몇 명 뿐이고, 모두 새로운 사람이거나, 이세, 삼세들로 변해버렸습니다.

이렇게 변하는 중에서 변치 않아야 할 것이 있습니다. 그것은 하나님의 〈말씀〉입니다. 〈진리의 말씀〉인 하나님의 말씀은 예나 지금이나 변치 않아야 합니다. 앞으로도 이것은 영원토록 주님 오실 때 까지 변치 않아야 합니다. 우리 상도교회의 전통은 어디까지나 복음주의적 말씀 중심의 교회입니다. 앞으로도 상도교회의 강단은 이단과 자유주의, 세속주의가 발을 붙이지 못할 것입니다. 왜냐하면 그런 쪽으로 변질될 교회는 아닐 것입니다. 이것이 우리 교회의 변치 않아야 할 전통입니다.

〈말씀〉이 〈말씀되게 하는 교회〉의 전통은 계속 되어야 할 것입니다. 하지만, 〈말씀〉을 수용하고 생활에 적용하는 것은 항상 변해야 합니다. 이것을 신학적인 용어로는 〈말씀〉이 육신화 되는 과정이라고 합니다.

왜 예수님이 그토록 바리새인들과 서기관들을 책망하였습니까? 저들은 장로의 〈유전〉을 〈말씀〉보다 더 상위에 놓았었기 때문입니다. 예수님 당시 바리새인들은 금식의 전통을 철저하게 지켰습니다. 바리새인들은 일주일에 한 두 번씩 금식하였습니다. 안식일에는 오리 이상 걷지도 않고, 철저하게 금식하였습니다.

그런데 주님의 제자들이 금식하지 않는 것을 보고 문제를 제기했습니다. 더욱이 안식일에 밀 이삭을 잘라 먹었다고 비난했습니다. 또 안식일에 환자를 치료하지 않았습니다. 그런데 주님께서 안식일에 병자를 고쳐주었더니, 왜 안식일에 병을 고쳤느냐고 모세의 율법을 범했다고 흠을 잡으려고 했습니다. 저들의 눈에 비쳐진 예수님의 행실은 모두 자신들 전통에 어긋나는 것이라고 보았습니다. 그래서 주님을 십자가에 못 박아야 한다고 외쳤습니다.

오늘 우리가 이 점을 잘 유념해야 합니다. 바리새인들과 서기관들은 하나님의 말씀 자체보다, 그 말씀을 지키려는 방법을 더 강조하다보니, 도리어 무거운 멍에를 지우게 되었고 형식으로 흘러가게 만들었습니다. 이것은 오늘 우리에게도 매우 중요한 일입니다. 교회가 목숨 걸고 고수하고 지켜야 할 것이 있는가 하면, 과감하게 떨쳐 버려할 것은 버려야 합니다. 교회의 본질된 것은 양보하면 안되지만, 비본질적인 것은 얼마든지 수용하고 변해야 한다는 말입니다.

이것을 우리 주님은 이렇게 말씀하였습니다.
'생베조각을 낡은 옷에 붙이는 자가 없고, 새 포도주를 낡은 가죽 부대에 넣지 아니하나니 새 포도주는 새 부대에 넣어야 둘이 다 보존된다' 고 하였습니다. 여기서 우리가 생각해야 할 것은 〈말씀〉은 변치 않아야 하지만, 그 말씀을 수행해 나감에 있어서 방법은 변화해야 한다는 말입니다.

2. 그러면 교회에서 변해야 할 것이 무엇이겠습니까?
1) 교회의 의식과 형식 보다 영혼 사랑을 더 중요시 해야합니다.
교회는 세상 안에 있는 존재입니다.

마치 잠수함이 바다 속에 있어야 하는 것 처럼, 교회는 세상 안에 머물러야 합니다. 잠수함에 물이 들어와서는 안되듯이 교회는 세속적인 것이 들어와서는 안됩니다. 그러나 물 밖으로 나와서는 안되는 것과 같은 이치입니다. 사회적 변화와 세속의 물결 속에서 그것을 헤쳐나갈 수 있는 힘이 있어야 합니다. 이것을 세상적 문화에 대한 교회의 수용입니다.

수용(accept)이란 말은 동화(conform)란 말과는 다른 것입니다. 변화의 세계 속에서 교회는 수용해야 할 것은 수용해야 합니다. 그러나, 변하는 세상과 함께 동화되어서는 안된다는 말입니다. 즉 다양성 속에서 자신의 위치를 드러내야 합니다. 그것이 산 위에 세운 성이요, 등경 위에 놓은 등불입니다.

교회는 비본질적인 것은 항상 수용할 자세가 필요합니다. 예컨데, 예배시간 문제입니다. 꼭 11시에 드려야 하는 것은 아닙니다. 저녁예배는 저녁 7시에만 드려야 한다는 것이 아닙니다. 교회는 마루에서 무릎 꿇고 예배를 드려야 한다는 것은 아닙니다. 선풍기나 에어컨을 놓고 예배 드리면 안된다고 하는 것은 아닙니다. 심지어 오르간 이외에 다른 악기로 예배를 드리면 안된다고 하는 것은 아닙니다. 이런 것을 목숨 걸고 지켜야 할 일이 아니란 말입니다.

교인들 중에는 교파보다 하나님을 찾기 위해 나오는 경우가 많습니다. 그러나 교파주의적 전통의 사람들은 어느 교파인가를 먼저 묻고, 다른 교파는 안된다는 것으로 굳어져 있습니다. 그러면 안된다는 말입니다.

바리새인과 서기관들은 〈전통〉수호가 생명이었습니다. 그래서 죄인들과 함께 자리에 앉지도 않았습니다. 저들 생각에는 모세의 율법을 범한 자들은 돌탕에 맞아 죽어야 했습니다. 〈말씀〉보다 장로의 유전이 더 많은 사람을 죄인으로 낙인찍었습니다. 그러나 우리 주님은 이 장벽을 넘어섰습니다. 손 씻고 먹는 문제, 안식일에 금식문제, 심지어 현장에서 간음 중에 잡혀온 여인에게 전통 보다는 영혼을 더 귀하게 여겼습니다. 이것이 바로 교회에서 변해야 할 일입니다.

2) 교회의 권위는 존중하되 권위의식은 버려야 합니다.

교회는 그리스도의 몸입니다. 그리스도의 몸으로서의 교회의 권위는 영원합니다. 이것은 세상의 어떤 권위에도 견줄 바가 아닙니다.

교회는 거룩하고, 성스럽고, 만유를 통일하는 곳입니다. 교회의 머리는 그리스도임으로 그에 대한 존경과 영광을 돌리는 일은 영원합니다.

그러므로 영원토록 보존되고 지켜져야 합니다. 그리고 이단과 사이비를 치리하는 교회의 권위는 영원해야 합니다. 하지만 교회의 직분이 그리스도를 능가할 수 없습니다.

그런데 현실적으로 보면 교회의 권위를 마치 자신의 직분의 권위로 혼동하는 경우가 많습니다. 이것은 지상의 교회들이 공통적으로 범하는 일입니다. 예컨데, 서리집사로 있던 분이 안수집사가 되고, 권사가 되면 달라지는 사람들이 있습니다. 더욱이 목사나 장로의 직분을 받으면 사람들이 달라지는 경우가 있습니다. 특히 장로교회에서는 이것이 더 심한 것 같습니다.

그래서 어제까지 집사로 있던 사람들이 장로가 되면, 그 후 부터는 사람이 달라집니다. 우선 목사를 대하는 태도부터 달라집니다. 집사로 있을 때와 판이하게 달라집니다. 왜 그렇습니까? 봉사의 직인 것을 망각한 권위의식 때문입니다. 그래서 우리 장로교회는 목사가 단독으로도 해도 안 되고, 또 목사없이 장로들만으로는 당회가 될 수 없도록 만들었습니다. 서로 협력하고 돕는 파트너로 교회법이 되어 있습니다.

그러나 현실을 보면, 교회의 담임목사는 한 사람이고, 장로는 여러 사람이니까, 당회에서는 다수결이라고 하여 그것을 주장하는 경우가 있습니다. 교회는 결코 다수결이 아닙니다. 이것도 잘못된 생각입니다. 이런 것이 바로 권위주의에 빠진 현상들이란 말입니다.

또 이것은 목사에게도 많은 책임이 있습니다. 새파란 목사가 위임받았다고 하여 장로님들을 제쳐놓고 독단적으로 따라오라는 식으로 하는 것도 잘못된 것입니다. 이런 것들 때문에 오늘 한국교회의 문제들이 야기되는 것을 알아야 합니다. 교회의 권위는 예수 그리스도께 있는 것이지, 직분을 맡은 우리에게 있는 것이 아닙니다. 이런 잘못된 전통으로 굳어진 권의의식들은 변해야 합니다.

사회는 많이 변했는데 아직도 한국 교회가 변하지 못한 것이 있다면 바로 이 권위주의 계급의식이란 말입니다.

1917년 소설가 이광수씨가 쓴 '한국 교회에 대한 공과를 비판한 글'에서 보면, 기독교가 한국사회에서 공헌한 바는 여성과 아동의 지위를 높여준 일이었다고 하였고, 그러나 기독교는 너무 계급적이라고 비판하였습니다. 즉 목사, 장로, 평신도간에 관계가 마치 관민(官民), 장유(長幼), 사제(師弟)지간과 같이 되었다고 비판하였습니다. 88년 전이나 지금이나 얼마나 변했습니까? 생각해 보시기 바랍니다. 아직도 시골교회에 나가보면 목사는 제일 높은 분이라고 모시고 있습니다. 목사들 스스로가 권위주의자들이 다 되어서 목에 힘을 주고 다닙니다.

그런가 하면 도시 교회들 중에서 보면, 장로만 되면 180도로 변하는 사람들이 있습니다.

어느 목사님의 이야기 입니다.

장로가 되어 첫 번 당회에 참석하더니, 회장! 하고 발언을 달라고 하더랍니다. 그래서 발언권을 주었더니, 쪽지에 적어가지고 나온 것을 하나 하나 읽어 내려가더랍니다. 내용인즉, 평소에 집사로 있을 때 교회의 개혁문제를 적어놓은 것인데, 나는 장로가 되면 이것부터 고쳐야 하겠다고 기도하고 당회에 들어왔다고 하더랍니다.

요즘 이렇게 변한 세상입니다. 개혁도 좋지만, '모든 것이 옳으나, 다 유익된 것이 아니라' 는 말씀을 상기해야 할 것입니다. 교회의 개혁은 스스로의 마음의 변화를 의미합니다. 상대방과 기존 질서에 대한 반항적 의식과 투쟁이 아니라, 자기 스스로가 얼마나 주님을 닮아가려는 노력이 시작되느냐에 있습니다.

이것은 교인들 앞에 우리 직분자들이 깊이 생각해야할 일입니다.

교회 안에는 진공관 시대와, 아이씨 시대와, 아나로그 시대와, 디지털 시대가 함께 공존하고 있습니다. 이제 권위주의적 의식 가지고는 아무 것도 할 수 없는 시대가 되었습니다. 주님을 머리로 모시고 참된 봉사자로서 설 때 그런 사람이 참된 존경의 대상이 될 것입니다.

우리 주님은 십자가로 모든 권위 위에 뛰어난 권위를 세웠습니다.

앞으로 우리 상도교회는 이런 교회가 되도록 모두 함께 노력하고 힘써야 하겠습니다. 우리 주님의 사랑이 모든 성도님들에게 함께 하기를 기원합니다.

오늘의 교회진단

[에베소서 4:13-16]

우리가 다 하나님의 아들을 믿는 것과 아는 일에 하
나가 되어 온전한 사람을 이루어 그리스도의 장성한
분량이 충만한 데까지 이르리니 이는 우리가 이제부
터 어린 아이가 되지 아니하여 사람의 속임수와 간
사한 유혹에 빠져 온갖 교훈의 풍조에 밀려 요동하
지 않게 하려 함이라 오직 사랑 안에서 참된 것을 하
여 범사에 그에게까지 자랄지라 그는 머리니 곧 그
리스도라 그에게 온 몸이 각 마디를 통하여 도움을
받음으로 연결되고 결합되어 각 지체의 분량대로 역
사하여 그 몸을 자라게 하며 사랑 안에서 스스로 세
우느니라

오늘의 교회진단

요즘 흔히 듣는 말 중에 〈조기진단〉이란 말이 있습니다. 아무리 어려운 병이라도 조기진단만 했었으면 고칠 수 있다는 말입니다.

대부분의 암도 조기 진단만 하면 못 고칠 병이 없다고 합니다. 하지만, 그것이 그렇게 말대로 쉬운 것이 아닙니다. 다 그런 줄 알면서도 정작 일년에 한 차례씩 정기 검진을 받기란 특별한 경우가 아닌 이상 다 그대로 넘어가는 줄 압니다.

우리의 신앙생활에서도 스스로의 진단이 필요합니다.

교회가 세상을 위해 있다면, 오늘의 교회들이 과연 건강한지? 아닌지? 스스로 진단해 보는 것이 필요하다고 봅니다. 그런 의미에서 오늘은 한국 교회 전반에 걸친 진단을 해 보려고 합니다.

한국 교회는 지금 역사의 중요한 기로에 서 있습니다. 우리 나라 경제 성장이 1970년대 부터라고 한다면, 한국 교회도 양적성장에 괄목할 만한 성장을 이루었습니다.

곳곳마다 대형 교회당이 건축되고, 개발 붐을 타서 지역 발전과 함께 고도성장을 이룬 것이 우리 한국교회이었습니다. 그러나 2000년도에 들어서면서 부터 성장률은 둔화되기 시작하였습니다. 그 많은 교회들이 이제는 사회로 부터 무관심의 대상이 되어버렸습니다.

왜냐하면 경제성장으로 인하여 교회가 줄 수 있었던 모든 것이 사회에서, 정부 차원에서, 복지 정책들로 인하여 교회에서 하던 일들이 차차 줄어들게 되었고, 그런 결과로 교회로 부터의 관심이 줄어들기 시작하였습니다.

옛날에는 구제사업이라 하면, 교회들이 담당했던 몫이었습니다. 그러나 요즘에는 동사무소나, 구청 사회과에서 하는 일이 많아졌습니다.

더더욱 문화생활 추구로 인한 웰빙 바람이 불어오면서, 교인들 스스로도 모이는 교회의 숫자는 점차 줄어들게 되었습니다. 그 대표적인 예가 교회학교의 숫적 감소에서 볼 수 있는 현상입니다. 이것은 이미 유럽의 교회들이 밟아온 전철이라고 볼 수 있습니다.

한국 교회는 이제 기로에 서 있습니다. 유럽이나, 미국교회들 처럼, 교회는 이제 늙은이들만 모이는 곳이 될 것인가? 아니면 변화를 받아들여 새로운 도약의 계기를 만들 것이냐? 하는 기로에 서 있다고 보아야 할 것입니다.

앞으로 주 5일제 실시로 인하여 모이는 교회는 점점 힘들어갈 것입니다. 요즘도 벌써 금요일 오후 부터 시외로 나가는 차들이 꼬리를 물고 있습니다. 토요일은 도리어 시내 거리들이 한산한 지경입니다. 이런 사회적 변화 속에서 교회는 어떤 대비를 세워야 할 것일까?

앞으로 한국 교회는 한 사람 목사의 지도력으로는 불가능할 것입니다. 지금까지는 어느 특정한 목사의 설교를 들으려고 모여오는 교인들이 있었지만, 그리고 어떤 특별한 프로그램들로 인하여 특징적인 현상이 있는 교회들이 있었지만, 예를 들어 새벽기도회로 남달리 성장을 이룩한 교회라든가, 평신도를 일깨운다는 구호를 내걸고 종래의 구역 조직을 순 모임으로, 요즘에는 셀 조직으로 하는 교회들이 있었지만, 그런 것 가지고 21세기의 다양한 사회적 요구를 다 수용할 수 없을 것이라고 봅니다.

성도들 개개인의 교회에 대한 기대도 그런 것만으로는 다 채워지지 않을 것입니다. 그렇다면 앞으로의 교회의 모습은 어떻게 변화되어야 할 것일까? 지금부터 변화에 대처하는 교회가 되어야 할 것입니다.

물론 교회는 과거에도 언제나 이러한 사회적 변화의 도전을 받으며 이어왔지만, 21세기야말로 그 어느때 보다 교회에 대한 새로운 도전이 심각한 세기가 될 것이기 때문입니다. 그런 면에서 교회는 무엇이 우선되어야 할까?

1. 교회는 〈말씀〉 중심의 교회이어야 합니다.

한국 교회가 끝까지 고수해야 할 일은 〈말씀 중심〉의 교회입니다. 이 말은 교회는 프로그램 중심이 되어서는 안 된다는 뜻입니다.

즉, 교회는 어떤 행사(Event) 중심이어서는 안 된다는 말입니다. 그런 것으로 나가다가는 유럽의 교회들처럼 공동화(空洞化) 되어 갈 것인가, 아니면 미국의 교회들처럼 자유화 되어 퇴락의 길을 걸을 것인가 하는 참으로 중요한 기로에 접어들게 될 것이기 때문입니다. 사회문화 변동에 따른 파장이 교회들로 하여금 어쩔 수 없는 변화를 요구받고 있는 시점에 이르렀습니다.

앞으로 점점 더 모이는 교회는 예전과 같지 않을 것입니다. 이것은 외부적 요인 보다는 교회 내부적인 요인으로 교회가 정체 되어가고 있음을 알아야 하겠습니다. 교인들 스스로가 장터에서 노는 아이들처럼 무감각해져 가기 때문입니다. 교회가 하는 일에 대하여 교인들 스스로가 관심을 갖지 않고 있다는 사실입니다. 이것은 1970년대 부터 한국 사회의 물량주의가 교회까지 침식해 들어왔기 때문이었습니다. 교회는 어디까지나 말씀이 중심이 되어야 하는데, 목회자들 가운데서도 숫적 증가를 위한 기교적인 성공욕에 눈을 돌리게 되었습니다.

그러면 〈말씀〉이 중심이 되는 교회란 무엇을 의미하는 것입니까?

〈말씀〉 대로 살아가는 매일 매일의 〈생활 신앙〉을 말합니다. 지금까지 우리는 신앙과 생활이 따로 따로 놀았습니다. 그렇게 사는 사람들도 모두 교회의 직분자가 되었습니다. 그렇게 사는 사람들에게도 장로, 권사, 집사가 되었습니다. 세례문답도 거의 형식적으로 했습니다.

교회 나와서 믿겠다는 것만도 감사한데, 무슨 까다롭게 하느냐? 하는 식으로 마구 세례를 주었습니다. 그래서 덤핑 세례들이 많았습니다. 이런 것을 지양해 나가려는 행동적 결단이 〈말씀 중심〉의 교회란 말입니다.

앞으로 이런 일을 위해 먼저 각오해야 할 것은 목회자들 자신의 의식입니다. 이것은 또한 목회자들만의 의식으로도 불가능합니다. 당회원이나 제직들의 뒷받침이 있어야 가능한 일입니다.

모두 하나님의 말씀 앞에 최소한 정직해지려는 노력들이 있어야 합니다. 그리고 말씀에 의한 스스로의 치리가 시행되어야 합니다. 교회의 문제를 사회 법정에 까지 끌고 가 시시비비를 가리려고 하기에 벌써 사회로 부터 존경의 대상이 못되기 때문입니다.

성경에 가르친 말씀대로 최소한의 실천 의지를 가지고 살아가려는 공동체적 의식이 생겨져야 할 것입니다. 그런 교회라야 말씀 중심의 살아있는 교회일 것입니다.

2. 말씀 중심의 교회는 젊은이들이 머무는 교회이어야 합니다.

오늘의 한국교회의 위기는 교회에서 젊은이들이 떠나는 데 있습니다. 그 이유가 무엇이겠습니까? 그것 자체도 모른 채 관심은 기성세대에만 두고 있는 실정입니다. 교회에서 청년들이 멀어지는 데는 청년문화를 이해하지 못함에 있습니다. 한 나라의 미래는 바로 젊은이들에게 있다면, 교회의 미래도 마찬가지입니다. 교육을 백년지대계라고 합니다. 100년을 내다보면서 교육정책을 펴야 하겠는데, 오늘 우리 나라의 문제중에 문제가 바로 교육정책에 있습니다. 대통령이나 지도자들이 교육에 관하여는 뚜렷한 이념이 없습니다.

어떤 사람으로 키워내야할지 사회적 공감대와 가치관이 없습니다. 권력을 잡으면, 그것을 다시 놓지 않으려는 그런 것에만 생각들을 합니다. 교육이야 어떻게 되던지 장관이 알아서 할 일이라고 하는 것 같습니다.

이것은 교회에서도 마찬가지입니다. 교회에서 어떻게 청년문화를 이해해야 하겠습니까? 한국 사회에는 지금 문화코드가 양분화 되어있다고 봅니다. 하나는 기성세대로서 변화를 우려하는 세대이고, 또 다른 하나는 변화를 추구하는 젊은이들의 문화코드입니다. 이들의 관계를 쉽게 보면 이렇습니다. 청바지에 구멍을 뚫린 것을 입고 다니는 것을 청년문화라고 한다면, 그 구멍을 기워 입어야 한다고 하는 세대는 기성세대입니다. 이 두 문화 코-드가 교회 안에서도 상존하게 되어 있습니다. 이것이 교회 안에 양립되어 있습니다.

이 둘을 보면 청바지라는 본질적 사회변동은 공히 수용해야 합니다. 단 구멍을 뚫고 입느냐, 아니면 기워 입느냐의 차이일 뿐입니다. 그러나 교회가 사회와 달라야 하는 것은 왜 청바지를 입고 다녀야 하느냐? 하는 가치관을 심어주어야 합니다. 단지 유행을 따라 그렇게 입고 다니려고 한다면, 그 유행의 물결에서 추구하는 가치를 교회에서 가르쳐야 하고, 교회에서 청년문화를 이끌어가는 가치가 말씀 속에서 세워져야 합니다. 프로그램 위주로는 불가능합니다. 바로 이것이 앞으로 젊은이들이 교회 안에 머물게 하는 말씀 중심의 교회입니다.

여러분!
영국교회가 세속화 물결에 침몰되어갈 때 옥스퍼드 대학의 젊은이 몇 사람이 말씀 중심으로 뭉쳐 새로운 비전을 가지고 일어난 것이 요한 웨슬레 부흥운동이었습니다. 미국교회가 다 세속화 물결에 휩쓸려 있는 것은 아닙니다. 그 다양한 문화 속에서도 뜨겁게 젊은이들이 기도하는 모습을 보았습니다.

말씀이 생활신앙으로 이어지는 교회에서는 지금도 젊은이들이 모여들고 있습니다. 이것이 앞으로의 우리 한국교회의 제일 큰 과제입니다.

3. 말씀 중심의 교회는 하나님의 사람으로 키워내는 교회입니다.

"모든 성경은 하나님의 감동으로 된 것으로 교훈과 책망과 바르게 함과 의로 교육하기에 유익하니 이는 하나님의 사람으로 온전하게 하여 모든 선한 일을 행할 능력을 갖추게 하려 함이라"(딤후 3:16-17)고 하였습니다. 교회는 젊은이들을 키워내야 합니다. 그러므로 이제 부터라도 이 분야에 투자를 아끼지 않아야 하겠습니다. 우리 나라의 교육열은 세계적으로 뒤떨어지지 않습니다. 그러나 〈하나님의 사람〉으로 키워내는 일에는 너무나 교회들이 등한히 하였습니다.

교회에서도 개인주의적 성향이 농후했습니다. 우리의 믿음의 간구도 보면 모두 개인주의적인 것이 많습니다. 나 하나만이 좋은 학교에 들어가기를 원했습니다. 그래서 경쟁의식만 생기게 하였습니다. 교회에서까지 그런 학생들을 우대했습니다.

장학금 제도를 두어도 공부 잘하는 아이들만 혜택을 주었습니다. 공부를 못하는 아이들에게는 여전히 공부 못함으로 뒤처지게 되었습니다. 이것이 교회에서까지 그런 모습으로 나왔으니, 젊은이들이 교회에서 기대할 것이 아무것도 없었습니다.

그런 의미에서 이제부터는 하나님의 사람으로 키워내는 일에 관심을 가져야 할 것입니다. 하나님의 사람이 되어야 모든 선한 일을 행할 능력을 갖추게 된다고 하였습니다. 하나님의 사람이 되어야 사회의 구석 구석에서 등불과 같은 역할을 하는 인물들이 될 수 있다는 말입니다. 그런 인물들을 이제 교회 안에서 키워내야 합니다. 오직 교회에서는 가능합니다. 앞으로 이러한 교회가 되어질 때 교회다운 교회가 될 줄 확신합니다.

하나님의 경륜

[엡 1:3-10]

찬송하리로다 하나님 곧 우리 주 예수 그리스도의
아버지께서 그리스도 안에서 하늘에 속한 모든 신령
한 복을 우리에게 주시되 창세 전에 그리스도 안에
서 우리를 택하사 우리로 사랑 안에서 그 앞에 거룩
하고 흠이 없게 하시려고 그 기쁘신 뜻대로 우리를
예정하사 예수 그리스도로 말미암아 자기의 아들들
이 되게 하셨으니 이는 그가 사랑하시는 자 안에서
우리에게 거저 주시는 바 그의 은혜의 영광을 찬송
하게 하려는 것이라 우리는 그리스도 안에서 그의
은혜의 풍성함을 따라 그의 피로 말미암아 속량 곧
죄 사함을 받았느니라 이는 그가 모든 지혜와 총명
을 우리에게 넘치게 하사 그 뜻의 비밀을 우리에게
알리신 것이요 그의 기뻐하심을 따라 그리스도 안에
서 때가 찬 경륜을 위하여 예정하신 것이니 하늘에
있는 것이나 땅에 있는 것이 다 그리스도 안에서 통
일되게 하려 하심이라

하나님의 경륜

1. 역사(歷史)는 하나님의 경륜 속에서 이루어져 갑니다.

여러분! 이 말을 얼마나 실제로 믿고 있습니까? 우리는 개념적으로는, 생각으로는, 그렇게 말하면서도 그렇게 믿고 살지 않는 경우가 많습니다.

사람들은 불가항력적 문제 앞에 설 때 운명(運命)론을 내세웁니다. 내 팔자소관이라고 체념합니다. 태어나면서 장애를 갖고 태어난 사람들을 어떻게 보아야 할까? 운명이 그러했기에 할 수 없다고 체념해야 하는가? 우리의 생사화복(生死禍福)은 하늘이 주관한다고도 했습니다. 하늘의 뜻을 어찌할 수 없다고 합니다. 또 역사의 심판을 말합니다. 사필귀정(事必歸正)이란 말을 하면서 역사의 준엄한 심판을 말합니다.

이 모든 것을 종합해 보면, 사람은 유한적 존재이요, 피조물이란 것을 쉽게 알게 됩니다. 한 나라나, 한 가정이나, 한 개인을 막론하고 하나님의 경륜에 따라 이루어짐은 두말할 나위 없습니다. 여기서 우리는 경륜이란 말의 뜻을 분명히 이해해야 하겠습니다.

〈경륜〉이란 우리말 사전에는
① 일정한 포부를 가지고 일을 조직적으로 계획함.
② 또는 그 계획이나 포부라고 정의하고 있습니다.
본래 경륜이란 헬라어 원문대로 보면 '오이코노미아' 란 말입니다. 이 말은 〈오이코스〉와 〈노모스〉의 합성어로 이루어진 말입니다. 〈오이코스〉는 집이란 뜻이고 〈노모스〉는 〈법〉 또는 〈규범〉이란 뜻입니다. 즉, 하나님은 우주라는 집 안에서 당신의 비밀스러운 〈법〉을 갖고 있다는 뜻입니다. 이것을 헬라 사람들은 〈로고스〉 라고 하였습니다. 이 우주에는 우주를 지배하고 경영해 나가는 어떤 룰(Rule)이 있다고 하였

습니다. 그것이 바로 하나님의 경륜이란 의미입니다. 이렇게 볼 때 하나님은 당신의 높은 경륜을 가지고 세상을 다스려 간다는 말입니다. 그 하나님의 경륜을 믿음의 눈으로 잘 보고 따르노라면, 그것이 우리의 큰 축복이 된다는 사실입니다.

2. 하나님의 경륜이 예수 그리스도 안에서 드러났습니다.

오늘 본문이 우리에게 말하려고 하는 것은 그 하나님의 비밀스러운 경륜을 예수 그리스도 안에서 우리에게 〈지혜〉와 〈총명〉을 주어 알게 하였다고 하였습니다. 그러므로 예수 그리스도는 하나님 경륜의 중심이 되었습니다. 그러므로 인류의 역사는 주님 오시기 전과 주님 오신 이후로 나뉘게 되었습니다. 주님 오신 이후에 우리에게는 "우리는 그리스도 안에 그의 은혜의 풍성함을 따라 그의 피로 말미암아 속량 곧 죄사함을 받았느니라"(7절)고 하였습니다.

하나님의 경륜을 어디에서 깨닫게 되었는가? 예수 그리스도 안에서 깨닫게 되었습니다. 예수 믿고 성령 받으면 하나님의 경륜을 알게 된다는 말입니다. 이것이 바로 하나님께로 부터 얻은 지혜입니다. 그래서 〈오이코노미아〉란 말은 영어 번역에서는 관리, 경영, 행정 이란 뜻의 Administration 이라고 번역하였습니다.

하나님의 인류역사를 관리하고 경영하는 Administration이 어디에 나타났느냐? 바로 예수 그리스도 안에서 드러났다는 말입니다.

또 헬라어 〈오이코노미아〉란 말에서 영어의 두 단어가 더 나왔습니다. Economics라는 말과 Ecumenics란 말이 나왔습니다. 관리를 잘한다는 것은 우선 〈경제〉와 다양성 속에 〈통일〉을 잘 한다는 의미입니다. 이것을 잘하는 사람이 최고 경영인이란 말입니다. 하나님은 이것을 예수 그리스도 안에서 드러내셨습니다.

즉, 복잡한 것을 하나로 간단하게 만든 것이 예수 그리스도 안에서의 구원입니다. 그래서 예수 믿으면 지혜가 생겨서 복잡한 것도 간단하게 해결하게 되어 있습니다. 예수 잘 믿으면 집안의 경제, 회사의 경영도 바르게 잘하게 됩니다.

이것은 한 단어 속에 포함되어 있는 함축된 뜻이지만, 실제로 하나님은 우주만물의 다양한 것을 예수 그리스도 안에서 잘 하나로 통일 시켰습니다. 그것이 인류 구원의 경륜입니다. 바로 그 〈경륜〉이 예수 그리스도 안에서 우리에게 깨닫게 한 〈지혜〉와 〈총명〉입니다. 우리가 예수 그리스도가 아니었으면 하나님의 경륜을 도무지 알 수 없었을 것입니다. 그러나 이제 그리스도 안에서 모든 복잡했던 것이 하나로 깨닫게 되었습니다. 할렐루야.....

3. 그러므로 하나님의 경륜은 그리스도 안에서 완성되었습니다.

하늘에 있는 것이나 땅에 있는 것이 다 그리스도 안에서 통일되었습니다. 오늘 본문을 유심히 잘 살펴 읽어보시기 바랍니다. 교회는 그리스도의 몸이라고 했고, 그 몸인 교회 안에서 신령한 것과 세상저인 땅에 것들이 다 통일을 이뤄 해결된다고 하였습니다. 교회를 통하여 하나님의 구원의 경륜이 이루어져 나간다는 말입니다. 신령한 것과 땅에 있는 것이 모두 그리스도 안에서 통일을 이루게 하였습니다. 이것이 놀라운 구원의 역사입니다.

우리 모두 그리스도 밖에 있었을 때는 땅의 것들이었습니다. 땅에 속한, 멸망 받아 없어질 존재들이었다는 말입니다. 그러나 예수 믿고 다시 새롭게 된 사람들이 많습니다. 새 생활이 전개된 사람들이 많습니다.

술망태들이 장사도 잘해서 지혜로운 경영자가 된 경우도 많습니다. 예수 믿고 부자가 된 사람들도 많습니다. 왜냐하면 하나님은 당신의 비밀스러운 경륜을 그리스도를 통하여 보여주고, 깨닫게 하기 때문입니다. 그런 믿음의 눈이 열려야 합니다. 그리하면 세상의 복잡하게 얽혔던 문제들이 다 해결됩니다.

예수믿고 부자된 사람들 중에는 교회를 통하여 부자된 사람들이 많습니다. 주의 종들을 잘 섬기고, 교회의 모든 활동에 물질적으로 돕고, 자기의 집 보다 하나님의 집을 더욱 더 정성껏 섬겼더니 하늘에 있는 것과 땅에 있는 것을 다 채워주어 충만한 생활에 이른 사람들이 많습니다. 교회는 그리스도의 몸인고로 지금도 하나님의 경륜은 이 교회를 통하여 이루어 나감을 알아야 합니다.

그러므로 교회에서 인정받는 사람들이 되어야 하나님도 인정합니다. 교회에서 인정받지 못하는 자들이 하나님께 인정받을 수 없습니다. 지상의 교회는 그리스도의 피와 성령의 능력으로 정화되어 가기 때문입니다. 지상의 교회들이 완전무결할 수 는 없습니다. 하지만 교회는 그리스도의 몸입니다. 하나님의 오묘한 경륜(오이코노미아)은 이 교회를 통하여 지금도 역사하십니다.

교회를 어지럽히고, 교회에서 말썽을 일으키는 사람치고 잘되는 사람이 없습니다. 그가 가진 것이 재물이었으면 재물을 뺏어갑니다. 그가 가진 것이 사회적 지위나, 권력이었으면, 그것을 뺏어갑니다.
그가 가진 것이 건강이었으면, 건강도 뺏어 갑니다. 인위적인 방법을 쓰는 경우에는 모두 하나님의 경륜 속에서 사라지게 됩니다. 하나님의 교회는 잠시잠간 시험에 들 수도 있지만, 결국 하나님의 교회는 하나님이 치리해 나가기 때문입니다.

누가 참이고, 누가 거짓됨은 세월 속에서 다 드러나게 되어 있습니다. 때때로 하박국의 탄식처럼 '어찌하여 악을 보시지 않고, 방치하십니까?' '의인이 도리어 고통을 당하는 것을 왜 잠잠히 보고만 계십니까?' 라고 탄식의 기도를 하지만, 결국은 하나님의 심판의 맷돌은 천천히 돌지만, 아주 보드랍게 갈아버린다고 하였습니다.

이런 하나님의 경륜을 알았다면 이제 우리는 어떻게 살아야 하겠습니까? 〈지혜〉와 〈총명〉함으로 살아야 하겠습니다. 지혜는 위로부터 내려온 깨달음이요, 총명은 땅에서 부터 얻은 지식입니다. 예수 그리도 안에서 우리는 지혜롭고 총명한 사람들이 되어야 합니다.

기독교 교육의 중요성이 바로 여기에 있습니다.
딤후 3:16절에 "성경은 전부가 하나님의 계시로 이루어진 책으로서 진리를 가르치고 잘못을 책망하고 허물을 고쳐 주고 올바르게 사는 훈련을 시키는 데 유익한 책입니다. 이 책으로 하나님의 일꾼은 모든 선한 일을 할 수 있는 자격과 준비를 갖추게 됩니다."라고 하였습니다.
하나님의 사람, 하나님의 일꾼은 세상 지시으로는 불가능합니다. 세상 지식의 사람들로는 모든 선한 일을 할 수 없습니다. 그 지식 가지고 또 다른 범죄의 잔꾀로 빠져들게 됩니다. 하지만, 그리스도 안에서 통일을 이루게 하시는 하나님의 경륜에는 세상에서는 힘 없고 못 배운 베드로, 요한, 야고보 같은 인물을 통해서라도, 구원의 역사를 이루게 하였습니다.

사랑하는 성도 여러분!
예수 잘 믿으면 지혜와 총명이 생김을 알아야 합니다.
세상에서도 한 가정을 잘 다스리게 됩니다.
가게를 해도, 회사를 세워서도 그 운영을 잘 하게 됩니다.

왜냐하면, 하나님의 경륜을 그리스도 안에서 깨달아 알았기 때문입니다. 그래서 돈을 벌어도 헛되게 쓰지 않게 되고, 좋은 선한 일에 쓰게 하고, 많은 지식을 가지고서도 교만해지지 않고 그 지식을 바르게 사용하게 되고, 높은 지위와 권세를 가지고도 남용하지 않고, 하나님의 사람으로 봉사하면서 살게 됩니다.

이렇게 사는 것이 지혜로운 삶이요, 총명한 생활입니다. 아무쪼록 우리 모두 하나님의 경륜을 바로 깨달아 지혜롭고 총명한 삶을 살게 되시기 바랍니다.

위기는 기회이다

[예레미야 20:7-12]

여호와여 주께서 나를 권유하시므로 내가 그 권유를 받았사오며 주께서 나보다 강하사 이기셨으므로 내가 조롱거리가 되니 사람마다 종일토록 나를 조롱하나이다 내가 말 할 때마다 외치며 파멸과 멸망을 선포하므로 여호와의 말씀으로 말미암아 내가 종일토록 치욕과 모욕거리가 됨이니이다 내가 다시는 여호와를 선포하지 아니하며 그의 이름으로 말하지 아니하리라 하면 나의 마음이 불붙는 것 같아서 골수에 사무치니 답답하여 견딜 수 없나이나 나는 무리의 비방과 사방이 두려워함을 들었나이다 그들이 이르기를 고소하라 하오며 내 친한 벗도 다 내가 실족하기를 기다리며 그가 혹시 유혹을 받게 되면 우리가 그를 이기어 우리 원수를 갚자 하나이다 그러하오나 여호와는 두려운 용사 같으시며 나와 함께 하시므로 나를 박해하는 자들이 넘어지고 이기지 못할 것이오며 그들은 지혜롭게 행하지 못하므로 큰 치욕을 당하오리니 그 치욕은 길이 잊지 못할 것이니이다 의인을 시험하사 그 폐부와 심장을 보시는 만군의 여호와여 나의 사정을 주께 아뢰었사온즉 주께서 그들에게 보복하심을 나에게 보게 하옵소서

위기는 기회이다

한평생 살아가면서 사람은 몇 번의 위기를 당하는 경우가 있습니다. 그 위기가 경제적 위기일 수도 있고, 건강상의 위기일 수도 있고, 사업상의 위기일 수도 있습니다. 특별히 우리 나라와 같이 아직도 사회 전반에 안정되지 못한 나라일수록 위기의 폭은 심하게 일어납니다.

하룻밤 사이에 아파트 값이 2억 이상이 출렁거리고, 몇 년 전만 해도 버려졌던 땅이 몇 개월 사이에 금싸라기 같이 값이 오르는 이런 사회에서는 매 순간순간이 위기일 수 있습니다. 언제, 어디서, 무슨 일이 터질지 모르는 상태에서 그 날 그 날을 살아가고 있습니다. 그래서 우리는 하나님을 의지하고 바라보고 사는 신앙생활을 하고 있습니다.

그러나 우리 성도들에게도 위기는 언제나 당하는 것을 알아야 합니다. 그럴때 대부분의 경우에는 낙심하기 쉽습니다. 우리가 분명히 깨달아야 할 것은 신앙생활에서 위기는 매우 중요한 기회임을 알아야 합니다. 왜냐하면 하나님은 당신의 자녀들을 〈위기〉 속에서 부르시고, 건지시고, 인도해 가고 있기 때문입니다.
오늘 본문을 통하여 이 진리를 배우게 됩니다.

1. 위기는 최선의 기회임을 알아야 합니다.
예레미야 선지를 일컬어 일명 눈물의 선지자라는 별명이 따릅니다. 그가 예언하던 시대는 이스라엘 민족에게는 최대의 위기였기 때문입니다. 이스라엘 역사에서 보면, 솔로몬 왕이 죽은 후 부터 남북으로 갈라져 오늘 우리처럼 같은 민족이면서도 서로 다른 두 나라가 형성되어 왔습니다. 예레미야는 남쪽 유다 왕국에서 예언한 선지자였습니다. 남쪽 유다왕들 중, 제 16대왕 〈요시아〉는 하나님 앞에 정직히 행한 왕이었습니다. 〈요시아〉왕은 개혁을 단행한 왕이었습니다.

지금까지 선왕들이 범한 우상들을 다 제거해 버리고 일대 개혁을 단행하였습니다. 언제나 개혁이란 본래 그렇게 쉬운 일이 아닙니다. 결국 요시야 왕이 죽은 후 유대왕국은 다시 악한 왕들이 등장하면서 나라는 사향 길로 들어서기 시작하였습니다. 〈여호아하스〉, 〈여호야김〉, 〈여호야긴〉, 〈시드기야〉 왕까지 급격히 몰락으로 치닫게 되었습니다. 결국 시드기야왕은 두 눈을 뽑히고 바벨론으로 끌려가는 참혹한 최후의 왕이 되어 버렸습니다.

예레미야 당시 백성들은 두 그룹으로 갈라졌습니다. 애굽을 의지하여 바벨론과 싸워야 한다고 하는 측과, 아예 바벨론과 화친하는 일이 좋을 것이라는 측으로 갈라졌습니다. 이런 때 예레미야는 하나님의 뜻은 작정되었으니 애굽을 의지하지 말고 하나님만 의지해야 한다고 하였습니다. 이런 예레미야의 말을 당시 사람들이 들을리 만무하였습니다.

아마 요즘 우리의 상황에서도 마찬가지일 것입니다. 6자 회담도 기대하지 말고 하나님만 의지하고 바라보라고 하면, 여러분 어떻게 생각하시겠습니까? 더욱이 하나님은 남쪽의 죄악을 징치하시기로 작정되었으니, 북쪽을 대항하여 싸우지 말라고 한다면 어떻게 생각하겠습니까? 그래서 날마다 그는 조롱거리가 되었고, 비웃음과 손가락질을 당해야 했습니다. "여호와의 말씀으로 말미암아 내가 종일토록 치욕과 모욕거리가 됨이니이다"(8절)고 하였습니다.

여기서 우리는 위기를 만난 예레미야를 생각해 보게 됩니다. 이것은 신앙생활을 제대로 하려다가 당하는 위기이기 때문입니다.

하나님의 말씀대로 살아보려 하다가 당하는 조롱과, 비난과, 박해는 지금도 있을 수 있습니다. 그래도 바르게 믿음생활 하면서 살아보려고 하는데, 현실은 그런 생활을 용납하지 못하는 경우가 있습니다.

사실 어떤 의미에서 보면, 오늘 우리에게 문제가 있다면, 이와같은 고민이 정말로 있느냐? 하는 것부터 생각해 보아야 합니다. 말씀으로 인한 위기라기 보다는, 세상적 방법대로 살다가 당하는 위기일 경우가 더 많을 것입니다. 오늘의 우상이 무엇을 의미하겠습니까?

오늘의 기독교인들이 섬기는 우상이 옛날처럼 목상을 세워놓고 거기에 절하지 않는다고 우상이 없다고 말할 수는 없습니다.

하나님 보다 더 공경하고, 의지하고, 힘 있게 여기는 것이 무엇입니까? 그것이 오늘의 우리의 우상입니다. 그것이 자식일 수도 있고, 그것이 돈일 수도 있고, 그것이 세상적 웰빙일 수도 있습니다. 우리의 마음을 뺏기고 있는 것이 무엇입니까?

그러나 오늘도 예레미야 처럼, 하나님의 말씀으로 인한 고난과 조롱과 위기를 만났다면, 그런 위기는 좋은 기회일 수 있다는 말입니다.

2. 〈말씀〉으로 인한 위기는 기회임을 알아야 합니다.

위기를 한자로 보면 '위험할 危와 기회 機 자 입니다. 풀이하면 '위험하지만 기회' 란 뜻입니다. 그래서 〈위기(危機)〉 입니다. 위기를 당하면 사람들은 어떻게 합니까? 보통 사람들은 낙심부터 합니다. 물론 사람인고로 갑자기 닥치는 위기 앞에 당황하지 않을 수 없습니다.

하지만 다음순간 우리 믿음의 사람들이라면, 생각할 줄 알아야 합니다. 위기는 '위험하지만 기회' 임을 알아야 합니다. 이것을 볼 수 있는 것이 믿음의 〈눈〉과 〈귀〉입니다. 위기의 자리에서 하나님의 음성이 들려지고, 하나님의 손길을 체험하게 됩니다. 보통 때는 숨어계시던 하나님이지만, 위기 때는 나타납니다.

그래서 위기는 위험하지만 기회입니다. 더욱이 하나님을 믿고 그의 말씀따라 살려고 하는 신앙인들에게 위기는 하나님을 더욱 가까이 만날 수 있는 좋은 기회임을 알아야 합니다. 그래서 시편 기자는 '고난 당한 것이 내게 유익이라 이로 말미암아 내가 율례들을 배우게 되었나이다' (시 119:71) 라고 하였습니다.

신앙의 사람들은 〈고난〉과 〈위기〉 속에서 하나님의 역사하심을 볼 수 있는 기회가 됩니다. 위대한 신앙의 사람들은 모두 위기 속에서 기회를 만났습니다.

지금 우리의 현실은 위기상황이라고들 합니다. 나라 안 밖에서 모두가 위기상황입니다. 경제적으로, 정치적으로, 사회적으로, 그리고 영적으로 위기를 당한 시대에 살고 있습니다. 어떻게 해야 하겠습니까?

3. 교만을 버리고 하나님을 의지해야 하겠습니다.

믿는 사람이 제일 조심해야 할 것은, 사람들로부터 조롱거리가 되지 않아야 합니다. 왜 조롱거리가 되는 것입니까? 하나님으로 부터 비웃음의 대상이 되어질 때 그렇게 됩니다. 하나님은 교만한 자를 비웃는다고 하였습니다. "진실로 하나님은 교만한 자를 비웃으시며 겸손한 자에게 은혜를 베푸시나니..."(잠 3:34)

교만한 자는 다른 사람과 싸우는 것이 아니고, 하나님과 싸우는 것이기 때문입니다. 어느 누구도 하나님과 싸워 이길 자가 없습니다. 세상에서 교만해지는 이유는 두 가지기 있기 때문입니다. 하나는 자기의 능력이요, 다른 하나는 자기의 소유를 믿고 있기 때문입니다. 무엇이라도 자기가 할 수 있다고 생각하는 사람은 하나님이 필요하지 않습니다. 자기의 능력이 하나님 보다 위에 있다고 생각하기 때문입니다.

또 무엇을 소유하고 있는 사람들, 즉 권력을 소유하거나, 건강을 소유하거나, 지식을 소유하거나, 물질을 소유하고 있을 때 사람들은 교만해 지기 쉽습니다. 그래서 하나님을 두려워하지 않게 됩니다. 그뿐만 아니라 하나님을 대항하여 거만해지기 쉽습니다. 하나님은 그런 자들을 볼 때 하늘에서 비웃는다고 하였습니다.

참 신앙인은 위기가 올 때 더욱 더 하나님 앞에 겸손해지면 됩니다. 그것이 새로운 기회가 됨을 깨달아야 하겠습니다. 하나님은 겸손한 자들을 들어 쓰기 때문입니다. 무엇인가 내가 할 수 있다고 생각하고 있는한, 하나님은 침묵으로 지켜보고 있습니다. 그러나 자기를 경외하고 믿는 자들이 위기 앞에서 몸을 낮추고 겸손하게 나아와 구하면, 하나님은 그에게 기회를 주십니다.

사도행전 27장에 보면, 바울이 탄 배는 유라굴로라고 하는 광풍을 만나서 14일 동안이나 풍랑 속에서 헤매야 했습니다. 24절에 그때 상황을 간단하게 말해주고 있는데, "여러 날 동안 해와 별이 보이지 아니하고 큰 풍랑이 그대로 있으매 구원의 여망이 다 없어졌더라"고 말해주고 있습니다. 그 배에 탄 사람은 바울을 포함해서 276명이었는데 이들에게는 아무런 소망이 없었습니다. 절망 가운데 빠져서 죽은 목숨과 같았습니다. 그들은 바다 한 가운데에서 14일 동안이나 아무것도 먹지 못하고 햇빛과 별빛을 보지못한 채 아무런 소망이 없는 가운데에서 죽음의 파도와 싸워야 했습니다.

한 마디로 '삶의 위기'를 당한 겁니다.

이런 위기 속에서 하나님은 바울에게 나타났습니다. 24절에 "바울아, 두려워하지 말라 네가 가이사 앞에 서야 하겠고 또 하나님께서 너와 함께 항해하는 자를 다 네게 주셨느니라"고....네가 가이사 앞에 서야 하겠기에 내가 너와 함께 한다는 말입니다.

사명을 가지고 사는 사람들, 즉 하나님의 말씀대로 살아가는 사람들에게는 위기 때 마다 하나님은 그들과 함께하여 기회를 만들어 주신다는 것입니다. 만일 바울이 자기의 계획대로 로마까지 갈려면 그 당시 거의 불가능했을 것입니다.

죄인의 몸이 되어 호송되어가는 신세였지만, 그리고 항해하기 좋은 시즌이 아님에도 불구하고 그를 호송하던 백부장이 선장의 말을 듣지 않고 가다가 만난 위급한 상황이었지만, 그것이 도리어 가이사 앞에 서게 되는 기회를 만들어 주셨다는 것입니다.

그러므로 말씀대로 순종하며 사는 성도들에게 당하는 위기는 하나님이 동행하심을 알아야 합니다. 풍랑을 만나도 사명이 있는 사람들에게는 두려워할 것이 없습니다. 말씀대로 순종하는 길에서 만나는 풍랑은 기회임을 알아야 합니다. 두려워 마시기 바랍니다.

아프리카 선교사였던 리빙스톤은 아프리카 정글에서 주의 일을 할 때에 사나운 맹수도 무서웠지만 아프리카 토인들이 더 무서웠습니다. 그때 그는 걱정해주는 사람들에게 그런 말을 했다고 합니다.
"나는 내가 이 세상에서 살아야 하는 존재 이유가 다 할 때 까지, 나의 사명이 다 할 때 까지 죽지 않는다!"
무엇을 믿고 그런 말을 하였겠습니까? 그는 자신의 사명이 무엇인지를 알고 있었기 때문입니다.

사랑하는 성도여러분!
지금 여러분이 만난 삶의 위기를 생각해 보십시오. 말씀 안에서 만나는 위기라면, 반드시 하나님은 기회를 주실 것입니다.
반대로, 요나처럼 불순종하다가 만난 위기라면, 회개하면 됩니다.
회개하는 것을 원하시는 하나님이기 때문입니다. 돌아서기만 하면, 하나님은 풍랑을 잔잔케 하실 것입니다.

믿는 성도들에게 위기는 하나님을 만날 수 있는 기회입니다.
이 기회를 잘 포착하는 지혜로운 성도들이 되시기를 바랍니다.

땅에 묻은 달란트

[마태복음 25:24-29]

한 달란트 받았던 자는 와서 이르되 주인이여 당신은
굳은 사람이라 심지않은 데서 거두고 헤치지 않은 데
서 모으는 줄을 내가 알았으므로 두려워하여 나가서
당신의 달란트를 땅에 감추어 두었었나이다 보소서
당신의 것을 가지셨나이다 그 주인이 대답하여 이르
되 악하고 게으른 종아 나는 심지 않은데서 거두고
헤치지 않은 데서 모으는 줄을 네가 알았느냐 그러면
네가 마땅히 내 돈을 취리하는 자들에게나 맡겼다가
내가 돌아와서 내 원금과 이자를 받게 하였을 것이니
라 하고 그에게서 그 한 달란트를 빼앗아 열 달란트
가진 자에게 주라 무릇 있는 자는 받아 풍족하게 되
고 없는 자는 그 있는 것 까지 빼앗기리라

땅에 묻은 달란트

우리는 이 달란트 비유에 대한 설교를 많이 들었습니다.

그러나 하나님의 말씀은 살아 움직이는 말씀인고로, 오늘 이 달란트 비유의 말씀을 통하여 다시 한번 깨달음이 있어, 이후에 우리의 삶이 변화될 수 있기를 바랍니다.

달란트 비유에서 주인은 하나님이십니다.

주인되신 하나님께서는 우리 모두에게 각각 달란트를 맡겨 주었습니다. 〈달란트〉란 무엇일까? 본래 탈란트란 헬라어 그대로의 발음입니다. 영어에서도 그 발음 그대로를 사용하고 있습니다. 영어에 Talent 란 재주, 재능, 수완, 솜씨 등의 뜻입니다. 달란트란 각각 능력대로 살 수 있는 〈힘〉을 의미합니다.

옛 어른들이 자식들을 많이 낳을 때 한 말이 있습니다.

'다 제 먹을 것 갖고 나온다' 라고 하였습니다. 그러면서 '굼벵이도 뒹구는 재주가 있다' 고 하였습니다.

무슨 말입니까?

모두 각각 살아갈 수 있는 재능을 주었다는 뜻입니다.

우리가 살아가는 것을 보면 직업도 여러가지임을 봅니다.

민속촌에서 줄타기 하는 사람은 외줄타기로 하루 몇 차례 공연하고 밥을 먹고 사는 것을 보았습니다.

마술하는 사람들 보면 사람들 눈을 속여 눈깜작할 사이에 보자기에서 비둘기도 나오고, 불도 나오게 하는 것으로 밥을 먹는 사람들도 있습니다. 그런가하면 콧김 가지고 수백개 촛불을 꺼버리는 재능을 가진 사람도 보았습니다.

그런가하면 발로 공을 잘 차서 연봉이 수십억 되는 사람도 있습니다. 그런가하면 골프를 잘 쳐서 명성과 부를 누리는 사람도 있습니다.

그런가하면, 노래로, 피아노로, 연기로, 그림으로, 기술로 살아가는 사람들을 보고 있습니다.

이것이 다 하나님께로 부터 받은 각각의 달란트들입니다.

1. 우리에게 맡긴 달란트는 각각 다르다는 점입니다.

우선 사람에게 같은 재능일 수 없다는 점을 알아야 합니다. 달란트는 각각 다릅니다. 많은 것을 맡은 사람도 있고, 적은 것을 맡은 사람도 있습니다. 그러나 사람들은 많은 것을 맡으려고만 합니다. 많고 적고가 문제가 아닙니다.

문제는 갖고 있는 재능을 얼마나 활용하면서 사느냐에 있습니다.

'장사하여....' 라는 말은 스스로의 노력을 의미합니다.

비록 남보다 적은 달란트를 가지고 태어났어도 자기에게 주어진 능력에서 최선을 다한 사람이라면 그것으로 족합니다.

하나님은 무엇을 원하시는가? 많은 것을 남기는 것도 중요하지만, 맡긴 달란트를 얼마나 잘 활용하였는가를 보십니다. 사람은 얼굴이 다르고, 개성이 다르고, 환경이 다르고, 능력이 다릅니다. 각각 다른데 그 다른 것에 우열(優劣)을 둔 것이 아니고, 얼마만큼 주인을 생각하며 살았는가를 보십니다.

한 달란트 맡았던 사람도 처음부터 책망을 듣게 된 것은 아닙니다. 한 달란트 받았어도 그것을 가지고 최선을 다했으면 동일한 평가를 얻었을 것입니다. 그러면 한 달란트 받은 사람에게서 잘못이 무엇이겠습니까?

2. 달란트를 땅에 묻은 것, 그것이 문제입니다.

땅에 묻은 달란트가 주는 의미가 무엇이겠습니까? 저는 자기가 한 말 속에 자신의 잘못이 다 드러났습니다.

주인 앞에서 그는 무엇이라고 말했습니까?

"주인이여, 당신은 굳은 사람이라 심지 않은데서 거두고, 헤치지 않은 데서 모으는 줄을 내가 알았음으로 두려워하여 나가서 당신의 달란트를 땅에 감추어 두었나이다 보소서 당신의 것을 가지셨나이다" (24-25절) 라고 했습니다.

여기서 이 사람이 자기가 한 말에서 세가지 모순을 갖고 있음을 볼 수 있습니다.

첫째, 주인에 대한 잘못된 생각입니다.

'당신은 굳은 사람' 이라는 말에서 주인에 대한 편견을 볼 수 있습니다. 남들은 주인에 대하여 이렇게 생각하지 않았는데, 유독 이 사람은 주인을 굳은 사람으로 보았다는 점입니다.

여기서 〈굳은 사람〉이란 우리 말로 하면 쿡 찔러도 피 한 방울 나오지 않을 사람이란 뜻입니다. 인정사정이란 손톱 만큼도 없는 지독한 사람이란 뜻입니다. 영어성경에는 I know you are a hard man 이라고 하였습니다.

공동번역에는 '무서운 사람' 으로 알았다고 번역했습니다. 요즘도 하나님을 이렇게 생각하는 사람들이 있습니다. 하나님에 대한 자기자신의 편견이나 오해들 때문에 교회에 나오지 못하고 신앙생활 못하는 사람들이 많습니다.

제가 아는 모 교수님은 기독교의 하나님은 너무나 잔인한 하나님이기에 자기는 믿지 못하겠다고 합니다.

왜냐하면 구약에 나타난 전쟁사를 보면 진멸하라는 명령을 보고 하는 말입니다. 아말렉을 진멸하고 모든 것을 불 태우라고 하는 경우에서 말입니다.

그리고 기독교의 하나님은 독선적인 하나님이기에 믿지 못하겠다고 합니다. 어떻게 나 이외에 다른 신을 섬기지 말라고 하느냐?고 말합니다. 종교는 다 같은데 어떻게 기독교의 야웨의 신만이 유일신이냐고 합니다. 바로 이런 생각이 한 달란트 받은 사람의 생각이었습니다.

둘째, 이 사람의 잘못된 생각이 무엇입니까?
'당신의 달란트' 란 말에서 잘못된 점이 있습니다.
우리가 다 하나님이 맡긴 달란트로 살고 있는데, 이 사람은 그것을 부정하는 말로서 '당신의 달란트' 란 말을 사용합니다. 즉 나는 당신의 달란트로 살지 않았다는 뜻으로 말합니다. 그래서 당신의 것을 그대로 가져왔으니 당신의 것을 받으라고 하였습니다.

요즘도 이렇게 인생을 살아가는 사람들이 많습니다.
하나님에 대한 편견이나 오해를 가지고 있는 사람들은, 자신의 재능이 하나님께로 부터 온 것이라고 전혀 생각하지 않습니다.
모두가 자기의 노력으로 얻어진 것이라고 그렇게 생각합니다. 그래서 주인된 하나님을 기억하지 못하고 살아갑니다. 굳이 이후에 심판주가 있다고 하더라도 나는 당신의 것으로 살지 않았다고 그렇게 대답할 사람들입니다.

사랑하는 성도 여러분!
시편 기자는, '하늘과 땅과 바다와 모든 것은 다 주의 것' 이라고 했습니다. 어느것 하나도 주의 것이 아닌 것이 없는데, 하나님을 모르는 사람들은 돈을 벌었으면, 자기의 노력으로 벌었다고 그렇게 생각합니다.

하나님이 우리에게 공기를 주어 호흡을 할 수 있었기에 살 수 있었고, 하나님이 내 몸에 건강이 유지되도록 모든 자연환경을 주었기에 죽지 않고 지금 살고 있음을 알아야 하겠습니다. 그런데 아직도 나는 내 능력으로 살고있지, 당신의 달란트로 살지 않았다고 한다면, 얼마나 어리석은 사람인가 입니다.

대부분의 하나님 없이 사는 사람들은 자기의 능력으로 살고 있는 줄 그렇게 착각하고 있습니다. 그래서 감사의 대상이 없이 살고 있습니다.

셋째, 이 사람의 잘못이 어디에 있습니까?

주인이 굳은 사람인 줄 알았다면 왜 땅에 묻어두었느냐? 이것입니다. 차라리 은행에 맡겨서 이자라도 붙여 나오게 해야 할 것이 아닌가?

바로 이 점을 주인이 책망했습니다. 그럴 때 이 사람은 아무 말도 못했습니다. 이 사람 생각으로는 땅에 묻어두는 것이 제일 안전하다고 생각했기 때문일 것입니다.

이 점이 바로 현대인의 우(愚)를 범하는 행위들입니다. 오늘도 달란트를 땅에 묻어버리고 있는 소위 지성인들이 얼마나 많은지 모릅니다. 모두 주인에 대한 편견들 때문에 그런 우를 범하고 있습니다.

자기의 사고의 범위 안에 묻어둔 하나님이 얼마나 많습니까?

그런 사람들의 사고(思考)방식에는 땅이 제일 든든하게 생각됩니다. 그래서 요즘도 하나님 보다 땅, 땅, 하면서 땅만 보러 다닙니다. 땅이 제일 안전하다고 그렇게 생각하고 있습니다.

'주인의 달란트를 땅에 묻어 두었다'는 것이 내포하는 오늘의 교훈이 큽니다. 땅이란 천국과의 대칭적 개념에서 보면, 오로지 땅만을 의지하고 살았다는 뜻입니다. 땅이 제일 안전하다고, 그렇게 생각하여 땅에다 하늘 아버지의 요구하는 달란트들을 묻어 버렸다는 뜻입니다.

3. 하나님을 향한 우리의 생각이 바로 정립되어야 하겠습니다.

하나님은 우리를 사랑하는 하나님이십니다. 하나님은 우리를 사랑하여 독생자를 보내주셨습니다. 하나님은 우리를 심판하려 하심이 아니라고 하였습니다. 누구든지 저를 믿으면 영생을 얻는다고 하였습니다. 그러므로 하나님께 대한 우리의 잘못된 편견을 버려야합니다. 하나님은 〈자비〉와 〈긍휼〉과 〈사랑〉의 하나님입니다. 그러나 하나님은 최후의 〈셈을 하는 주인〉이십니다. 마지막 날에 우리에게 맡긴 달란트를 셈하실 하나님이십니다.

사실 오늘 마태복음 25장은 천국 비유장입니다.

천국은 마치 등을 들고 신랑을 맞으러 나간 열처녀와 같다고 하였고, 천국은 마치 타국으로 가는 주인이 그 종들을 불러 모아 놓고 각각 자기의 소유를 맡김과 같다고 하였습니다.

이 비유들에게서 공통점은 주인은 다시 온다는 점입니다. 주인을 다시 맞이할 날이 올 것인데, 깨어서 주인을 맞을 준비를 해야 한다는 뜻이고, 주인 앞에 회계장부를 검사 맡을 날이 온다는 점입니다. 그러므로 준비 잘하라는 요지입니다.

이 비유를 오늘 구원과의 관계에서 보면, 하나님의 구원은 회개하는 죄인들에게는 무한한 자비와 긍휼로 나타나지만, 교만한 자들에게는 준엄한 심판주로 임한다는 사실입니다. 그래서 역사의 준엄한 심판이란 바로 이러한 하나님의 행위를 말합니다.

하나님의 〈사랑〉은 〈공의〉를 겸한 사랑입니다. 〈공의〉없는 〈사랑〉은 〈무질서〉이고, 〈긍휼〉없는 〈공의〉는 참 〈사랑〉은 못됩니다.

하나님은 언제 어디서나 이 사랑의 잣대로 흥망성쇠를 이끌어 가십니다.

우리 모두 땅에 묻은 달란트들이 되지 않도록 최선을 다해야 하겠습니다. 그리고 하나님께 대한 올바른 신앙을 가진 사람들이 되어야 하겠습니다.

상 받을 자

[마태복음 10:37-42]

아버지나 어머니를 나보다 더 사랑하는 자는 내게 합
당하지 아니하고 아들이나 딸을 나보다 더 사랑하는
자도 내게 합당하지 아니하며 또 자기 십자가를 지고
나를 따르지 않는 자도 내게 합당하지 아니하니라 자
기 목숨을 얻는 자는 잃을 것이요 나를 위하여 자기
목숨을 잃는 자는 얻으리라 너희를 영접하는 자는 나
를 영접하는 것이요 나를 영접하는 자는 나를 보내신
이를 영접하는 것이니라 선지자의 이름으로 선지자를
영접하는 자는 선지자의 상을 받을 것이요 의인의 이
름으로 의인을 영접하는 자는 의인의 상을 받을 것이
요 또 누구든지 제자의 이름으로 이 작은 자 중 하나
에게 냉수 한 그릇이라도 주는 자는 내가 진실로 너
희에게 이르노니 그 사람이 결단코 상을 잃지 아니하
리라 하시니라

상 받을 자

우리는 언필칭 미국은 교회가 점점 사양화되어 문 닫는 교회들이 많아진다고 하지만, 사실 그들은 기독교 문화가 청교도 정신에 이어져서 벌써 200년 동안 내려오고 있습니다.

그런가하면 서구의 많은 나라들은 2,000년의 역사 속에 기독교 문화에 젖어 있습니다. 그래서 그 사람들은 결혼식도 교회는 안 나가면서 교회 가서 목사에게 사인 받고, 장례식도 목사가 와서 해야 되고, 태어날 때도 유아세례 받아야 되고, 이런 문화적으로 생활화 되어 있습니다. 그래서 천국과 지옥을 믿느냐? 하면 적어도 70프로 내지 80프로까지가 그래도 천국과 지옥을 믿는다는 개념을 가지고 있습니다.

그런데 수년 전에 어느 여론조사 기관에서 한국의 크리스천 1,000명과, 불신자 1,000명을 대상으로 조사를 했는데 한국의 기독교 교인들은 천국과 지옥을 믿느냐? 라는 물음에 41.1%가 천국을 믿고, 나머지는 이 땅에서 마음의 위로를 받고, 마음에서 평안함을 누리고, 성공하는 그런 현실적 천국만 믿는다는 응답이었습니다. 불신자 1,000명에게 천국을 믿느냐? 했더니, 천당이든, 극락이든 죽은 후에 좋은 곳이 있다는 것을 믿는 사람들이 33.8% 라고 했습니다.

그렇게 보면, 믿는 사람이건, 불신자들이건 죽은 후에 내세가 있다는 것을 다 믿는데, 믿는 사람이 41%, 불신자들이 33% 라면 불과 8%가 더 믿는 사람들 중에 내세를 믿고 있다는 결론이 생깁니다.

이것이 무엇을 말하느냐? 사실 우리 사회에서 믿는 사람이나, 불신자들이나 별 차이가 없이 생활한다는 결론입니다. 천국이 없고, 내세가 없이 사는 사람들이기 때문에 믿건 안믿건 이 세상에서의 행복이 전부라고 생각하고 산다는 말입니다.

오늘 우리 성도님들! 어떨까요? 한번 물어볼까요? 내세를 믿고 삽니까? 아니면 모르겠다고 하고 현실에서만 행복을 추구합니까? 전자인 사람은 아멘 해보십시오. 왜 이렇게 희미합니까?

정말 이 땅이 영원한 것이 아니고 내세 천국을 믿는 자라면 크게 아멘하시기 바랍니다. 오늘 밤에 주님이 부르신다 할지라도 나는 아무 공로 없지만 예수 이름으로, 예수 믿는 것 하나 때문에 주님이 나를 버리지 않을 것이라는 그 믿음에 서서 예배 드리는 성도라면 아멘 하시기 바랍니다. 바로 이 믿음을 가져야 되는 것입니다. 그리고 옆에 분하고 '우리 같이 천국가 살아요' 해 보시기 바랍니다. 보기 싫은게 천국 가서도... 저거 어떻게 천당 가서 같이 사냐고... 오늘 우리가 미워하는 사람도 예수 안에 있으면 저 사람도 나와 함께 천국에 갈 사람들인 줄 믿으시기를 바랍니다.

1. 그런데 구원받은 자들 중에는 여러 모양이 있습니다.

성서적으로 보면 구원은 전적인 하나님의 은혜로 되는 것이지만, 인간 편에서 보면 몇가지 구분이 됩니다. 즉 구원받은 사람의 입장에서 보면 여러가지 모양의 구원이 있을 수 있다는 말입니다.

성경을 통해 보면 다섯 부류의 구원을 볼 수 있습니다.

① 부끄러운 구원입니다. (불 가운데서 얻은 구원)
② 염치없는 구원입니다. (포도원 비유에서 한시간 일한 사람)
③ 자기만 위한 구원입니다.(전도 한명도 못하고 죽은 사람)
④ 남을 생각한 구원입니다.(많은 사람을 주께로 인도한 사람)
⑤ 십자가를 진 구원입니다.(고난과 박해 속에서도 지킨 신앙인)

이렇게 볼 때 나는 지금 어떤 구원에 해당할까? 한번쯤 생각해 보아야 하겠습니다. 로마서 10:13 "누구든지 주의 이름을 부르는 자는 구원을 얻으리라"고 하였습니다. 즉 구원은 하나님이 주신 은혜의 선물이지만, 상은 우리의 행위의 보상이란 말입니다.

그러면 하늘 나라에서 상 받을 자들의 구원의 모습은 어떤 것이겠습니까? 우리 모두가 본 받고 살아야할 것이기 때문입니다. 왜냐하면 아직도 우리에게는 남은 세월이 있기 때문입니다. 지금껏 지나온 세월은 뒤로 보내고 앞으로 남은 세월동안 주님의 가르침 대로 살다가 가야할 것이 아니겠습니까!

2. 자기만을 위한 구원에서 남을 생각하는 구원자들이 되어야 하겠습니다.

자기만을 위한 구원이란 일상 생활에서 자기가족, 내 부모, 내 형제, 내 자녀들을 위하여 무엇을 먹을까? 무엇을 입을까?만 걱정하면서 신앙생활을 해 온 것을 의미합니다. 이것은 이방사람들도 다 그렇게 하는 것이라고 하였습니다. 특별히 '목숨을 위하여, 몸을 위하여...' 라고 하였습니다. 육신의 목숨, 육신의 몸을 위하여만 관심을 가지고 산다는 의미입니다. 사실 보면, 굶어서 죽는 것 보다 정신적 고통과 마음의 좌절과 절망으로 죽게 된다는 사실입니다. 자살이 다 그런데서 오는 것이 아닙니까! 먹는 것 하루세끼 무엇을 먹든지 목숨은 다 버틸 수 있습니다. 기름진 음식 너무 많이 먹기 때문에 성인병이 생긴다고 합니다.

우리 주님을 한번 생각해 보기 바랍니다. 주님은 매일 무엇을 먹었을까? 또 무슨 옷을 입었을까? 주님을 생각하면서 먹는 것, 입는 것을 한번 조절해 보기 바랍니다. 그러면 남을 생각하는 마음이 생길 것입니다.

이런 이야기가 있습니다.

어떤 사람이 죽어서 천국에 가게 되었습니다. 천국 입국장에는 죽어서 온 사람들이 한 사람, 한 사람씩 천사의 입국 심사를 받는데, 믿음이란 여권을 내 밀고 천사의 심사를 받고, 갖고 온 세상에서의 생활 보다리들을 풀어 놓고 첵크를 다 마치고 드디어 밖으로 나가는데, 천국의 기자들이 한 사람에게 우르르 몰려 들고 취재에 열중하더랍니다.

그런데 자기에게는 아무도 관심을 갖는 사람이 없어 한 천사 기자에게 물었답니다. 저 사람은 무엇 때문에 저렇게 야단들입니까? 하니 "저분은 천국에 많은 투자를 한 분입니다" 그렇게 대답하더랍니다. 그러면서 자기를 되돌아보니, 천국에 투자한 것이 하나도 없더랍니다. 그래서 두고 온 땅문서, 재산들, 모두 자식들에게 넘겨준 것 외에 천국에 투자한 것이 하나도 없음을 한탄하면서 애를 먹다가 깨 보니 꿈이어서, 그 후에 자기의 논을 팔아 교회를 지은 분이 있었습니다.

우리 주님 말씀에도 분명히 보물을 하늘에 쌓아 두라고 하였습니다.

마태복음 6:19-21절에 "너희를 위하여 보물을 땅에 쌓아 두지 말라 거기는 좀과 동록이 해하며 도적이 구멍을 뚫고 도적질 하느니라. 오직 너희를 위하여 보물을 하늘에 쌓아 두라 거기는 좀이나 동록이 해하지 못하며 도적이 구멍을 뚫지도 못하고 도적질도 못하느니라. 네 보물 있는 그 곳에는 네 마음도 있느니라"고 하였습니다.

또 누가복음 12:33-34절에 "너희 소유를 팔아 구제하여 낡아지지 아니하는 주머니를 만들라 곧 하늘에 둔바 다함이 없는 보물이니 거기는 도적도 가까이 하는 일이 없고 좀도 먹는 일이 없느니라. 너희 보물 있는 곳에는 너희 마음도 있으리라"고 하였습니다.

'너의 보물이 있는 곳에 너의 마음도 있다' 는 말씀에 유념해야 하겠습니다. 투자한 곳에 마음이 가 있는 것은 당연한 일입니다.

증권에 투자한 사람이라면 매일 아침 증권 시세부터 살필 것입니다. 증권에 투자하지 않은 사람이라면 관심도 없습니다.

꼭 같은 이치입니다.

우리가 내세에, 천국에 관심이 왜 없습니까?

천국에 투자한 것이 없기 때문입니다.

교회 봉사생활에서도 보면 그렇습니다.

교회에 건축하는 일에 헌금으로 참여한 사람이라면 교회에 관심이 있습니다. 하지만, 교회에 헌금에 참여하지 않았으면, 교회가 어떻게 되든 관심이 없습니다. 천국에서 상 받을 일을 해야 하겠습니다.

그런데 우리 주님의 말씀을 귀담아 들어야 하겠습니다.

마가복음 10:29절에 "예수께서 가라사대 내가 진실로 너희에게 이르노니 나와 및 복음을 위하여 집이나 형제나 자매나 어미나 아비나 자식이나 전토를 버린 자는 금세에 있어 집과 형제와 자매와 모친과 자식과 전토를 백배나 받되 핍박을 겸하여 받고 내세에 영생을 받지 못할 자가 없느니라. 그러나 먼저 된 자로서 나중 되고 나중 된 자로서 먼저 될 자가 많으니라"고 하였습니다.

복음을 위하여...라는 말이 무슨 뜻입니까?

교회가 복음을 위하여 존재하는 것 아닙니까?

교회는 무엇입니까?

예수 그리스도의 살아 움직이는 현세적 몸입니다.

그렇다면 교회를 위하여 집이나 전토를 버린 자는(희생을 의미), 금세에 있어서도(현 세상에서도) 그 버린 것 보다 100배나 받고, 또 핍박도 겸하여 받게 된다고 하고, 내세에 영생을 받지 못할 자가 없을 것이라고 하였습니다.

그러나 이것은 아무나 할 수 없는 것이기에 먼저 된 자가 나중되고, 나중된 자(늦게 믿는자)가 먼저 되는 경우가 있을 것이라고 하였습니다. 여기서 생각할 수 있는 것은 하나님 나라에서는 상 받을 자들이 따로 있는데, 그런 사람들은 하늘나라에서 뿐만 아니라 이 세상에서도 남보다 100배나 누리며 살게 된다고 하였습니다.

3. 십자가를 지고 따르는 자의 상급을 받도록 우리도 힘써야겠습니다.

십자가는 어떤 의미에서든 자기 희생을 말합니다. 희생없이 어떻게 상을 기대하겠습니까? 내게 있어 져야할 십자가가 있다면 무엇일까? 가정에서, 교회에서, 직장에서, 내가 져야할 몫의 십자가는 무엇일까? 우리에게 문제는 십자가는 이미 주님이 졌으니, 내 십자가도 주님이 지고 가시라고 뒤만 따르는 경우가 아닌지? 이렇게 주장하는 구원파들이 있습니다.

나의 모든 것을 주님이 대신 십자가를 져 주셨는데, 아직도 배에 올랐으면 짐을 내려 놓아야 할텐데 그대로 지고 서 있는 자들과 같다고 하면서, 믿는 자들에게는 이제 정죄함이 없으니, 무엇을 해도 죄될 것이 없다고 그렇게 가르치고 있습니다.

주님은 제자들에게 '나를 위하여 부모나 자식이나 전토를 버린 자는...' 이라고 했습니다. 주님을 위하여 버린다는 뜻이 무엇일까? 주님의 몸인 교회를 위함입니다. 주님이 세우신 이 교회를 위하여 바친 눈물과, 재물과, 시간과, 헌신입니다. 얼마나 교회를 위하여 나의 몫의 십자가들을 졌는가? 이후에 상 받을 자들이 되려면 쉬운 것부터 해야겠습니다.

그 쉬운 것이 무엇이겠습니까?

주님의 이름으로 작은 자 하나에게 대접하는 일입니다.

평생 믿으면서 한번도 남을 대접하지 못했다면, 오늘부터 그렇게 해 보시기 바랍니다. '마음 뿐이지 내가 무엇이 있어야지....' 라는 것은 변명일 뿐입니다. 교회의 일꾼들에게, 장로님들에게 한끼 식사라도 대접해 보았는가? 대접하는 손길에 하나님은 더 많은 것을 맡긴다고 하였습니다.

늘 대접을 먼저 하면서 살 수 있기를 바랍니다. 그것이 천국에서 자기가 받을 상일 뿐만 아니라, 그렇게 쓴 돈과 재물은 이 땅에서도 그 후손들이 100배나 받게 될 것임을 알아야 하겠습니다.

우리 모두 현세와 내세에서 상 받고 사는 성도들이 다 되시기를 바랍니다.

함께하는 하나님

[스가랴 4장 6절-10절]

그가 내게 대답하여 이르되 여호와께서 스룹바벨에게
하신 말씀이 이러하니라 만군의 여호와께서 말씀하시
되 이는 힘으로 되지 아니하며 능력으로 되지 아니하
고 오직 나의 영으로 되느니라 큰 산아 네가 무엇이
냐 네가 스룹바벨 앞에서 평지가 되리라 그가 머릿돌
을 내놓을 때에 무리가 외치기를 은총, 은총이 그에
게 있을지어다 하리라 하셨고 여호와의 말씀이 또 내
게 임하여 이르시되 스룹바벨의 손이 이 성전의 기초
를 놓았은즉 그의 손이 또한 그 일을 마치리라 하셨
나니 만군의 여호와께서 나를 너희에게 보내신 줄을
네가 알리라 하셨느니라 작은 일의 날이라고 멸시하
는 자가 누구냐 사람들이 스룹바벨의 손에 다림줄이
있음을 보고 기뻐하리라 이 일곱은 온 세상에 두루
다니는 여호와의 눈이라 하니라

함께하는 하나님

사람이 살아가는 동안 누구와 함께 하느냐? 하는 것은 매우 중요한 일입니다.

약한 사람에게 힘 있는 사람이 함께 해 주면 그 약함이 상쇄됩니다.

가난한 사람에게 부자가 함께 해 주면 그 가난도 상쇄됩니다.

어리석은 사람에게 현자(賢者)가 함께 하면 어리석음도 상쇄됩니다.

무능한 자에게 능력자가 함께 하면 그 무능이 도리어 강함으로 변합니다. 하나님의 역사가 바로 이런 것입니다.

우리가 믿는 기독교의 하나님은 막연히 정신 속에 있는 하나님이 아니고, 육신을 입고 이 세상에 오셔서 우리와 함께 하는 하나님입니다.

그래서 그것을 〈임마누엘의 하나님〉이라고 합니다.

번역하면, '하나님이 우리와 함께 하신다' 는 뜻입니다.

기독교의 하나님은 관념이나, 사상의 하나님이 아니라, 실제적 우리의 삶 속에서 임재하여 우리와 함께 하는 하나님이십니다.

성경에는 이것을 여러 곳에서 언급하고 있습니다.

특히 이사야 선자자의 예언을 보면 그런 것이 많이 나타나 있습니다.

이사야 41:10 "두려워하지 말라 내가 너와 함께 함이라 놀라지 말라 나는 네 하나님이 됨이라 내가 너를 굳세게 하리라 참으로 너를 도와주리라 참으로 나의 의로운 오른손으로 너를 붙들리라"고 하였고, 이사야 43:2 "네가 물 가운데로 지날 때에 내가 함께 할 것이라 강을 건널 때에 물이 너를 침몰하지 못할 것이며 네가 불 가운데로 지날 때에 타지도 아니할 것이요 불꽃이 너를 사르지도 못하리니…"라고 했고, 이사야 43:5 "두려워하지 말라 내가 너와 함께 하여 네 자손을 동방에서부터 오게 하며 서쪽에서부터 너를 모을 것이며…"라고 했습니다.

모두 함께 하겠다는 약속의 말씀들입니다.

그러므로 우리가 믿는 하나님은 나와 함께 하는 하나님이심을 믿어야 합니다. 좀더 구체적으로 하나님은 어떤 경우에 우리와 함께 하시느냐?

1. 하나님은 〈폐허〉위에서 함께하십니다.

오늘 본문의 주인공 〈스가랴〉는 주전 6세기 경에 활동한 선지자입니다. 주전 6세기경에 이스라엘 백성들은 바벨론에 의해 점령당하여, 포로 생활로 지내던 암담한 세월을 보냈던 그런 시절입니다.

그러니 이스라엘 민족에게는 제일 희망이 없었던 세월이었습니다.

그러나 스가랴 선지자의 메시지의 내용은 소망의 예언이었습니다. 그의 메세지 내용은 '그날이 오면' 이었습니다. '그날이 오면...' 이란 폐허 위에서 바라보는 희망이었습니다.

그 희망은 막연한 희망이 아니라 하나님의 약속이었습니다.

그는 이스라엘의 회복에 대한 소망의 찬 예언을 하였습니다. '그날이 오면' 폐허가 되었던 예루살렘에 생수가 다시 솟고, '그날이 오면' 예루살렘은 모든 민족의 영적 중심이 될 것이라고 말했습니다.

하지만 그 당시 이스라엘 백성들에게는 그런 말이 실감이 나지 않는 말이었습니다. 왜냐하면 이스라엘 백성들은 바벨론 제국의 노예의 신세이었기 때문이었습니다. 현실적으로 보면 가당치도 않는 말이었습니다. 당시 세상의 중심은 누가 뭐라 해도 강대국 바벨론이었고, 예루살렘은 이미 없어진 변방의 한 도시에 불과했습니다. 역사에서 이미 사라진 백성이 다시 무슨 수로 망해버린 고토(故土)를 회복하고, 그곳에 하나님의 성전을 지을 수 있단 말인가!... 아무리 생각해도 허망한 소리 같기만 했습니다.

이것은 우리에게도 지금 마찬가지입니다. 나라의 통일을 두고 생각해 보면 쉽게 이해가 됩니다.

한반도의 통일이 언제 이루어지겠는가? 모두들 비현실적으로 보고 있습니다.

만일 어느 목사가 '그 날이 오면... 하나님께서는 평양과 한국의 예루살렘이라고 했던 선천과 북한 전역에 하나님의 성전이 재건될 날이 올 것입니다' 라고 말하면 여러분은 지금 이 말을 얼마나 귀담아 듣겠습니까? '언제? 무슨 힘으로? 우리 생전에는 그것이 가능하겠는가?' '어림도 없지...' 등등 그런 생각들일 것입니다.

그러나 스가랴 선지자는 그렇게 생각하는 백성들에게 하나님이 우리와 함께 함을 열정적으로 선포 하였습니다.

역사는 그가 예언한대로 적중되었습니다. 당당했던 바벨론이 주전 587년 페르시아 왕(Persia) 고레스(Kyrus)에게 항복하여 식민지들에게 해방의 날을 맞게 하였습니다. 마치 우리가 1945년 8월15일 일본 천황의 항복문이 낭독될 때 어리둥절 했던 것 같이 이스라엘은 꿈꾸듯이 소식이 들려졌습니다. 그래서 시편기자는 시편 126:1절에 "여호와께서 시온의 포로를 돌려 보내실 때에 우리는 꿈꾸는 것 같았도다"라고 하였습니다.

이렇게 하나님은 폐허 위에서 함께 하시는 하나님이십니다.

폐허는 인간의 절망의 밑바닥입니다. 그런 인간의 처절한 밑바닥에서 함께 하시는 하나님이십니다. 좌절과 절망스러움의 폐허 위에서 하나님은 지금도 역사하십니다. 개인적으로도 마찬가지입니다.

의지하였던 재물, 믿었던 친구, 사랑하던 가족이 먼저 갈 때, 그리고 꿈에 그리던 희망사항이 모두 물거품으로 되돌아갔을 때, 그 자리에서 하나님은 함께 하십니다.

야곱의 경우를 생각해 보시기 바랍니다. 야곱이 기약 없이 도망치던 밑바닥 길에서, 불안하고 외로운 자리에서, 노숙하던 그 자리에서, 하나님은 그에게 나타났습니다.

그래서 잠에서 깨어나는 순간 '하나님이 여기도 계셨도다' 라고 하고 돌을 세워 제단을 쌓았다고 하였습니다. 오늘 우리 가운데서도 노숙할 수밖에 없는 그런 분들이 있다면, 그 자리에서도 하나님이 함께 함을 잊어서는 안됩니다.

그 자리가 도리어 하나님을 만날 수 있는 기회임을 알아야합니다.

모세도 정처 없는 세월을 광야에서 지내야 했습니다. 40년의 광야 생활은 그에게는 모든 것을 잃어버린 폐허였습니다. 그러나 광야 떨기나무 불꽃 속에서 하나님을 만났습니다.

하나님은 지금도 폐허의 자리에 처해 있는 사람에게 함께 하십니다.

거의 불가능이라고 체념할 수밖에 없는 그런 자리에서 역사합니다.

2. 또 하나님은 〈죄인들〉과 함께하여 역사를 일으키십니다.

우리는 하나님 앞에서 죄인들이라고 말합니다. 그 말이 틀린 말은 아닙니다. 우리 모두 죄인이기 때문입니다.

그러나 하나님은 죄인을 불러 그들을 통하여 역사를 이루어 나가십니다. 즉 죄인을 불러 역사를 일으키시는 하나님이십니다.

인간 실존에서 우리는 죄인임이 틀림없지만, 하나님은 바로 이런 죄인들과 함께 역사를 일으킵니다. 죄인 된 인간의 삶 속에서 하나님의 나라를 이루어간다는 말입니다. 죄인 된 길에서 길이 열려지게 하십니다. 그러므로 우리 주님은 '내가 곧 길' 이라고 하였습니다.

하나님은 우리를 죄인으로 낙인찍어 절망케 하는 하나님이 아니라, '네가 잘못을 저지르기는 했다 그러나 그것으로 네 인생이 끝난 것은 아니다' 라고 하는 것이 하나님이란 말입니다.

그런데 대부분의 크리스천들 중에는 이점을 몰라 감격이 사라진 상태로 방치해 두고 있는 경우가 많습니다.
그리고 점점 더 율법의 아들이 되어가려고만 합니다.
하나님은 죄인을 불러 의인의 반열에 올려놓아, 그들을 통하여 역사를 이어가도록 합니다. 이것이 하나님의 놀라운 〈경륜〉입니다. 그러므로 죄인이기 때문에 문제가 아니라, 그 죄인이 자기와 함께하는 하나님을 모르고 사는 것이 문제인 것 입니다.

하나님 앞에서 새로운 인간이 될 것을 결단하면, 언제든지 새로운 출발이 가능해 집니다. 이것이 하나님이 하시는 역사입니다. 한번 발을 잘못 들여놓은 그것으로 영영 돌이킬 수 없는 것이 아니라, 그것 때문에 우리 안에 있는 또 다른 가능성이 있음을 알아야 합니다. 천국 확장 운동에 동참한 사람들은 모두 의인들이 아니었습니다.
죄인들을 불러 회개시켜서 의롭게 사용한 것이 하나님의 역사이었습니다.

3. 하나님은 가장 〈미약함〉과 함께하여 역사를 일으키십니다.
본문에 등장하는 〈스룹바벨〉은 귀국 후에 무너진 예루살렘 성을 재건하는 일에 중요한 지도력을 발휘한 인물이었습니다. 같은 시절 재건 작업에 기초를 쌓은 느헤미야와 동시대의 인물이었습니다.

이들의 재건 사업을 비웃는 자들이 있었습니다. 저들은 빈정거리며 이렇게 말했습니다. '힘도 없는 것들이 무얼 하겠다고 하느냐?' '이미 불타버린 돌을 흙더미에서 꺼내 다시 쓰겠다는 거냐?'
'그런 성벽은 여우 한 마리만 기어 올라가도 무너지고 말텐데...'

야유하며 조롱하였습니다. 스룹바벨의 손에 들린 추는 가장 미약하게 보였을 것입니다.

그의 손에 들린 추는 쇠도 아니요, 금도 아니요, 기껏 돌로 만든 측량 추였습니다. 그것으로 측량하는 것이 뭐가 그리 대단하다는 말인가? 인간적인 눈으로 보면 보잘 것 없이 보였습니다.

그러나 오늘 말씀에 "작은 일의 날이라고 멸시하는 자가 누구냐 사람들이 스룹바벨의 손에 다림줄이 있음을 보고 기뻐하리라"고 하였습니다. "스룹바벨의 손이 이 성전의 기초를 놓았은즉 그의 손이 또한 그 일을 마치리라"고 하였습니다. 이렇게 하나님은 미약하고 작은 것과 함께 하여 역사를 이뤄나가십니다.

저는 오늘 우리나라의 남과 북의 문제를 생각해 보았습니다.

교회는 세상 사람들이 보기에는 힘이 없이 보일 것입니다.

기도하는 성도들의 기도를 보면, 그런 기도를 아무리 해봐도 무슨 소용이 있겠는가 할지 모릅니다. 그러나 하나님은 기도하는 성도들과 함께 하여 당신의 위대한 경륜을 이루어 가십니다. 이것이 역사의 산 증거들로 나타나고 있습니다.

영국의 수많은 병사보다, 한사람 기도의 사람 존 낙스의 기도가 더 힘이 있었다는 말을 우리는 듣고 있습니다.

오늘의 모든 상황을 살피시는 하나님은 우리의 기도와 함께 역사하실 것입니다. 우리 개인적인으로도 절망스러움의 환경에서 하나님은 역사하시고, 부끄럽고 죄 많은 나였지만, 이제 회개하고 결단하면 나와 함께 하심을 확신해야 합니다. 그리고 가장 미약하게 시작하였으나, 창대케 되는 놀라운 하나님의 경륜을 체험하는 우리 모두들이 되기를 바랍니다.

의지하고 사는 사람

[시편 49장 6절-13절]

자기의 재물을 의지하고 부유함을 자랑하는 자는 아무도 자기의 형제를 구원하지 못하며 그를 위한 속전을 하나님께 바치지도 못할 것은 그들의 생명을 속량하는 값이 너무 엄청나서 영원히 마련하지 못할 것임이니라 그가 영원히 살아서 죽음을 보지 않을 것인가 그러나 그는 지혜 있는 자도 죽고 어리석고 무지한 자도 함께 망하며 그들의 재물은 남에게 남겨 두고 떠나는 것을 보게 되리로다 그러나 그들의 속 생각에 그들의 집은 영원히 있고 그들의 거처는 대대에 이르리라 하여 그들의 토지를 자기 이름으로 부르도다 사람은 존귀하나 장구하지 못함이여 멸망하는 짐승 같도다 이것이 바로 어리석은 자들의 길이며 그들의 말을 기뻐하는 자들의 종말이로다 셀라

의지하고 사는 사람

1. 사람들은 무엇인가를 의지하고 살고 있습니다.

'나는 무엇을 의지하고 살고 있는가?'

이 질문 앞에 진지하게 생각해 보아야 하겠습니다.

'나는 아무것도 의지하는 것 없이 산다'고 할 수 있는 사람은 아무도 없습니다. 왜냐하면 인간은 홀로 살 수 없는 존재이기 때문입니다.

이것은 창세기에 하나님이 사람을 지을 때 벌써 서로 의지하고 살 수 있도록 배필을 만들어 주었기 때문입니다. 중국 글자에 사람 인(人)자를 보면 서로 의지하는 작대기 둘을 세워 놓은 것을 보아서도 알 수 있습니다.

어렸을 때는 부모를 의지하고 살아갑니다.

청소년이 되면 친구들을 의지하면서 살아갑니다.

결혼 적년기가 되면 배우자를 찾아 나서게 됩니다.

결국 사랑하는 배필을 만나서 한평생을 함께 의지하며 살게 됩니다. 그러다 보면 가정을 꾸려 나가려니 돈이 필요하게 되므로 돈을 바라보게 됩니다. 그래서 열심히 벌어서 저축을 하게 되고, 어느 정도 재산이 모아지면 그 후부터는 재물을 의지하게 됩니다.

여기에 도가 지나치면 재물의 노예가 되어, 도리어 그 재물로 인하여 번민하게 되고, 그것으로 인하여 스트레스를 받다 병을 얻게 되고, 그것으로 인하여 결국 사망에 이르는 경우도 생겨납니다.

오늘 본문은 바로 이런 경우의 사람들을 잘 묘사하고 있습니다.

오늘 하나님의 말씀을 생각하면서 우리가 전제되어야 할 것은 재물 자체에 대한 인식입니다.

하나님의 존재를 인정하고 그에 대한 신앙을 가지고 사는 사람들이라면 모든 것이 하나님의 것이란 점입니다. 그러므로 믿는 성도들이 재물에 대한 인식을 바로 가질 필요가 있습니다.

〈재물〉은 모두 하나님의 것인데, 우리로 하여금 재물 얻을 능력도 하나님이 주셨다는 것입니다. 이것을 모르면 자기가 능력이 있어 벌게 된 줄 그렇게 생각하기 쉽습니다. 대부분이 그렇게 생각하고 있습니다.

신명기 8:17절에 "그러나 네가 마음에 이르기를 내 능력과 내 손의 힘으로 내가 이 재물을 얻었다 말할 것이라"고 경고한 말씀이 있습니다. 신명기 8:18절에 "네 하나님 여호와를 기억하라 그가 네게 재물 얻을 능력을 주셨음이라"고 하였습니다. 〈재물〉을 얻을 수 있는 능력을 하나님이 주었다고 하였습니다. 그러므로 모든 재물은 하나님께로부터 얻게 되었다는 생각이 있어야 합니다. 그래야 재물로 인하여 범죄 하지 않고, 그 재물을 바르게 사용하게 된다는 말씀입니다.

여기서 재물이란 단순히 돈이나 부동산을 의미하는 것은 아닙니다. 내가 벌어들일 수 있는 모든 것이 다 재물일 수 있습니다. 대학에서 강의를 하는 교수는 자기가 알고 있는 지식이 재물입니다. 연기를 하는 배우나 탤런트는 그들의 재능이 재물일 수 있습니다. 감동을 주는 가수는 자기의 성량과 노래가 재물일 수 있습니다. 박주영 같은 축구선수는 자기의 발재간이 재물일 수 있습니다.

그런 재물을 자기의 것으로 착각하고 살 때 그것이 문제란 말입니다.
그러므로 우리 믿는 성도들에게는 재물 얻을 능력도 하나님께서 주셨음을 알아서, 그 재물을 잘 관리할 줄 알아야 합니다.

재물을 의지하고 살지 말고, 잘 관리하여야 할 것입니다.
그런데 왕왕 보면, 크리스천들 중에서도 이 재물 때문에 하나님과 멀어지는 경우들이 많습니다. 재물이 많아지면 많아져서 하나님 보다 재물을 의지하게 되어 하나님을 등한히 여기게 되어 멀어지고, 또 반대로 재물이 없으면 없어져서 하나님과 멀어지는 경우가 많습니다. 어쩌면 후자인 경우가 우리의 실제적 상황에서는 더 많은 것 같습니다. 그러므로 재물은 관리의 대상이지 의지할 것이 아님이 성서적 교훈입니다.

그런데 오늘 본문을 다시 보시기 바랍니다.

자기의 재물을 의지하고 부유함을 자랑하면서 사는 사람들이 있습니다. 6절을 보시기 바랍니다. "자기의 재물을 의지하고 부유함을 자랑하는 자는..."이라고 했고, 옛날 성경대로 보면 "자기의 재물을 의지하고 풍부함으로 자긍하는 자는..."이라고 했습니다. 영어 번역으로 보면 They trust in their wealth, and boast of great riches 라고 했습니다. 자긍한다는 말을 boast 라고 하였습니다. 이 boast 란 보통 자랑이 아니라 그것으로 〈우쭐 된다〉 〈큰 소리 친다〉라는 의미입니다.

요즘 재물로 인하여 우쭐되는 사람들이 얼마나 많습니까!

이 재물로 큰 소리 치는 사람들이 얼마나 많습니까!

오늘 하나님의 말씀은 바로 이런 사람들에게 경고하는 말입니다. 현대인의 허망스러움이 바로 여기에 있습니다. 특히 자본주의 체제하에서 〈자본〉은 만능의 힘을 가지고 있습니다.

저는 이번에 시드니에서 아름다운 해안가를 구경했습니다.

세계 3대 미항이라고 자랑할 만치 아름다운 곳이었습니다.

그런데 안내하는 이가 저기 저 집은 US $ 20,000,000(이천만 달러) 라고 하였습니다. 200억 가는 아파트가 한국에 있는지 모르겠습니다마는, 그런 집에서 사는 사람이 하나님을 모르고 그 집을 의지하고 우쭐된다면 그것이 제일 허망스러운 일이란 말입니다.

왜 그럴까요?

그 밑에 나오는 말씀을 보면 알 수 있습니다.

아무리 재물이 많아도 그것으로 우리의 생명을 구원할 수는 없기 때문입니다. '사람의 생명을 속량 하는 값이 엄청나서 영원히 마련하지 못할 것임이기 때문이다' 라고 하였습니다. 사실 그렇습니다. 누가 돈으로 생명을 구할 수 있겠습니까? 이렇게 말하면, 아니 당장 수술비만 있어도 수술했으면 살 사람이 돈이 없으니 죽어가는 것을 보면서도 그런 말을 하는가? 하겠지만, 그것은 목숨일 뿐입니다. 이 목숨은 심장이 멎으면 그날로 무너지는 것입니다.

그런 것을 말하는 것이 아닙니다.

성경에서 말하는 〈생명〉은 목숨이 아니라 〈조에〉 영원한 생명을 말합니다. 즉 이 생명은 하나님께로 받은 영원한 생명을 의미합니다.

우리가 왜 신앙생활을 해야 하는가? 목숨 연장하기 위해서가 아닙니다. 목숨은 언젠가는 사라질 것뿐입니다. 영생 얻기 위함이 신앙생활의 궁극적 목적입니다. 왜 예수 믿고 구원 받아야 한다고 합니까?

이 구원은 돈으로 살수 있는 것이 아니기 때문입니다.

돈으로는 평가할 수 없는 값비싼 것이기 때문입니다.

그러나 재물을 의지하고 오히려 자신의 부유함을 자랑하며 교만하게 사는 사람이 있다면 그 사람이야 말로 어리석은 자들이란 말입니다.

여기서 기독교 신앙의 본질이 무엇인가를 알 수 있습니다. 기독교 신앙의 본질적인 내용은 영생(永生)입니다. 재물은 하나님의 것입니다. 우리는 하나님의 재물을 잘 관리하다가 그것으로 의롭게 살다가 가야 할 존재들입니다. 이것을 우리 주님께서 가르쳤습니다. 그것이 8복의 가르침이었습니다. 그런데 오늘 우리의 신앙생활을 들여다보면 주님이 가르쳐준 복과는 반대의 복을 추구하고 있습니다.

이것이 얼마나 주님의 가르침과는 멀어진 것입니까? 우리의 신앙의
궁극적 목적은 영생을 얻는데 있는데, 100년 안에 죽을 목숨을 위하여
항상 무엇을 먹을까, 무엇을 입을까만 걱정합니다. 이것은 세상 사람들
이 다 추구하는 것이라고 하였습니다.

'너희는 먼저 그의 나라와 그의 의를 구하라'고 하였습니다.
그리하면 이 모든 것을 너희에게 더하시리라고 하였습니다.
그럼에도 불구하고 얼마나 우리가 주님의 가르침을 따라 살고 있습
니까? 우리는 어쩌면 예수 믿는 사람이 아니고, 예수를 통하여 이 세상
의 것을 얻으려고만 하는지 모릅니다. 그래서 너희는 재물과 하나님을
겸하여 섬길 수 없다고 한 것 같습니다.

2. 그러면 재물을 의지하는 사람의 공통점이 무엇입니까?

9절에 보면 '영원히 살아서 죽음을 보지 않을 것처럼 생각하면서 지
낸다'고 하였습니다. 세상에서 제일 어리석은 자가 있다면 자기는 죽
지 않는다고 생각하면서 준비 없이 사는 자들입니다. 부유한 삶을 사는
사람들의 공통점의 하나는 죽음을 준비하지 않고 산다는 것입니다. 죽
음은 누구에게나 피할 수 없는 인생의 외나무다리요 마지막 출국 수속
인데 그것을 모르고 사는 자들이 있습니다. 물론 이것은 가난한 자들도
마찬가지입니다. 영적 눈이 열리지 못하면 자기들은 영원히 이 땅위에
거할 줄 그렇게 생각합니다. 11절을 다 함께 보시기 바랍니다.
'그러나 그들의 속 생각에 그들의 집은 영원히 있고 그들의 거처는
대대에 이르리라 하여 그들의 토지를 자기 이름으로 부르도다'라고 하
였습니다. 요즘 토지에 소망을 걸고 있는 사람들이 바로 이런 사람들입
니다. 하나님을 의지하는 것 보다 자기 이름으로 토지와 건물을 등기해
놓으면 그것이 영원히 자기의 것 인줄 착각하고 있는 사람들입니다.
또 그것을 의지하고 살고 있습니다.

여러분!

솔직히 생각해 보시기 바랍니다.

내가 지금 무엇을 의지하고 살고 있는가?

내가 지금 하나님을 의지하고 살고 있는가? 아니면 내 재물을 더 의지하고 있는가? 어느 쪽입니까?

교회에 나와서는 하나님, 하나님, 하면서도 실제 생활에 들어가서는 하나님 보다 자기 앞으로 등기해 놓은 재물을 더 의지하고 살고 있지는 않는지... 깊이 반성해 보아야 하겠습니다.

3. 그러면 어떻게 살아야 한다는 말입니까?

인생은 유한적 존재임을 알고 살아야 합니다. 벧전 2:11 "사랑하는 자들아 거류민과 나그네 같은 너희를 권하노니 영혼을 거슬러 싸우는 육체의 정욕을 제어하라"고 하였습니다.

약 4:13-14 "들으라 너희 중에 말하기를 오늘이나 내일이나 우리가 어떤 도시에 가서 거기서 일 년을 머물며 장사하여 이익을 보리라 하는 자들아 내일 일을 너희가 알지 못하는도다 너희 생명이 무엇이냐 너희는 잠깐 보이다가 없어지는 안개니라"고 하였습니다.

그렇다고 허무주의에 빠져서는 안됩니다. 또 탈 현세적인 삶을 살아서도 안됩니다. 그러므로 나의 정체(正體)를 분명히 알아야 합니다. 나는 하나님이 지으신 존귀한 자임을 자각해야 합니다. 세상에는 나 같은 사람은 나 하나밖에 없음을 자각해야 합니다. 그러면 나는 어떤 존재인가? 존귀한 존재입니다. 내가 존귀하다는 것은 내 육체가 존귀하다는 것이 아닙니다. 나의 속 사람인 내 영혼이 존귀하다는 말입니다. 나를 조성하신 하나님은 나에게 당신의 형상을 불어넣어 주셨습니다. 이 육체는 그 영혼을 담고 있는 흙집일 뿐입니다.

우리는 나면서 장애를 갖고 태어나는 사람들을 불쌍하게 여깁니다. 그러나 하나님 편에서는 그들도 우리와 꼭 같은 귀한 존재들입니다. 육체의 장애일 뿐, 그 영혼의 장애는 아니기 때문입니다. 이 육체는 다 죽음으로 끝날 존재들입니다. 아무리 육체를 가꾸고 얼굴을 성형해도 세월과 함께 시들어가게 되어 있습니다. 그러므로 자아실현을 위해 최선을 다하다 가는 것이 사람으로서의 본분입니다.

그래서 '인생의 제일 되는 목적'은 하나님을 영화롭게 하며, 그를 즐거워함에 있다고 하였습니다. 내가 지금 무엇을 의지하고 살고 있는가? 깊이 생각해 보고 하나님을 영화롭게 하며 살다 가야하겠다는 결단을 내리기 바랍니다.

은혜 속에 성장하라

[에베소서 3장 20절-21절]

우리 가운데서 역사하시는 능력대로 우리가 구하거
나 생각하는 모든 것에 더 넘치도록 능히 하실 이에
게 교회 안에서와 그리스도 예수 안에서 영광이 대
대로 영원무궁하기를 원하노라 아멘

은혜 속에 성장하라

1. 우리 교회는 58년의 세월 속에 성장한 교회입니다.

나무의 연륜(年輪)으로 보면 이제 장성한 나무입니다. 1947년 6월 8일 30명으로 시작된 교회는 6명의 담임목사를 거치며 오늘의 모습으로 성장하였습니다. 금년 우리 교회의 통계를 보면 1,734세대의 3,955명의 성도들과 734명의 제직이 같은 믿음 안에서 주님의 몸을 형성해가고 있습니다. 〈성숙을 향한 상도교회〉란 목표를 세우고 지난 23년간 꾸준히 달려왔습니다. 이제 얼마나 성숙해 졌는지는 우리 주님만이 아실 것입니다.

그렇게 달려오는 동안 이제 또 한 획을 긋게 되는 시점에 왔습니다. 교회 역사상 원로목사를 추대하게 되었고, 제7대 담임목사를 맞이하게 되었습니다. 참으로 감사한 일입니다. 이것을 달리는 경주에 비유해 봅니다. 마치 달리기 경기장에서 최선을 다한 주자가 바턴을 넘겨주어 이어 달리게 하듯이 또 다른 주자에게 바턴을 넘기게 되었습니다. 이러한 시점에서 오늘 우리가 생각해야 할 일이 있습니다. 그것은 '은혜 속에서 계속 성장하라' 는 말씀입니다.

2. 교회는 하나님의 전이요 그리스도의 살아있는 몸입니다.

살아있다는 것은 움직이고 성장함을 의미합니다. 생명이 없는 것들은 움직이지 못합니다. 생명이 없는 것은 자라나질 못합니다. 화석은 몇 천년을 지나도 그 자리에 그대로 남아 있습니다. 그러나 생명 있는 겨자씨는 자라서 큰 나무가 됩니다.

교회는 역사 하시는 하나님의 손길 안에서 성장합니다. 하나님은 당신의 백성들이 은혜 속에서 성장하기를 원하십니다. 마치 갓난 아이들의 성장을 지켜보는 부모들 같이 그렇게 성장하는 것을 지켜보고 있습니다.

교회는 인간적인 방법이 아닌 하나님의 능력의 역사가 함께 함으로 성장하고 이루어집니다. 물론 지상의 교회는 사탄이 지배하는 이 세상 안에 있습니다. 세상 안에 있는 교회는 어둠과 함께 하는 존재들입니다. 그러므로 교회는 항상 성령의 도우심과 성령의 역사로 사탄의 세력과 싸워 이겨야 합니다.

때때로 사탄의 공격을 받고 시험에 드는 교회들이 있습니다. 그럴 때 우리 주님은 슬퍼하실 것입니다.

왜냐하면 우리 몸에 조그만 가시가 찔러도 아프듯이, 주님은 자기가 피 흘려 세운 교회가 건전하게 성장하기를 원하기 때문입니다.

그런 면에서 지난 23년간 우리 상도교회를 지켜 주신 하나님 아버지께 감사를 드리지 않을 수 없습니다. 23년 동안 제직회 하면서 큰 소리를 내지 않고 평화롭게 지냈기 때문입니다. 그리고 서로를 위하는 마음으로 스스로 절제했기 때문입니다.

그런 면에서 더 더욱 감사한 마음뿐입니다.

오늘 본문을 잘 보시기 바랍니다. '우리 가운데서 역사하는 능력대로 우리가 구하거나 생각하는 모든 것에 더 넘치도록 능히 하실 이에게 교회 안에서와 그리스도 예수 안에서 영광이 대대로 영원무궁하기를 원하노라'고 하였습니다. 이 말씀 그대로 저는 여러분들에게 말하고 싶습니다. 이 말씀처럼 그렇게 되기를 바랍니다. 우리 가운데 역사하시는 성령의 능력이, 우리가 구하고 생각하는 모든 것 위에 더 넘치도록 채워 주실 줄 믿습니다.

가끔 사람들은 미리 염려들을 합니다.

새로운 목사가 오면 어떤 목사가 올 것인가?

원로목사님이 혹시나 부담이나 주지 않을까?

그럴 바에는 원로목사는 교회에 나오지 않았으면 좋겠는데....

요즘 우리 한국 교회의 현실을 돌아보면, 그렇게 미리 염려하는 경우들도 있습니다. 그것은 모두 인간적인 생각들인 줄 압니다. '우리 가운데 역사하는 능력대로 우리가 구하거나, 생각하는 모든 것에 더 넘치도록 채워 주실 줄 믿습니다'

왜냐하면, 그렇게 되기를 지금까지 기도해 왔기 때문입니다. 저는 이번에 40여년 만에 만난 제자들을 보면서 그렇게 느꼈습니다. '내가 언제 이들을 가르쳤던가....' 싶을 정도로 훌륭하게 성장한 것을 보았습니다. 모두 이제는 저보다 더 큰 일들을 하는 것을 보면서, 우리 교회도 앞으로 더 훌륭한 종이 와서 교회를 성장시킬 줄 믿습니다.

하나님의 능력은 지금도 교회 안에서 역사하십니다. 우리의 구하는 것과 생각하는 것 보다 더 넘치게 역사하십니다. 성령의 감화 감동으로 신비롭게 역사하십니다. 교회는 사람들이 모여서 하는 것 같지만, 그리스도께서 주인으로 역사하십니다. 그러므로 여기에 지혜가 모아져야 합니다.

그리스도를 주인으로 모셔야 합니다.

그리스도 앞에서는 일군들이 되어서는 안됩니다.

자신의 뜻을 내 세우거나, 자기의 명예를 내 세우거나, 자신의 능력을 주님 보다 앞세워서는 안됩니다. 주인 되신 그리스도의 뜻에 순종할 때 교회는 은혜 속에서 성장하게 됩니다. 그것을 위하여 우리 한 사람, 한 사람이 해야 할 일이 있습니다.

3. 우리는 은혜를 사모하고 은혜를 널리 선포해야 합니다.

잘 되어 가는 가정을 보면 가족들이 우선 사랑으로 하나 되어 있습니다. 그러나 시기하는 형제, 미워하는 형제가 있는 가정은 가문의 영광이 나타나질 못합니다.

교회도 꼭 마찬가지입니다. 부흥하는 교회들을 가만히 보십시오. 모두 자기 교회를 자랑합니다. 자기 교회 목사님을 제일로 모시고 사랑합니다. 우리 교회는 이런 교회라고 나가서 자랑을 합니다. 그리고 은혜를 사모합니다. 그런 교회이니까 부흥하고 성장할 수밖에 없습니다.

늘 교회를 불평하고, 우리교회 목사님은 어떻고.... 하는 교회라면 누가 그 교회를 갈려고 하겠습니까!

이렇게 부흥하는 교회가 되려면 은혜를 사모하고 널리 선포해야 합니다.

우리는 사람을 평할 때 좋은 사람, 나쁜 사람이라는 말을 사용합니다. 〈좋다〉, 〈나쁘다〉는 말을 사람에게 적용할 때 분수령은 칭찬에 있습니다. 칭찬하면 좋은 사람이 될 수 있고, 칭찬하지 않으면 나쁜 사람이 될 수 있다는 말입니다.

교회도 마찬가지입니다.

목사에게도 마찬가지입니다.

칭찬하는 교회는 좋은 교회로 성장하게 됩니다. 칭찬해 주면 목사도 좋은 목사가 되어질 수밖에 없습니다.

생각해 보십시오.

가정에서 남편으로부터 늘 칭찬을 듣는 아내는 더욱 더 가족들을 위하여 정성된 마음으로 가사를 꾸려나갈 것입니다.

대신 날마다 쿠사리나 주고, 불평만 늘어놓는 남편이라면, 어떻게 좋은 아내가 될 수 있겠습니까?

우리의 개개인의 의식이 변해야 합니다.

하나님을 향하여 우리의 의식이 변해져야 합니다.

'나는 하나님의 사랑받는 자녀' '나는 특별대우를 받는 자이다' 라고 항상 은혜를 사모해야 합니다. 그럴 때 은혜를 경험하게 됩니다. 그리고 그 은혜를 널리 선포해야 합니다. 하나님의 은혜가 교회를 통하여 일어난 것을 선포해야 합니다. 나는 하나님께 기도했더니, 이런 은혜를 받았다고 광고해야 합니다.

교회에서 이런 봉사를 했더니, 하나님은 내게 이런 은혜를 주었다고 선포해야 합니다.

하나님은 당신을 영화롭게 하는 자들에게 은혜를 주십니다. 자기의 이름을 찬양하는 자들에게 영광을 나타냅니다. 은혜는 은혜를 받은 자만이 압니다. 오늘도 은혜 속에 거하는 성도들에게는 교회를 볼 때 마다 즐겁고 기쁨이 넘칩니다. 주일을 손꼽아 기다리게 됩니다. 교역자들을 사랑하게 됩니다. 일하는 봉사자들에게 감사한 마음이 생깁니다.

그것이 성령이 역사하는 증거입니다. 성령은 화평 중에 하나 되게 하기를 힘씁니다. 성령 충만한 삶이란 자신의 열린 마음으로 감사하면서 살게 됩니다. 우리 모두 더욱 은혜 속에서 성장하는 교회를 이루어 나가도록 힘써야 하겠습니다. 하나님의 은혜는 놀라운 은혜입니다.

우리의 생각보다 더 넘치게 이루어주는 은혜입니다.

저는 이번에 쓰나미 재해를 당한 자선 음악회에 참석했었습니다.

지난번 해일로 인하여 인도네시아 Aceh 지방에서는 10만명이 죽었다는 BBC 방송의 소식입니다. 이번 이 난민을 위한 자선 음악회에 지금 뉴욕에서 활동하고 있는 Bob Chae (최화진) 교수도 자원하여 공연에 참여해 주었는데, 그야말로 한 푼 없이 맨주먹으로 미국으로 건너가

기적과 같은 하나님의 은혜로, 줄리아드에 수석으로 입학하게 되었고, 뉴욕 타임즈가 가장 아름답고 강력한 힘 있는 테너라고 극찬한 사람이 었습니다. 그의 간증의 말인 즉, 하나님은 은혜를 사모하는 자에게 은 혜를 주시고, 그 은혜를 선포하는 자에게 더 풍성한 은혜를 주신다고 하였습니다.

이제 58년의 역사를 이룬 상도교회가 앞으로 더 크게 성장할 것을 바라며 지금까지 주신 은혜를 널리 선포하는 우리 모두들이 되기를 바 랍니다.

마음의 장벽을 깨라

[에베소서 4장 17절-24절]

그러므로 내가 이것을 말하며 주 안에서 증언하노니 이제부터 너희는 이방인이 그 마음의 허망한 것으로 행함 같이 행하지 말라 그들의 총명이 어두워지고 그들 가운데 있는 무지함과 그들의 마음이 굳어짐으로 말미암아 하나님의 생명에서 떠나 있도다 그들이 감각 없는 자가 되어 자신을 방탕에 방임하여 모든 더러운 것을 욕심으로 행하되 오직 너희는 그리스도를 그같이 배우지 아니하였느니라 진리가 예수 안에 있는 것 같이 너희가 참으로 그에게서 듣고 또한 그 안에서 가르침을 받았을진대 너희는 유혹의 욕심을 따라 썩어져 가는 구습을 따르는 옛 사람을 벗어 버리고 오직 너희의 심령이 새롭게 되어 하나님을 따라 의와 진리의 거룩함으로 지으심을 받은 새 사람을 입으라

마음의 장벽을 깨라

이번 독일 월드컵을 위한 아시아 예선전에서 엊그제 우즈베키스탄과의 시합에서 경기 종료를 앞두고 다 지는 줄 알았는데, 한 골을 넣어 전 국민들의 마음을 흥분시킨 일이 있었습니다.

그날 그 골을 넣은 선수가 우리 예수 잘 믿는 박주영 이었습니다.

골을 넣고 운동장에서 기도하는 모습은 참으로 눈물겨웠습니다.

한 골을 뺏긴 후에 얼마나 답답하였는지 모릅니다.

그런데 그만 구사일생으로 마지막 순간에 통쾌한 골이 터지니 마음의 막혔던 무엇이 한꺼번에 펑 뚫리는 기분이었습니다. 참으로 통쾌했습니다.

저는 그것을 우리 은혜 받는 생활과 견주어 보았습니다.

우리 믿는 사람들이 늘 그렇게 통쾌한 기분으로 산다면 얼마나 좋을까! 생각해 보았습니다. 우리는 모두 은혜를 받기를 원합니다.

그러나 믿는다고 하면서도 가슴이 늘 답답한 채 교회에 나오는 경우가 많습니다. 초초하고, 불안하고, 무엇인가 기쁨이 없이 마치 우리들이 골이 터지지 않는 축구를 보면서 느끼는 그런 기분으로 교회에 나오는 경우들이 있습니다. 오늘 가슴이 답답한 분들, 아무런 흥미도 없이 그날이 그날처럼 살아가는 분들에게 말씀의 골이 한방 터지기를 축원합니다.

우리가 은혜를 사모하면서도 은혜를 받지 못하는 이유가 어디에 있겠습니까? 그것은 분명 내 마음의 문제라고 봅니다. 같은 〈말씀〉을 들으면서도 어떤 사람은 은혜를 받는데, 어떤 사람은 은혜를 받지 못했다면, 그것은 그 이유가 어디에 있다고 보십니까?

다른 곳에 있는 것이 아니라 자기의 마음상태에 있습니다.

은혜를 받고 나가는 사람들은 그 얼굴에 표정이 달라집니다.

표정들이 밝아 보입니다. 그리고 눈을 마주치면서 인사를 하고 나갑니다. 그러나, 그렇지 못한 경우들도 있습니다. 아예 눈길조차 마주치려고 하지 않습니다. 앞만 보고 나갑니다. 인사를 해도 이쪽으로 얼굴을 돌리지 않고 나갑니다.

우리가 은혜를 받으려면 먼저 마음에 있는 장벽을 무너뜨려야 합니다. 이것을 본문에는 '구습을 따르는 옛 사람을 버리고' 라고 하였습니다. '구습을 좇는 옛 사람의 마음' 이 어떤 마음이라고 하였습니까?

그 밑에 보면 '술 취하고 방탕한 마음' 이라고 하였습니다. 술 취한 마음이 어떤 마음입니까? 술 취한 마음에 하나님의 은혜는 받을 수 없습니다.

사람들은 말합니다.

'술 없이 어떻게 살겠느냐?'

'인생의 즐거움이 술에 있는데 그것을 버리고 살라고 한다면 무슨 재미에 살겠는가?'

그래서 지금도 술로 사는 사람들이 많습니다. 기분이 좋으면 좋아서 한잔하고, 기분이 나쁘면 나빠서 한잔하고, 그렇게 술에 취해 사는 사람들입니다. 그러니 그 마음속에 예수가 들어갈 여유가 없습니다.

마치 처음 예수님이 세상에 왔을 때 들어갈 방이 없어 마구간에서 탄생했던 것처럼, 오늘도 예수님을 영접할 마음의 방을 비어놓지 못하고 사는 사람들이 많습니다.

아니 예수를 믿는다고 하면서도 아직도 과거의 구습을 좇는 옛 사람의 마음을 그대로 버리지 못하고 있는 크리스천들이 있습니다.

이렇게 믿는 사람들을 사도 바울은 〈육체에 속한 그리스도인〉이라고
하였습니다. 머리로는 예수를 영접했으나, 마음으로는 육신의 욕심을
따라 행동하고 있는 사람들을 의미합니다. 그렇게 보면, 우리가 아직도
육신에 속한 사람들인지도 모릅니다.

그러기에 아직도 한잔씩 하는 경우가 있는지도 모릅니다.
남몰래 어둠의 속한 일들을 그대로 유지하고 있는지도 모릅니다. 그
런 마음에는 은혜를 받을 수 없습니다.
그런 사람들에게는 한 골 넣었을 때의 그 통쾌한 감격스러움이 없습
니다. 하나님의 은혜는 우리에게 통쾌한 기쁨으로 임하게 합니다. 죽을
사형수에게 살게 되었다는 기쁨과 같은 그런 기쁨입니다.

그래서 가장 무서운 적(敵)은 마음에 있는 장벽입니다. 마음속에 패
한 사람은 현실에서도 여지없이 패합니다.
마음을 다스리지 못하면 꿈은 이룰 수 없습니다. 마음의 장벽을 깨뜨
리지 못하면 다람쥐 쳇바퀴 돌리는 격입니다.

마음이 하나님의 은혜로 뚫어져야 합니다.
구습을 좇는 옛 사람의 마음을 깨뜨려 버려야 합니다.
그런 마음속에는 아무리 말씀이 뿌려져도 자랄 수 없습니다. 그 마음
을 갈아 엎어야 합니다. 그래서 호세아 선지자는 '너의 묶은 땅을 기경
하라'고 하였습니다.(호 10:12)
구습으로 굳어진 마음의 밭을 갈아엎어야 합니다.
그러면 우리가 깨뜨려 버려야 할 마음의 장벽은 무엇입니까?

1. 허망한 생각으로 차 있는 마음입니다.(17절)
'이방인이 그 마음에 허망한 것으로 행함같이 행하지 말라'고 하였

습니다. 허망한 생각이란 노력은 하지 않고 일확천금을 바라는 마음, 남의 것을 속여서 빼앗으려는 마음, 부정직한 방법으로 이익을 보려는 마음, 친구까지도 이용하여 사기 치려는 마음, 이런 생각으로 차 있는 마음의 장벽을 깨야합니다. 성도가 왜 은혜 가운데서 성장하지 못하느냐? 모두 이런 허망한 생각을 버리지 못하고 있기 때문입니다.

세상에서 제일 속이기 쉬운 사람이 순진한 믿음 생활하는 사람이라고 합니다. 어질고 마음착한 사람에게 허망한 사람들은 달라붙습니다. 그래서 그에게 손해를 끼치는 일을 합니다. 장사도 안 되는 가게를 잘된다고 속여서 넘겨 팔아 버립니다. 쓰지 못할 것을 새것이라고 속여서 취하도록 합니다. 힘든 일은 하려고 하지 않습니다.
그러면서 하나님의 은혜만 바라봅니다.
그런 허망한 마음의 장벽을 깨뜨려야 합니다.

2. 무지함과 불신으로 굳어진 마음입니다.(18절)
'그들의 총명이 어두워지고 그들 가운데 있는 무지함과 그들의 마음이 굳어짐으로 하나님의 생명에서 떠나있도다' 고 하였습니다. 이것은 영적 무지함으로 굳어진 마음을 깨라는 말입니다. 은혜를 받지 못하는 이유를 보면 자신의 무지함으로 굳어진 마음을 열지 못하기 때문입니다. 불신으로 굳어진 마음 때문에 교회에 나오지 못하고 있습니다. 대부분 믿는 사람과 무슨 일을 함께 하다가 상처받으면, 그 사람의 마음은 굳어집니다. 그 상처가 굳어 버리면 돌덩이보다 더 굳어집니다. 이 마음을 깨지 못하면 은혜를 받을 수 없습니다.

또 믿는다고 하면서도 성도들 간에 굳어진 마음이 있습니다. 그런 마음에는 은혜의 씨앗이 자라지 못합니다.
특히 교역자에게 불신의 마음이 들기 시작하면 은혜를 받지 못하니다. 물론 교역자들도 부족한 것이 있습니다. 그러나 본의 아닌 오해나, 편견이나, 추측으로 서로 골이 깊어진다면, 그것은 불행스러운 일입니다.

더욱이 교회의 일들을 자녀들 앞에서 부정적으로 말하거나, 교역자들에게 대하여 무책임한 말들을 가정에 주고받는 것처럼 불행스러운 것은 없습니다. 그런 가정이 은혜를 받을 수 없기 때문입니다.

이런 것을 조심해야 합니다. 그런 교회를 누가 나가겠습니까?

3. 방탕으로 방임된 마음입니다.(19절)

'그들이 감각 없는 자가 되어 자신을 방탕에 방임하여 모든 더러운 것을 욕심으로 행하되 오직 너희는 그리스도를 그 같이 배우지 아니 하였느니라'고 하였습니다. 방탕으로 방임된 마음이란 자포자기한 마음입니다. 죄의 습관에 자기를 그대로 내 버려두고 있는 마음입니다.

그날 그날을 방임 상태에서 지내는 삶을 의미합니다. 죄의 습관은 우리를 마약처럼 마비시킵니다.

도무지 양심의 가책을 느끼지 못하게 합니다. 그래서 제일 불쌍한 사람들이 누구냐 하면 회개할 수 없도록 굳어진 마음을 소유하고 있는 사람들입니다.

이런 마음은 스스로는 장벽을 깰 수 없습니다.

그래서 하나님은 초 강수를 쓰는 경우가 있습니다. 굳어진 마음이 스스로 돌이킬 수 없을 때, 세 가지 채찍으로 다스립니다. 그것이 이스라엘 민족을 가나안까지 인도해 가면서 쓴 채찍입니다.

첫째는, 전쟁이란 채찍이고,(총, 칼,폐허)

둘째는, 재난이란 채찍이고,(지진,홍수,흉년)

셋째는, 질병이란 채찍입니다.(병,사고,수술)

물론 이러한 채찍은 우리의 굳어진 마음을 무너뜨리는 초 강수의 하나님의 섭리의 채찍이지만, 그런 채찍을 받을 때 회개하면 그것이 도리어 은혜의 수단이 될 수 도 있습니다.

하나님은 젖과 꿀이 흐르는 약속의 땅을 준비해 놓았지만, 하나님의 백성인 이스라엘 민족은 애굽에서의 노예의 근성으로 굳어진 마음에서 그것을 보지 못했습니다. 그럴 때 마다 하나님은 위의 세 가지 채찍으로 저들을 몰아갔습니다.

그러므로 이러한 구습에 젖은 마음의 벽을 깨야 합니다.

우리 모두 6월을 맞이하면서, 우리 민족이 걸어온 과거사를 재조명하면서 굳어진 마음을 깨뜨려 버리는 이 한달이 되어야 하겠습니다.

2 건강한 삶의 의미

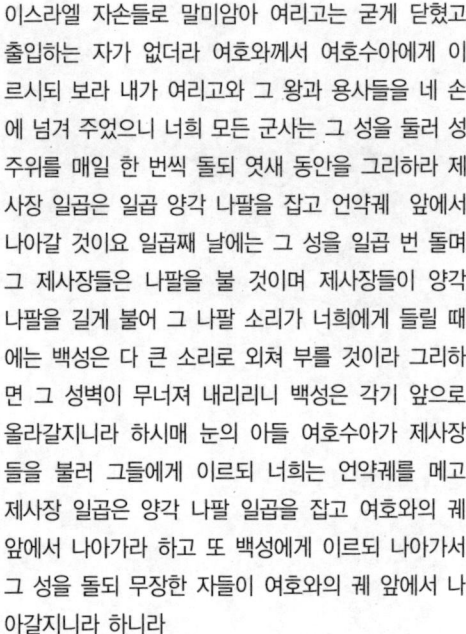

기도에 응답이 없을 때

전통과
변화의
교회

[여호수아 6장 1절-7절]

이스라엘 자손들로 말미암아 여리고는 굳게 닫혔고
출입하는 자가 없더라 여호와께서 여호수아에게 이
르시되 보라 내가 여리고와 그 왕과 용사들을 네 손
에 넘겨 주었으니 너희 모든 군사는 그 성을 둘러 성
주위를 매일 한 번씩 돌되 엿새 동안을 그리하라 제
사장 일곱은 일곱 양각 나팔을 잡고 언약궤 앞에서
나아갈 것이요 일곱째 날에는 그 성을 일곱 번 돌며
그 제사장들은 나팔을 불 것이며 제사장들이 양각
나팔을 길게 불어 그 나팔 소리가 너희에게 들릴 때
에는 백성은 다 큰 소리로 외쳐 부를 것이라 그리하
면 그 성벽이 무너져 내리리니 백성은 각기 앞으로
올라갈지니라 하시매 눈의 아들 여호수아가 제사장
들을 불러 그들에게 이르되 너희는 언약궤를 메고
제사장 일곱은 양각 나팔 일곱을 잡고 여호와의 궤
앞에서 나아가라 하고 또 백성에게 이르되 나아가서
그 성을 돌되 무장한 자들이 여호와의 궤 앞에서 나
아갈지니라 하니라

기도에 응답이 없을 때

1. 우리 앞에 여리고성은 언제나 있습니다.

이스라엘 백성들에게 제일 큰 난제는 여리고성이었습니다. 굳게 닫혀있는 여리고성을 무엇으로 정복할 수 있을까? 인간적으로 생각하면 절대 불가능한 일이었습니다. 하지만 하나님은 그 성을 여호수아에게 점령하라고 명령하셨습니다. 여기에 우리의 신앙의 결단이 요구됩니다. 하나님은 벌써 당신의 백성들에게 이 성을 허락하였으나, 그것을 얻을 수 있는 믿음과 순종을 보려고 하였습니다.

때때로 우리 앞에 여리고성이 가로막고 있습니다. 인간적 수단과 방법으로는 거의 불가능한 일이 있을 수 있습니다. 그럴 때 우리는 기도합니다. 기도해도 하나님은 침묵하고 있습니다. 아무런 응답도 주지 않습니다. 그럴 때 어떻게 해야 하겠는가? 여리고성이 무너진 교훈을 찾아 우리도 그렇게 해야 하겠습니다.

2. 하루 한번씩 성을 돌라고 하였습니다.

합리적 사고로 보면 허황된 일입니다. 어떻게 성을 한바퀴씩 돌면 성(城)이 무너질 수 있겠는가? 바로 그것을 극복하는 것이 신앙입니다. 대부분의 사람들이 여기에 걸립니다.

지금도 신앙의 위대한 힘을 모르고 사는 사람들은, 신앙생활을 하자고 하면 이상하게 여깁니다. 기도하는 사람들을 보면 이해가 가지 않는다고 합니다.

이해가 가면, 그것은 지식입니다.

이해가 가지 않는 것이기에 '나는 그렇게 믿습니다' 고백하는 것이 신앙입니다. 신앙은 그러므로 남의 것이 아니라 나의 것입니다.

하나님은 그것을 보려고 기다리는 것뿐입니다. 순종(順從)을 지켜보고 있습니다. 우리는 답답하고 막혔을 때 기도는 합니다. 도와달라고 철야도 합니다. 심지어 금식 기도도 합니다. 하지만 왜 하나님은 침묵하시는가? 하루 한번씩 돌라고 했으나, 순종은 하지 않고 성만 보고 있었다면 결코 여리고 성은 무너지지 않았을 것입니다. 우리는 문제 앞에서 왜 그 문제가 해결되지 않느냐고 할지 모릅니다. 성만 보고 왜 성을 무너뜨리지 않느냐고 울부짖고만 있는지 모릅니다.

하나님은 당신의 언약을 지키는 하나님입니다. 언약궤를 메고 돌라고 하였습니다. 언약궤는 하나님의 거하심의 임재를 의미합니다. 즉 하나님과 함께 성을 돌라는 뜻입니다. 문제 앞에 있을 때, 우리는 하나님이 나와 함께 하지 않는다고 생각하기 쉽습니다. 그러나 그게 아닙니다. 하나님은 이스라엘 편에서 함께 하고 있었습니다. 매일 저들과 함께 문제 속에서 저들의 순종을 지켜보고 있었습니다.

3. 기도에 응답이 없을 때 순종의 결단을 내려야 합니다.

이스라엘 백성들 중에는 불순종했던 사람들이 있었습니다. 그들은 어려움이 닥칠 때 마다 원망하고 불평만 하였습니다. 물이 없으면 물이 없다고, 고기가 먹고 싶다고, 광야에서 길이 없다고, 항상 문제만 생기면 불평을 했습니다.

그러다 한번은 작당을 하여 모세와 아론에게 반기를 들었습니다. 당신이 우리 위에 왕처럼 군림한다고 소위 민주화를 주장했습니다.

우리도 다 같이 하나님의 백성이요, 직분 자들이라고 하였습니다.

그러다 결국 하나님은 모세와 아론 편에서 저들을 심판했습니다. 결국 그렇게 불평하던 자들은 광야에서 다 죽었습니다.

오늘도 이것은 마찬가지입니다. 하나님을 믿는다고 하면서도 교회의 직분을 가지고서도 주의 종들을 존경하는 마음이 없고, 불순종하고, 원망하고 심지어 반항하는 사람들도 있습니다. 그런가 하면 문제만 생기면 불평하는 사람들이 있습니다.

그런 사람들에게는 문제가 해결될 수 없습니다. 〈말씀〉에 순종하는 일이 우선입니다. 얼마나 말씀에 순종하고 있느냐? 그것을 보려고 하나님은 매일 한번씩 성을 돌라고 하였습니다.

지금도 말씀대로 순종하는 삶을 살도록 여리고성 앞에 우리를 세웁니다. 제사장들에게 나팔을 잡게 하고 언약궤 앞에서 행하도록 하십니다. 오늘도 주의 종들을 세워 매 주일마다 말씀을 선포하도록 합니다. 그런데 내가 얼마나 그 말씀을 순종하고 있는가? 바로 여기에 나의 문제는 달렸습니다. '순종이 제사의 행위보다 낫다' 는 말씀을 기억해야 하겠습니다. 낙심과, 원망과, 불평과, 불순종에는 해결책이 나오지 않습니다.

성경에 인물 중 자기 기도가 응답되지 않는다고 불평한 사람의 대표자는 요나입니다.

요나는 처음부터 하나님의 말씀에 불순종하였던 사람입니다.

니느웨로 가서 하나님의 메시지를 전하라고 하였으나, 다시스로 가는 배를 타고 도망치다가 하나님께서 풍랑을 일으켜 바다에서 죽을 뻔하였으나, 하나님의 섭리 중에 다시 물고기 배속에서 회개하고 니느웨 앞 바다에 토해 냄으로 마지못해 하나님의 메시지를 전했지만, 니느웨 사람들이 요나의 경고를 듣고 모두 회개함으로 하나님이 그 뜻을 돌이켜 멸망 시키지 않게 되자, 요나는 하나님을 향하여 불평 하였습니다

요나는 자기의 생각대로 하나님이 허락하지 않는다고 불평했습니다. 아마 이것이 어쩌면 우리들의 생각인지도 모릅니다.

구원 받은 성도들이라고 하면서도, 한 두번씩 철저하게 혼이 났음에도 불구하고, 특히 병중에 눈물 흘리며 살려달라고 기도하고, 병상에서 하나님의 음성을 듣고서도 다시 낳아지니, 요즘 하나님이 자기 생각대로 들어주지 않는다고 불평하는 경우들이 있지 않는지? 살펴야 하겠습니다.

여러분!

내 기도대로 응답되지 않는다고 불평하지 말고 매일매일 여리고성을 한바퀴씩 돌았던 것처럼 순종하며 감사생활 하시기 바랍니다.

시편 50:23절에 "감사로 제사를 드리는 자가 나를 영화롭게 하나니, 그 행위를 옳게 하는 자에게 내가 하나님의 구원을 보이리라" 하였습니다. 감사로 제사를 드린다는 말은 감사한 마음으로 예배를 드리는 자라는 말씀입니다. 우리가 예배는 드리면서도 감사생활 못하며 드리는 경우가 많습니다.

왜 감사를 못합니까?

불평은 잡초처럼 가만있어도 생겨나지만, 감사는 가꾸어야 합니다.

감사는 감사하는 법을 배워야 합니다.

감사하는 자의 기도를 하나님은 들어 주십니다.

감사하는 사람이 하나님을 영화롭게 하기 때문입니다.

① 옛날 페르시아의 〈시니아〉라는 시인이 있었다고 합니다.

그는 늘 하나님께 감사를 드리는 시인으로 유명했다고 합니다.

어느 날 돈이 없어 신발을 사지 못해 맨발로 걸어 다니게 되었다고 합니다. 그래서 그는 '나는 왜 가난한 부모 밑에 태어나 이렇게 가난을 물려받아 신발도 제대로 사 신을 수 없는가?'

그가 이렇게 생각하고 걷는데 눈을 들어 보니 다리가 없는 사람을 보았습니다. 그 순간 '하나님, 감사합니다. 다리가 없는 사람에 비하면 신발이 없어도 두 발로 걸을 수 있으니 감사 합니다' 라고 했다고 합니다.

② 또 미국에 어느 성도가 버스를 타고 가는데 버스가 만원이 되어 버렸습니다.

비좁은 버스에 흑인 여자가 아이를 다섯이나 데리고 올라탔습니다. 그리고는 자기 옆으로 다가와서 자꾸 밀어냈습니다. 아이들은 떠들고 냄새는 나는데 흑인 여자는 큰 소리로 애들을 꾸짖는데 소리가 하도 커서 곤욕스러웠습니다. 짜증이 나서 참을 수 없어지는데 문득 이럴 때에도 감사해야 하지 않겠는가? 하는 생각이 떠올랐습니다. 그런데 감사할 내용이 잘 떠오르지 않았습니다. 그런데 그는 이렇게 기도했다고 합니다. '하나님, 이런 여자가 내 마누라가 아니라서 감사 합니다' 고 했답니다.

여러분! 어떻게 생각하십니까?

기도가 응답되지 않는다고 불평하기보다, 내가 얼마나 매일매일 하나님의 말씀대로 순종하고 있는가? 그것을 살펴야 하겠습니다.

그리고 어떤 경우에서도 하나님이 나와 함께 하심을 믿고, 그에게 감사하면서 살게 되기를 바랍니다. 거기에서 하나님의 구원을 보게 될 것입니다.

복 있는 사람

[시편 1장 1절-6절]

복 있는 사람은 악인들의 꾀를 따르지 아니하며 죄
인들의 길에 서지 아니하며 오만한 자들의 자리에
앉지 아니하고 오직 여호와의 율법을 즐거워하여 그
의 율법을 주야로 묵상하는도다 그는 시냇가에 심은
나무가 철을 따라 열매를 맺으며 그 잎사귀가 마르
지 아니함 같으니 그가 하는 모든 일이 다 형통하리
로다 악인들은 그렇지 아니함이여 오직 바람에 나는
겨와 같도다 그러므로 악인들은 심판을 견디지 못하
며 죄인들이 의인들의 모임에 들지 못하리로다 무릇
의인들의 길은 여호와께서 인정하시나 악인들의 길
은 망하리로다

복 있는 사람

시오노 나나미(일본인)가 쓴 〈로마인 이야기〉에게 보면, 로마인은 지성 면에서 그리스인 보다 못했고, 체력 면에서는 게르만 민족보다 못했고, 기술면에서는 에트루이안인 보다 못했고, 경제면에서는 카르타고인 보다 못했는데, 그런 로마인이 어떻게 수백년 동안 유럽을 통치하는 부강한 나라가 되었을까? 그 대답이 로마 시민은 법과 제도를 지키는 원칙에 충실했던 사람들이었다고 하였습니다. 나라가 부강하고 발전하려면 위정자들은 물론이고 온 국민이 법을 잘 지켜야함은 두말할 것이 없습니다.

우리 신앙생활에서도 마찬가지입니다.

하나님의 말씀의 법을 잘 지켜 그대로 행하는 사람, 가정, 나라가 번영을 누리며 발전한다는 사실입니다.

시편 112:1-2절에 "할렐루야, 여호와를 경외하며 그의 계명을 크게 즐거워하는 자는 복이 있도다 그의 후손이 땅에서 강성함이여 정직한 자들의 후손에게 복이 있으리로다"고 하였습니다.

여기서도 여호와를 경외하며 그 계명을 즐거워하는 자가 복이 있다고 하였고, 그 후손이 땅에서 강성하여 복이 있겠다고 하였습니다.

그러면 벌써 결론이 나왔습니다.

1. 복 있는 사람은 어떤 사람이겠는가?

오늘 본문에 나타난 대로 잘 살펴보면 우리가 상식으로 생각하는 것과는 좀 다르게 나타나 있습니다.

복 있는 사람을 말하면서, 상대적으로 등장시킨 인물이 악인입니다. 복 있는 사람과 악인은 전혀 상관이 없는 것 같은데, 시편 기자는 이 둘을 상대적 개념으로 등장시켰습니다. 〈복 있는 사람은 어떤 사람인가?〉 설명하면서 끝에 가서는 〈의인〉으로 마무리를 짓고 있습니다. 즉 복 있는 사람은 〈의인〉과 연결시켜 묘사 했고, 〈악인〉과 같은 사람이 아니라고 묘사하고 있습니다. 이런 전제를 가지고 위의 질문을 생각해 보면 누가 복 있는 사람인가를 잘 알 수 있습니다.

그러면 과연 누가 복 있는 사람이겠습니까? 6절에 의인의 길에 서 있는 사람이라고 하였습니다.

그리고 그런 사람은 하나님께서 인정하시는 사람이라고 하였습니다.

하나님께서 인정하는 사람, 그 사람이 복 있는 사람이란 말입니다. 하나님께 인정받는 사람이 의인이라고 하였습니다. 하나님께 인정받아야 복 있는 사람이고, 또 복이 있는 사람은 의인이란 말입니다.

〈복〉과 〈의〉는 밀접한 관계가 있음을 말하고 있습니다.

이렇게 볼 때 요즘 세상적인 안목으로 보면 많이 틀립니다.

세상적인 안목으로 보면, 먼저 복은 소유에서 보려고 합니다. 무엇을 많이 소유한 사람이 복이 있다고 생각합니다. 〈의로움〉과는 관계를 짓지 않습니다. 더욱이 하나님께 인정받는 것과는 상관이 없습니다. 그저 많이만 소유하고 있으면 그것이 복 있는 사람이라고 합니다. 그래서 재물과 돈을 많이 소유하고 있으면 복이 있다고 합니다.

지식과, 명성과, 사회적 지위를 많이 가지고 있으면 복 있다고 합니다. 심지어 자녀를 많이 두고 있으면 '다복 하십니다' 라고 합니다.

그런데 오늘 본문에 비추어 보면 복 있는 사람은 의로운 길에서 하나님이 인정하는 사람이라고 하였습니다. 그렇다면 재물, 지위, 명예, 권세를 아무리 갖고 있어도, 그것이 의로움과 연결되지 않으면 복이 되지 않는다는 것을 깨달아야 합니다.

진정 복 있는 사람이라면 그가 갖고 있는 모든 것이 하나님께 인정받아야 합니다. 그럴 때 그 사람은 의인의 반열에 들게 됩니다.

우리의 신앙생활에서도 마찬가지입니다. 누가 과연 복 있는 성도들이겠습니까? 의로운 길에서 하나님께 인정받는 신앙의 사람이 복 있는 사람이란 말입니다.

2. 그러면 복 있는 사람의 모습은 어떤 모습입니까?

다시 말하면, 복 있는 사람은 어떻게 행동한다고 했습니까?

1절에 '악인의 꾀를 따르지 않는다'고 하였습니다. 죄인들의 길에 서지 않는다고 하였습니다. 오만한 자들의 자리에 앉지 아니한다고 하였습니다. 그리고 2절에 '오직 여호와의 율법을 즐거워하여 그 율법을 주야로 묵상하는 자이다'라고 했습니다.

여기서 〈율법〉이란 〈하나님의 말씀〉을 의미합니다. 복 있는 사람은 '하나님의 말씀을 즐거워하여 그 말씀을 주야로 묵상하며 사는 사람'이라고 하였습니다. 왜 그런 사람이 복이 있다고 하였을까요? 〈하나님의 말씀〉은 하나님의 뜻이기 때문입니다. 하나님이 무엇을 바라고 원하는지? 하나님이 무엇을 싫어하는지? 하나님의 마음을 읽으며 사는 사람이기 때문입니다. 그래서 '순종이 제사보다 낫고 듣는 것이 수양의 기름보다 낫다'고 하였습니다.(삼상 15:22)

하나님의 마음에 맞도록 순종하는 사람이 곧 하나님께 인정받는 사람이고, 하나님께 인정받으려면 하나님의 말씀을 주야로 묵상하면서 사는 사람이어야 한다는 말입니다. 그렇게 되면 자연이 의로운 길에 서게 된다는 말입니다.

3. 이러한 사람에게 주는 보상이 무엇입니까?

3절에 '저는 시냇가에 심은 나무가 시절을 좇아 과실을 맺으며 그 잎

사귀가 마르지 아니함 같으니 그 행사가 다 형통하리로다' 고 하였습니다. 즉 형통의 복이 주어진다고 하였습니다. 형통(亨通)이란 모든 일이 잘 풀어져 나가는 것을 의미합니다. 그것을 시냇가에 심은 나무에 비유하였습니다. 아무리 가뭄이 와도 시냇가에 심은 나무는 마르지 않습니다. 때가 되면 열매를 맺게 됩니다. 사람이 다 힘들다, 힘들다, 안된다, 안된다 하는 상황에서도, 형통의 복이 주어진다는 말입니다.

우리는 가끔 전화위복(轉禍爲福)이란 말을 합니다. 불행스러운 조건과 환경에서 도리어 복 있는 길이 열리게 된다는 뜻입니다. 불황에서도 호황을 누리는 경우가 이것입니다. 자신의 뜻으로 사는 사람보다 말씀을 즐거워하고 하나님의 뜻을 순종하며 사는 사람에게는 형통의 복이 주어진다는 말입니다. 바로 이런 사람이 복 있는 사람입니다.

미국에 가보면 백화점들이 많습니다. 그 중에 J.C. Penny 라는 백화점을 흔하게 보았을 것입니다. J.C. Penny(1875-1971)는 96세까지 장수했습니다. 미 전역에 1,700개의 백화점을 운영하는 거부가 되었습니다. 그는 자신의 성공비결에 대해 묻는 사람들에게 "내가 이렇게 거부가 되고, 미국이 초강대국이 된 것은, 우리 조상이 하나님을 믿고, 말씀대로 살고, 말씀을 믿고 순종했기 때문입니다"라고 대답했습니다.

모 그룹에서 12년간 근무하면서 덴마크에 유학의 기회가 생겨 유산균으로 박사학위를 받고 귀국하여 '바이오 벤처기업'을 만든 정명준이라는 분이 있습니다. 그는 사업을 시작하면서 '하나님, 회사를 성경말씀으로 운영하게 하옵소서' 하고 간절하게 기도했습니다. 아침마다 예배를 드리고 일을 시작했습니다.
그리고 낮이나 밤이나 회사가 성경적인 방법으로 운영되도록 노력했습니다. 하나님이 원하지 않는 것은 하지 않고, 하나님이 기뻐하는 방법만 택했습니다. 남은 이윤은 가정 형편이 어려운 학생들에게 장학금도 주었습니다. 그 결과 '바이오 벤처기업'이 생명공학 분야에서 국내 1호 벤처기업이 되었고, 유산균을 생산하는 전문회사가 되었습니다.

더욱이 고농도 유산균을 생산하는 기술을 개발하여 우량 기술 보유기업, 수출 유망 중소기업으로 선정되었습니다. 그리고 현재 25명의 석, 박사 연구원과 40여명의 직원이 매년 수십억 원의 매출을 올리게 되었습니다.

하나님의 말씀을 주야로 묵상하면서, 말씀대로 운영하는 기업들이 있다면 노사문제가 생겨날 여유가 없습니다. 그리고 그런 회사를 하나님이 기뻐하실 것이고, 그렇게 되면 자연히 의인의 길로 인도하실 것입니다.

앞으로 두고 보시기 바랍니다.

21세기에는 성경말씀대로 회사를 경영하지 않는 회사는 얼마 못 갈 것입니다. 대신 말씀을 주야로 묵상하며, 성경적인 마인드로 운영하는 회사들은 기반도 튼튼해 질것이고 크게 성공하게 될 것입니다.

정치도, 사업도, 직장도, 가정도, 우리의 인생도 말씀을 즐거워하여 그 말씀을 주야로 묵상하면서 살아갈 때, 하나님께서 도와주실 것입니다.

교회만 왔다 갔다 한다고 신앙생활 하는 것은 아닙니다. 하나님의 말씀이 지배하는 생활이 되어야 합니다. 가정과, 회사와, 나라도 하나님의 말씀으로 운영되어야 복 있는 가정과 회사와 나라가 될 것입니다.

신학자 칼 바르트는 유명한 말을 남겼습니다.

'하나님의 말씀은 성경 안에서 우리를 기다린다'(Word of God waits for us in the Bible)

무슨 뜻이겠습니까?

우리가 매일 성경을 보면서도 하나님의 뜻에 순종하지 못하고, 겉으로 성경공부는 하면서도 그 말씀 안에서 하나님을 만나지 못하고 있음을 상기시키는 말일 것입니다. 하나님은 지금도 말씀 안에서 우리를 만나기를 원하고 있습니다.

말씀 안에서 하나님을 만나는 사람들이 복 있는 사람입니다.

어리석은 사람

[잠언 5장 11절-14절]

두렵건대 마지막에 이르러 네 몸, 네 육체가 쇠약할 때에 네가 한탄하여 말하기를 내가 어찌하여 훈계를 싫어하며 내 마음이 꾸지람을 가벼이 여기고 내 선생의 목소리를 청종하지 아니하며 나를 가르치는 이에게 귀를 기울이지 아니하였던고 많은 무리들이 모인 중에서 큰 악에 빠지게 되었노라 하게 될까 염려하노라

어리석은 사람

1. 누가 어리석은 사람인가?

세상에는 어리석은 사람들이 많이 있습니다. 어리석다는 말을 듣게 되는 것은 얼굴 모양에 있는 것이 아니라, 그 사람 마음속의 생각과 행동을 보고 붙여지는 말입니다.

그러면 누가 어리석은 사람이겠습니까?

스승의 가르침을 듣지 않는 사람이 어리석은 사람입니다.

어리석은 사람들은 〈자기의 생각대로〉 사는 사람들입니다. 자기 생각대로 말하고, 자기 생각대로 행동하는 사람입니다. 그러기에 그를 훈계할 스승이 없습니다.

사람이 사람됨의 제일 중요한 것은 자기 스스로를 통제할 줄 아는데 있습니다. 그것이 없으면, 본능대로 움직이는 동물에 불과합니다.

성경에 보면 어리석은 사람을 이렇게 말하고 있습니다. 시편 14:1절에 "어리석은 자는 그 마음에 이르기를 하나님이 없다 하는 도다 그들은 부패하고 그 행실이 가증하니 선을 행하는 자가 없도다"고 하였습니다. 마음에 하나님이 없다고 생각하고 사는 사람이 어리석은 사람이라고 하였습니다.

왜 이런 사람이 어리석다고 하였겠습니까?

하나님이 없다고 생각하면 자기의 생각대로 살게 되기 때문입니다. 이것을 자행(自行)자지(自止)라고 합니다.

누구의 가르침도 받지 않고 자기 스스로 제 멋대로 산다는 말입니다.

이런 사람은 누구의 가르침이나, 훈계를 싫어합니다. 훈계를 싫어하는 사람치고 지혜로운 사람은 없습니다. 부모나, 스승의 훈계를 경홀히 여기는 사람이 미련한 사람입니다. 왜냐하면 인간은 처음부터 완성된 존재가 아니기 때문입니다.

동물들은 낳자마자 몇 분 있으면 제 발로 일어서고 걷습니다. 그러나 사람은 처음에는 아무것도 스스로 못합니다.

그러다가 1년이 가까워져야 겨우 걸을 수 있게 됩니다.

얼마나 느리게 성장하는 존재들입니까? 이것을 돌보아 주는 손길이 있어야 하고, 잘못된 것은 바로 잡아 주어야 합니다. 그래서 사람이 되는 것입니다.

자기의 생각대로 사는 사람치고 바른길로 간 사람이 없습니다. 그래서 잠언서 6:20절에 "내 아들아 네 아비의 명령을 지키며 네 어미의 법을 떠나지 말라"고 하였습니다. 그러므로 훈계를 등한히 여기고 사는 사람이 어리석은 사람이란 말입니다.

이렇게 볼 때 요즘 온통 어리석은 사람이 많아진 세상이 된 것 같습니다. 왜냐하면 부모의 말도, 스승의 가르침도, 하나님의 말씀도 들으려고 하지 않는 사람들이 많아진 세상이기 때문입니다.

과학 지식은 발달했는지 몰라도 인간됨의 품성과, 윤리적 행위와, 정의를 실천하려는 노력들은 쇠퇴해진 것을 보아 알 수 있습니다. 하나님의 사람으로 선할 일을 행할 수 있는 능력을 가진 사람이 적어진 세상이란 말입니다.

모두 자기 앞 차림만 하는 개인주의로 떨어져 버린 세상이 되었습니다. 오늘의 학교 교육을 보십시오. 인성 교육은 저 멀리 밀려났습니다. 교육은 사람이 되도록 하는 일이어야 하는데, 사람 되게 하는 일은 밀려나고, 지식과 기술만 돈 주고 배우는 것으로 전락된 것이 오늘의 교육 현장입니다. 사상도 없고, 가치관도 없고, 추구하는 목적도 없는 교육이 되어 버렸습니다.

옛날 교육에는 나라 사랑하는 교육이라도 있었는데, 누가 이 나라의 주인이라고 할 수 있겠습니까? 이것은 어떤 의미에서 부모들의 책임이 기도 합니다.

이중 국적 자들의 시비 거리가 보도되는 것을 보았습니다.

옛날 어머니들은 나라를 위해 목숨을 바치는 것을 명예롭게 생각했는데, 요즘은 그런 것 까지 사라진 것 같습니다. 하기야 어떤 네티즌의 말처럼, '국적을 포기하고 싶도록 만든 정치가들이 반성해야 할 일이다' 는 말도 일리는 있다고 봅니다.

2. 그러면 어리석은 사람의 공통적인 특징이 무엇입니까?

1) 훈계(訓戒)를 멸시한다고 하였습니다.

〈훈계〉란 〈가르침〉과 〈꾸지람〉을 의미하는 말입니다.

그런데 어리석은 자들은 이것을 멸시한다고 하였습니다. 잠언 1:7절에 "여호와를 경외하는 것이 지식의 근본이어늘 미련한 자는 지혜와 훈계를 멸시 하느니라"고 하였습니다. 훈계를 멸시하며 살 때는 결국 인간됨의 도리를 져버리게 됩니다. 잠언 13:1절에 "지혜로운 아들은 아비의 훈계를 들으나 거만한 자는 꾸지람을 즐겨 듣지 아니하니라"

잠언 15:32절에 "훈계 받기를 싫어하는 자는 자기의 영혼을 경히 여김이라"라고 하였습니다.

잠언 12:1절에 "훈계를 좋아하는 자는 지식을 좋아 하거니와 징계를 싫어하는 자는 짐승과 같으니라"고 하였습니다. 잠언 13:18절에 "훈계를 저버리는 자에게는 궁핍과 수욕이 이르거니와 징계를 받는 자는 존영을 받느니라"고 하였습니다. 이 모든 것을 종합해 보면 어리석은 자의 특징은 훈계를 듣지 않고 징계를 멸시한다는 말입니다.

2) 후회하며 살게 됩니다.

결국 마음이 완악해져 회개할 기회를 얻지 못하고 죽습니다. 회개 할 수 있다는 것이 얼마나 귀한 축복인지 알아야 합니다.

잠언 5:11-14절에 "두렵건대 마지막에 이르러 네 몸, 네 육체가 쇠약할 때에 네가 한탄하여 말하기를 내가 어찌하여 훈계를 싫어하며 내 마음이 꾸지람을 가벼이 여기고 내 선생의 목소리를 청종하지 아니하며 나를 가르치는 이에게 귀를 기울이지 아니하였던고 많은 무리들이 모인 중에서 큰 악에 빠지게 되었노라 하게 될까 염려하노라"고 하였습니다.

인생은 전반의 화려함 보다 후반이 더 중요합니다.
인생의 후반전에서 후회하지 않으려면 훈계를 들어야 합니다.
후회란 기회를 놓친 것을 의미합니다. 기회는 누구에게나 다 오지만 그것을 잡지 못할 때 후회가 생깁니다. 그러므로 때를 놓치지 않아야 합니다. 배울 때 배워야하고, 회개할 때 회개해야 합니다. 후회란 늦게 깨달은 것을 의미합니다. 신앙생활에서 후회란 미련하게 사는 것을 의미합니다.

그러므로 회개는 항상 현재이어야 합니다. 나중에 회개하겠다는 것처럼 어리석은 것은 없습니다. 〈허물〉과 〈죄〉는 나중까지 가지고 갈 것이 아닙니다. 주님은 현장에서 범한 죄인까지도 기회를 주었습니다. '가서 다시는 이런 죄를 범하지 말라'고 하였습니다.
그러므로 지금이 회개할 기회입니다.
그렇게 사는 사람이 지혜로운 사람입니다.
그러나 미련한 사람은 듣고도 행치 아니합니다. 그러다 비바람이 불어 닥치고, 홍수가 나면 물에 떠내려갑니다. 흔적도 없이 다 떠내려갑니다.

사랑하는 성도 여러분!

오늘은 스승의 주일입니다.

우리의 영원한 참 스승인 예수 그리스도의 교훈을 들어야 합니다.

주님은 지혜 있는 사람들이 어떤 사람들이라고 하였습니까?

마태복음 7장에 잘 나타나 있습니다. 나의 이 말을 듣고 행하는 사람들이라고 하였습니다.

그런 사람들은 집을 반석위에 지은 사람과 같다고 하였습니다.

무너지지 않는 집!,

무너지지 않는 인격!

무너지지 않는 재물!

이 모든 것이 어디에 근거해야 하겠습니까?

하나님의 말씀에 기초를 둔 지혜로운 사람일 것입니다. 말씀대로 순종하고 살면 세 가지 복이 다 주어진다고 하였습니다. 재물과, 명예와, 건강의 복이 주어진다고 하였습니다.

잠언 22:4절에 기록되어 있습니다.

"겸손과 여호와를 경외함의 보상은 재물과, 영광과, 생명이니라"

이번 서울 관악노회에서는 대만에서 교육 선교대회를 가졌습니다. 둘째날 아침 설교시간에 설교하는 목사님의 목회 간증에서 들은 말입니다.

교회를 건축하는 동안 재정이 모자라 일한 사람들에게 재촉을 받는데, 하루는 과격한 사람이 목사의 멱살을 잡으며 돈 내 놓으라고 하는 것을 그 교회의 모 장로님이 보고서는, 자기의 집을 팔아 건축비를 충당하고는 자기는 허술한 셋방살이로 이사 와서 추운 겨울날 심방을 가보니, 너무나 추워서 담요를 무릎에 덮고 덜덜 떨면서 예배를 드렸다고 하였습니다.

그때 그 목사는 눈물을 흘리며 기도했더니, 그 장로님이 지금은 어떤 집에서 사는가 하면, 일산에서 아파트 60평짜리에서 살고 있다고 하였습니다.

하나님은 자기를 경외하는 자에게 결코 재물과 명예와 건강을 보상으로 주는 하나님이란 말입니다.

저는 그 목사님의 말을 들으면서 우리 교회 안에는 그런 사람이 몇 사람이나 있을까 생각해 보았습니다. 담임목사가 그처럼 고난에 처했을 때 과연 자기의 집을 내 놓을만한 사람이 얼마나 있을까 생각해 보았습니다. 아마 우리 교회에서도 분명 그런 경우에는 나타날 줄 믿습니다. 그런 사람에게는 재물은 하나님이 보증해 줄 것이란 말입니다.

거꾸로 우리에게 왜 재물을 맡기지 않습니까?

재물을 주면, 그 재물로 인하여 죄의 유혹에 빠질 가능성이 농후하기 때문이 아니겠습니까?

한번쯤 자신을 돌아보기를 바랍니다.

정말 큰 재물을 맡겨도 먼저 하나님을 사랑할 줄 알면, 이제라도 맡겨 주실 것입니다. 비바람이 불어도 넘어지지 않을 인격과 신앙을 가진 사람이라면, 재물뿐 아니라 명예와, 생명까지도 책임져 주실 것입니다. 우리 모두 스승의 주일에 자신을 되돌아보는 계기가 되기를 바랍니다.

어머니의 사랑

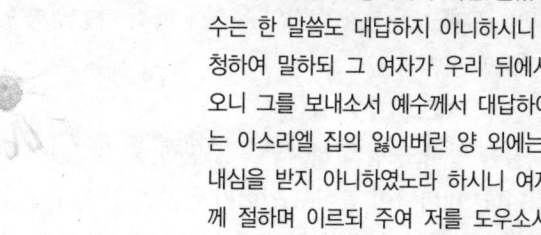

[마태복음 15장 21절-28절]

예수께서 거기서 나가사 두로와 시돈 지방으로 들어
가시니 가나안 여자 하나가 그 지경에서 나와서 소
리 질러 이르되 주 다윗의 자손이여 나를 불쌍히 여
기소서 내 딸이 흉악하게 귀신 들렸나이다 하되 예
수는 한 말씀도 대답하지 아니하시니 제자들이 와서
청하여 말하되 그 여자가 우리 뒤에서 소리를 지르
오니 그를 보내소서 예수께서 대답하여 이르시되 나
는 이스라엘 집의 잃어버린 양 외에는 다른 데로 보
내심을 받지 아니하였노라 하시니 여자가 와서 예수
께 절하며 이르되 주여 저를 도우소서 대답하여 이
르시되 자녀의 떡을 취하여 개들에게 던짐이 마땅하
지 아니하니라 여자가 이르되 주여 옳소이다마는 개
들도 제 주인의 상에서 떨어지는 부스러기를 먹나이
다 하니 이에 예수께서 대답하여 이르시되 여자여
네 믿음이 크도다 네 소원대로 되리라 하시니 그 때
로부터 그의 딸이 나으니라

어머니의 사랑

지금부터 약 100년 전에 미국 어느 시골마을에 가난한 과부와 아들이 살고 있었습니다. 이 과부 어머니는 낮에는 양계를 하고, 밤에는 삯바느질을 해서 하나밖에 없는 아들을 위해서 최선을 다했습니다. 아들도 어머님의 은혜에 보답하는 심정으로 열심히 공부했습니다. 그렇게 하여 고등학교를 수석으로 졸업하게 되었습니다.

어머니는 아들의 졸업식을 앞두고 고민하기 시작하였습니다. 졸업식에 입고 갈 변변한 옷이 없었기 때문입니다.

자기의 누추한 모습 때문에 아들이 얼마나 민망해 할지, 그것을 생각하니까 괴로웠습니다. 그래서 아들에게 이렇게 말했습니다.

"얘야, 내가 너의 졸업식에 가기는 가야겠지만 급한 일이 생겨서 가지 못 하겠구나, 네가 이해 하렴"

그러자 아들은 울면서 말하였습니다.

"어머니! 어머니 없는 졸업식이 제게 무슨 의미가 있겠습니까? 만사를 다 제쳐 놓고서라도 어머니가 졸업식에 꼭 참석해야 됩니다"울며 매달리는 아들을 뿌리칠 수 없어서 어머니는 가겠다는 약속을 했습니다.

드디어 졸업식이 시작되었습니다.

아들은 전 학생들을 대표하여 멋진 연설을 했습니다. 그리고 대통령의 이름이 새겨진 금메달을 목에 걸게 되었습니다. 많은 박수를 받으며 그는 단상에서 내려왔습니다. 모든 사람의 시선이 그에게 집중 되었습니다.

그는 한쪽 구석에 눈에 띄지 않기를 바라듯 앉아있는 그의 어머니에게로 달려갔습니다. 그는 자기 목에 걸려있는 금메달을 벗어 어머니 목에 걸어주면서 이렇게 말했습니다.

"어머니, 감사합니다. 어머니가 아니셨으면 제가 어떻게 오늘의 이 영광을 누릴 수 있었겠습니까?"

그러면서 모든 공을 어머니에게 돌렸습니다.

이 아들은 후에 열심히 공부하여 미국 제 28대 대통령이 되었습니다. 바로 윌슨 대통령의 이야기입니다.

그가 재임하던 1914년 그는 국회위원들의 마음을 움직이었습니다. 그리하여 5월 둘째 주일을 거국적으로 어머니날로 제정하였습니다. 그것이 계기가 되어 지금도 전 세계의 교회가 5월 둘째 주일은 어머니 주일로 지키게 되었습니다. 그러다가 아버지까지 포함하여 어버이 주일로 지키게 되었습니다.

1. 어머니를 통하여 우리는 사랑이 무엇인지 알았습니다.

'하나님은 사랑이다' 이것을 깨닫게 된 것은 어머니를 통해서입니다.

하나님은 당신의 사랑을 어머니를 통하여 알게 해 주었습니다. 그러므로 어머니의 사랑은 하나님의 사랑의 모형입니다. 이 세상에서 어머니의 사랑을 능가할 사랑은 없기 때문입니다. 어머니의 사랑은 자식과 생명을 함께 나눈 사랑입니다. 해산의 아픔과 고통을 통하여 우리는 이 세상에 탄생하게 되었기 때문입니다. 그러기에 어머니의 사랑은 생명을 나눈 사랑입니다.

그리고 어머니는 자식을 위하여 모든 것을 다주었고, 자식을 위한 것이라면 생명까지도 내 놓을 수 있는 분이기 때문입니다. 이처럼 더 큰 사랑이 세상에서 또 있겠습니까! 그래서 어머니의 사랑은 하늘보다 높다고 하였고, 바다보다 깊다고 하였습니다. 만일 어머니의 사랑이 없었다면 하나님의 사랑도 모를 것입니다. 그래서 주님도 "보이는 부모를 공경치 않는 자들이 어찌 보이지 않는 하나님을 공경할 수 있겠는가?"

고 하였습니다.

유교에서는 효(孝)가 인생의 근본이라고 하였습니다.

효를 모르는 자식들이 정치를 하고, 교육을 하고, 사업을 한다면, 그 정치, 그 교육, 그 사업이 잘될 리가 없다는 말입니다.

그래서 공자도 학(學)편에서 제자들에게 가르치기를, "너희가 집안에서는 부모에게 효도하고, 집밖에 나가서는 신용 있게 행하고, 모든 사람을 대하여는 어질게 대하라, 그리고도 남는 힘이 있을 때 공부를 하라"고 하였습니다.

부모에게 효를 강조하는 것은 아무리 강조해도 다함이 없습니다.

우리 주님께서도 십자가상에서 운명 하시면서도 육신의 어머니를 요한에게 부탁하였습니다. 이 얼마나 지극한 효의 모범입니까?

그런데 예수를 주라고 고백하면서 믿는 사람들 중에서 부모를 공경하지 못한다면 그의 믿음은 모두 헛것이란 말입니다.

그런 사람들이 전도지를 가지고 나가 전도한들 믿지 않는 사람들이 어떻게 그의 전도를 받겠습니까? 먼저 부모에게 효를 해야 합니다.

2. 성경에는 위대한 어머니의 사랑이 기록되어 있습니다.

① 모세의 어머니와 ② 사무엘의 어머니와 ③ 오늘 본문에 나오는 이름모를 가나안 여인의 사랑이 바로 그런 것입니다.

모세의 어머니는 민족혼을 불어 넣어준 위대한 어머니입니다. 만일 모세의 어머니의 이러한 사랑의 교육이 아니었던들 모세가 출애굽의 위대한 역사를 감당했을까? 의심하지 않을 수 없습니다.

모세야말로 요즘 젊은이들이 본 받아야 할 청년이었습니다.

자기 혼자의 안일을 위해서라면 얼마든지 바로의 궁궐에서 호의호식

했을 것입니다. 그러나 그의 어머니로부터의 교육으로 태양과 같은 민족지도자가 되었습니다.

사무엘의 어머니는 그를 나실인으로 키워 하나님의 전에서 제사장의 직무를 하게 하였습니다. 사무엘이 그러한 어머니의 교육이 아니었다면 그냥 한 평범한 사람으로 이름 없이 살았을 것입니다.
한나는 아들을 주면 내가 하나님께 바치겠다고 서원하였고, 그 서원한대로 실행하였습니다. 이 얼마나 위대한 어머니입니까?
이 두 어머니의 공통점은 자녀들을 육정으로만 키우지 않았다는 점입니다. 하나님의 말씀으로 키웠습니다. 자신의 애틋한 육정보다는 원대한 하나님의 사람으로 키웠습니다.

이런 어머니가 있었기에 역사에 빛나는 인물들이 되었습니다. 그들은 공통적으로 공의와 사랑을 실천한 사람들이 되었습니다. 자신을 버리는 희생적 용기를 발휘한 인물들이 되었습니다. 그러나 누구나 다 이와 같이 자식을 키울 수는 없습니다.

여기 한 어머니의 사랑은 바로 우리들을 대변하고 있는 사랑입니다. 그것이 가나안 여인의 사랑입니다. 이 가나안 여인의 사랑은 우리 모든 어머님의 사랑의 대변자라고도 할 수 있습니다. 지금도 이런 어머니들이 얼마나 많은지 모릅니다.

3. 딸의 병을 고치기 위하여 자신의 모든 것을 버렸습니다.

예수님은 처음 이 여인의 믿음을 보기 위하여 자존심의 상처를 주었습니다. '자녀의 손에 떡을 취하여 개들에게 줄 수 없다'고 이방인의 대한 경멸하는 말을 했습니다. 이런 말을 들었을 때 보통 요즘 엄마들 같았으면 '별꼴이야'라고 돌아섰을지 모릅니다.

자기를 개에다 비유하는 말을 들었어도 참았습니다.

그런 말을 들었을 때 이 어머니는 '옳습니다, 마는 개들도 주인의 상에서 떨어지는 부스러기를 먹지 않습니까' 라고 했습니다. 이 말에 우리 주님이 할 말을 잃었습니다. 결국 주님의 마음을 움직이었습니다.

딸의 병을 고치기 위해서라면 무슨 욕인들, 어떤 멸시든지, 다 참아낼 수 있는 것이 어머니의 사랑입니다. 우리의 육신의 부모들이 우리를 키울 때, 모두 이런 마음을 가지고 키웠습니다. 전쟁으로 폐허가 된 나라에서 굶주림에 시달릴 때, 어머니들의 피눈물 나는 자기희생은 지금의 시대의 사람들에게 필설로 다 들어낼 수 없었습니다. 특히 우리 한국 민족의 걸어온 수난의 길에서 지금 70대 이상의 부모님들에게 우리는 고개 숙여 경의를 표하지 않을 수 없습니다. 그런 희생으로 우리를 키웠기에 오늘의 우리가 있거늘 우리들은 지금 어떤 자세로 저들을 대하고 있는가? 깊이 반성해 보아야 하겠습니다.

사랑하는 성도 여러분!

미국에서 심장병 전문의로 일하는 정동근 씨가 쓴 '제 3일의 약속' 이란 책이 있습니다. 그 책의 내용인즉 6.25 피난시절 어머님과 헤어지면서 3일후 만나기로 한 약속을 30년 만에 북한의 고향을 방문하여 어머니 무덤 앞에서 목 놓아 울었다는 내용입니다.

저도 이분과 꼭 같은 환경에서 어머님과 대동강변에서 3일의 약속을 했던 사람입니다. 지금도 눈에 선합니다. 남편들은 먼저 나가고 어린이들과 부녀자들만 남아 있었던 교회에서, 교인들을 이끌고 120리 길을 5일 동안 걸어서 대동강에 도착했습니다. 벌써 중공군들은 평양성에 입성했고, 낮 동안 치열한 폭격으로 대동강 다리는 다 끊어져 밤이 된 대동강은 너무나 춥고 조용했습니다.

아무래도 아침이 되면 공산군 손안에 들어갈 것을 뻔히 안 아버님은 우리 가족만 따로 떼어 나올 수 없어 남자들만 3일 동안 대동강을 건너갔다가 다시 국군이 진격해 들어올 때 만나자고 잠시 동안 피해 있겠다고 하여 어머님과 작별하게 되었습니다.

그때 10대의 중학생이었던 나는 어머님의 손을 잡고 헤어지면서 이렇게 말했습니다. "어머니! 기도해 줘요" 이것이 어머님에게 지상에서 내가 한 마지막 말이 될 줄이야....

그때 어머님은 "그럼 나야 이제 기도로만 살지...." 이렇게 대답했습니다.

정동근 씨는 3일간의 약속을 30년 만에 어머님 무덤 앞에서라도 눈물을 지었다지만, 저는 55년의 세월이 지났어도 아직도 소식조차 모르고 있으니 이 어찌 비극이 아닐 수 있겠습니까? 정동근 씨는 후에 북한에 어머님과 함께 남았던 누님으로 들은 이야기를 이렇게 했습니다. 어머니는 남쪽으로 간 아들을 생각하며 하루도 빠짐없이 식사 때마다 밥상에 아들을 위한 숟가락과 젓가락을 올려놓았다는 이야기였습니다.

저의 어머님도 마지막 숨을 거두신 그 순간까지 아들을 생각하며 기도로만 사시다 간 어머니였다는 사실은 틀림없는 사실일 것입니다.

그 어머님의 기도였기에 이제 이 아들도 한평생의 목회 생활에서 명예로운 은퇴를 하게 되었다고 확신하는 바입니다.

이것이 어찌 저의 어머니일 뿐이겠습니까!

지구상의 모든 어머님의 공통적인 사랑일 것입니다.

자녀들을 위해 눈물 흘리는 어머니들, 지금도 자녀들 때문에 목숨을 부지하며 갖은 고초를 이겨내는 어머니들이 얼마나 많습니까!

어머니는 자녀들을 위해 주고 또 주고 자신의 모든 것을 다 준 사랑입니다. 그 어머님의 사랑을 통하여 비로소 우리는 하나님의 사랑을 깨닫게 된다는 말씀입니다.

우리 모두 보이는 부모님을 공경함으로 보이지 않는 하나님을 공경하는 성도들이 다 되시기를 바랍니다.

어린이는 천국 시민의 모델

[마태복음 19장 13-15절]

때에 사람들이 예수께서 안수하고 기도해 주심을 바
라고 어린 아이들을 데리고 오매 제자들이 꾸짖거늘
예수께서 이르시되 어린 아이들을 용납하고 내게 오
는 것을 금하지 말라 천국이 이런 사람의 것이니라
하시고 그들에게 안수하고 거기를 떠나시니라

어린이는 천국 시민의 모델

기독교 복음이 이 땅에 들어오면서 우리 사회를 변화시킨 것 중에 중요한 것은 세가지였습니다. 인권신장과 문맹퇴치와 미신타파 이었습니다. 그 중에서도 인권에 대한 것은 기독교 복음의 가치라고 할 수 있습니다. 연세대학교에서 한국학을 가르치는 모 교수가 했던 말이 지금도 기억납니다.

자기는 아직 교회는 못 나가지만, 한국 여성들 중에 사회활동 하면서 교회 나가지 않는 사람을 보면, 좀 이상하다고 하였습니다.

그 말은 기독교 복음이 들어왔기에 망정이지, 유교적 전통 사회에서라면, 어떻게 오늘처럼 남성들과 나란히 어깨를 겨루면서 사회활동을 할 수 있었겠는가? 하는 뜻에서 하는 말이었습니다.

기독교 복음의 결과로 우리 사회에서 제일 크게 변화된 것은 어린이와 여자의 인권신장입니다. 교회에서 여성들에게 한글을 가르쳐 성경을 읽게 되면서부터 눈이 뜨이기 시작하였습니다. 하나님은 사람을 지을 때 당신의 형상대로 남자와 여자를 지었다고 히는데 깨달음이 있게 되었습니다.

그러나 해석은 남성 우위적 사상에서 여자는 남자를 위하여 돕는 배필이라는 종속적 관념에서만 해석해 왔습니다.

그러나 오늘에 와서는 이제 거의 우리 사회에서 남녀의 차별이 없어졌습니다. 여자 목사, 여자 판사, 여자 경찰, 여자 기사, 여자 총장, 여자 경영자, 여자 사장 등등....어느 한 구석에 여자가 안 들어간 곳이 없을 정도입니다. 이제는 더한층 여성상위시대란 말까지 나오게 되었습니다.

5월을 가정의 달로 맞이하면서 우리 가정들이 생각해야 할 것들이 무엇인가?를 살펴보아야 하겠습니다.

오늘 5월 첫 주일은 어린이 주일로 지킵니다.

옛날에는 오늘을 꽃주일이라고도 했습니다.

농촌교회에서는 각종 꽃들을 교회에 단장하고 어린이를 인생의 꽃이라고 비유하면서 꽃을 가꾸듯이 가정의 어린이들을 주의 교양과 훈계로 잘 양육하자고 이 주일을 지켰습니다.

또 우리 주님도 어린이들을 안고 축복해 주었습니다.

어른들이 무시하고 가까이 오지 못하게 하는 것을 도리어 책망하시면서 어린이들이 내게 오는 것을 금하지 말라고 하면서 어른들에게 교훈했습니다.

"너희가 돌이켜 이 어린아이들과 같지 아니하면 결단코 천국에 들어갈 수 없다"고 하였습니다. 즉 천국시민의 성품이 어린이와 같아야 함을 말해 주었습니다.

1. 그러면 천국시민의 성품은 어떠해야 하겠습니까?

각 나라에는 그 나라의 특유한 국민성이 있습니다. 영국은 보통 신사의 나라라고 합니다. 영국은 신사도를 자랑합니다.

독일은 근면의 나라라고 합니다. 땀 흘려 만든 제품들이기 때문에 독일제품은 모두 든든한 것으로 알고 있습니다.

그런가하면 미국은 실용주의 나라라고 합니다. 실제적으로 생활면에서 유용한 것을 우선 추구하는 나라라는 뜻일 것입니다. 우리나라는 어떻습니까? 우리는 동방예의지국이라고 하였습니다. 즉 예절이 바른 나라라는 말일 것입니다. 이런 칭호를 듣게 되는 것은 하루 이틀에 되어지는 것이 아닙니다. 오랜 역사와 전통에서 쌓이는 것입니다.

그러면 하늘나라 시민은 어떤 성품의 소유자들이겠습니까? 오늘 본문에서 주님은 '어린이'들을 가리켜 이들이 하나님의 나라의 시민의 성품이라고 지적해 주었습니다. '너희가 돌이켜 이 어린아이와 같이 되지 아니하면 결단코 천국에 들어갈 수 없다'고 하였기에 그러므로 어린이를 통하여 천국시민의 성품을 알게 됩니다.

오늘 어린이 주일을 맞이하여 어른 된 우리들은 어린이들을 보면서 스스로 천국 시민의 성품을 되찾아야 하겠습니다. 그리고 신앙생활에서 어린이들에게 배워야 하겠습니다.
그러면 전 세계 어린이들에게서 공통적인 특성이 무엇이겠습니까?

2. 어린이들은 꾸밈과 거짓이 없습니다.

솔직합니다. 정직합니다. 있는 그대로 말하고, 보는 그대로 보고, 원하는 그대로 구합니다. 체면이나 이중성격이 없습니다. 자기에게 좋으면 좋고, 싫으면 싫다고 합니다. 이것이 천국 시민의 성품입니다.

그러나 세월이 가면서 점점 그것이 변합니다. 솔직함이 사라지고, 체면이 생기고, 꾸밈이 쌓이게 됩니다. 그렇게되면 벌써 어른이 다 되었다고 합니다. 어른이 되었다는 말에는 순진성이 사라졌다는 의미가 큽니다.

어른들의 세계는 거짓이 도리어 정상인 듯 살아갑니다. 어쩌면 적당히 거짓말을 잘 하는 사람들이 출세도 빠르고, 돈도 벌고 사회적으로 인정도 받습니다. 너무 어린이처럼 정직하면, 사회생활을 할 수 없을 정도입니다.
우리 주변을 보십시오. 온통 거짓으로, 부정직으로 차있습니다. 이것이 어른들 세계의 특징입니다.

계시록에 보면, 하나님 나라에는 우상숭배자들이나 음행자들이나 거짓말 하는 자들은 들어갈 수 없다고 하였습니다. 왜냐하면 거짓의 아비는 사탄이기 때문입니다. 에덴동산에 죄를 끌어들이게 한 것은 사탄이기 때문입니다.

사탄은 거짓말로 아담과 하와를 유혹했습니다.

우리 마음에 거짓말을 하게 하는 것은 성령의 역사는 아닙니다. 지금도 성령의 감화감동을 소멸시키고 우리로 거짓되게 하는 것은 사탄의 역사일 뿐입니다. 천국시민의 성품은 어린이들처럼 거짓이 없는 마음입니다. 그렇다면 내 마음은 지금 어떤 상태입니까?

이런 마음 가지고 천국에 들어갈 수 있다고 생각 되십니까?

오늘 어린이들을 보면서 어른 된 우리들이 반성해야 하겠습니다.

3. 어린이는 의심 없이 믿고 따릅니다.

벌써 얼마큼 크면 부모를 따르지 않으려고 합니다. 초등학교 3학년만 되어도 자기 친구와 놀기를 더 원합니다. 중학교 들어가면 점점 더 멀어집니다. 고등학교에 가면 이제는 완전히 대화가 없어집니다. 대학에 들어가면 부모보다 이성의 친구들만 사귀려고 합니다. 그리고 제 고집대로 결혼하겠다고 합니다.

그러나 세살 밑의 어린이는 부모가 가자면 언제든지 따라 나섭니다. 그리고 의심 없이 믿습니다. 어머니가 해 주는 것은 무조건 다 먹습니다. 첫돌이 지나 걸음마를 시작하면 일부러 걸음마를 시킵니다.

뒤뚱 뒤뚱 걸으면서 넘어질 것을 두려워하지 않고 달려옵니다. 어떤 때는 손 바닥 위에서도 곧바로 서 있습니다. 넘어질 것을 두려워하지 않습니다. 그리고 아버지는 우리 집에서 최고인줄 압니다. 무엇이든지 다 해 줄 수 있는 능력자라고 여깁니다.

이런 성품이 천국 시민의 성품이란 말입니다. 우리의 모습은 지금 어떠합니까?

왜 주님께서 하나님을 아버지라고 부르라고 하였습니까?

집에 자녀들이 우리를 아버지라고 부르면서 믿는 것 만큼, 내가 하나님을 그렇게 믿습니까? 하나님을 아버지라고 부르면서도 그의 말씀을 얼마나 믿고 따르고 있습니까?

어떤 의미에서 우리는 너무 어른이 되어 문제입니다. 자녀들이 머리가 커지면 아버지의 생각이 자기 생각보다 못하다고 생각하는 경우가 많습니다. 아버지는 구세대의 사람이라고 아예 대화를 안 하는 경우가 있습니다.

그러면서 제 마음대로, 자기 생각대로 하려고 합니다.

이것이 어쩌면 우리 신앙생활에서 볼 수 있는 경우인지도 모릅니다.

하나님의 말씀이 분명히 하지 말라는 말도 있고, 하라는 말도 있는데, 그 말들이 다 자기 생각보다 못한 것 같이 생각하고 있습니다. 그러므로 주님께서는 '너희가 돌이켜 어린아이들이 되라' 고 하였습니다.

어린아이들이 되라는 말이 무엇을 의미합니까?

어린이들처럼 정직하고 믿고 따르라는 것입니다.

그렇게 하면 어떻게 해 주리라는 약속이 많은 곳에 있습니다.

시편 37:4 "여호와를 기뻐하라 저기 네 마음의 소원을 이루어 주시리로다" 시편 37:5 "너희 길을 여호와께 맡기라. 그를 의지하면 그가 이루시고 네 의를 빛 같이 나타내시며, 네 공의를 정오의 빛같이 하시리로다" 고 하였습니다.

가정은 천국의 모형입니다.

가정은 사랑의 공동체입니다.

가정에서 어린이들을 천국시민임을 깨달아, 그들을 노엽게 하지 말아야 하겠습니다.

요즘 어린이들을 자기의 욕심대로 키우려는 사람들이 많아졌습니다. 내 새끼 내 마음대로 키운다는 의식을 버려야 합니다. 내 새끼가 아닙니다. 하나님이 내게 위탁시켜 키워달라고 한 하나님의 자녀들입니다. 그렇게 생각을 바꾸어야 합니다.

그럴 때, 내식대로의 교육이 아니라 하나님 말씀대로의 교육이 필요하게 됩니다. 그것이 주의 교양과 훈계로 양육하는 일입니다.

왜 이렇게 교육해야 합니까? 결론이 이것입니다.

딤후 3:16 절에 "모든 성경은 하나님의 감동으로 된 것으로 교훈과 책망과 바르게 함과 의로 교육하기에 유익하니, 이는 하나님의 사람으로 온전하게 하며 모든 선한 일을 행할 능력을 갖추게 하려 함이라"고 하였습니다.

먼저 하나님의 사람이 되어야, 모든 선한 일을 행할 능력자가 된다는 말입니다. 주의 교양과 훈계로 양육된 사람이 대통령이 되어야 모든 선한 일을 행할 능력이 있고, 그렇게 교육을 받은 사람이라야 무엇을 맡아도 하나님의 사람으로 일할 수 있다는 말입니다.

그러므로 어린이 주일을 맞는 우리 어른들의 책임이 얼마나 큰지 모르겠습니다. 무조건 목적 없는 사랑과 과보호만 하지 말고, 그리스도인들의 가정교육은 세상 사람들과는 무엇인가 달라야 할 것입니다.

즉 하나님 나라의 천국 시민의 성품을 바로 갖도록 어릴 때부터 잡아주어야 하겠습니다.

건강한 삶의 의미

[마태복음 6장 20-24절]

오직 너희를 위하여 보물을 하늘에 쌓아두라 거기는 좀이나 동록이 해하지 못하며 도둑이 구멍을 뚫지도 못하고 도둑질도 못하느니라 네 보물있는 그 곳에는 네 마음도 있느니라 눈은 몸의 등불이니 그러므로 네 눈이 성하면 온 몸이 밝을 것이요 눈이 나쁘면 온 몸이 어두울 것이니 그러므로 네게 있는 빛이 어두우면 그 어둠이 얼마나 더하겠느냐 한 사람이 두 주인을 섬기지 못할 것이니 혹 이를 미워하고 저를 사랑하거나 혹 이를 중히 여기고 저를 경히 여김이라 너희가 하나님과 재물을 겸하여 섬기지 못하느니라

건강한 삶의 의미

1. 21세기의 삶의 화제는 웰빙(well-being)이라는 말입니다.

TV나 인터넷 쇼핑이나, 책들을 통하여 흔히 듣는 말은 〈웰빙〉입니다. 〈웰빙〉이란, 잘 먹고, 잘 사는 것이란 뜻으로 보통 생각합니다.

어떤 분은 이 웰빙이란 말을 우리말로 '참살이' 라고 번역하였습니다. 이 참살이가 무엇을 뜻하는지를 우리 믿는 성도들은 잘 생각해 보아야 하겠습니다.

실제로 우리 나라에서 이 〈웰빙〉이란 말이 소개되기는 2002년 후반기 부터라고 봅니다. 2003년에 들어서면서 다양한 웰빙산업이 보편화되기 시작하였습니다. 그러면서 웰빙이란 말이 널리 사용되게 되었고, 심지어 교회 이름에도 〈웰빙교회〉, 〈웰빙목회〉라는 말까지 등장하게 되었습니다.

그러면 〈웰빙〉이란 한마디로 무엇입니까? 글자대로 보면 건강한 (well) 삶(being)이란 말일 것입니다. 〈건강한 삶〉이란 매우 포괄적인 의미입니다. 〈건강한 삶〉이란 인간의 행복과, 안녕과 복지(welfare) 등을 포함한 삶의 질(quality of life)을 강조하는 말입니다. 즉 〈몸〉과 〈마음〉이 유기적으로 조화를 이룬 풍요롭고 아름다운 생을 유지함을 의미합니다.

그런데 요즘 우리 사회에서 일고 있는 〈웰빙〉은 육체적인 건강에만 치중하는 경향이 큽니다. 이것은 돈벌이에 눈을 뜬 사람들이 웰빙 산업을 일으키는 데서 더더욱 그렇게 되었습니다. 요즘 식품이나, 의류나, 가전제품이나, 건축이나, 화장품에 이르기 까지 웰빙 소리가 안 들어간 것이 거의 없을 정도입니다.

2. 그러면 건강한 삶(well-being)의 참된 의미는 무엇이겠습니까?

1949년에 설립된 세계보건기구(WHO)의 창립헌장에 건강하고 행복한 삶이 무엇인가를 이렇게 정의한 것이 있습니다.

"육체적 질병 뿐 아니라 정신적, 사회적 질병이 없는 온전한 상태가 건강하고 행복한 삶이다" 여기에다 1998년 WHO 집행이사회에서는 하나 더 첨가하였는데, 영적인 것(Spititual)을 첨가하였습니다. 그래서 건강한 삶이란 "신체적이고, 정신적이고, 사회적이고, 영적으로 건강"해야 참 웰빙 이라고 하였습니다. 영적으로 건강해야 한다는 말에 우리 믿는 성도들은 유념해야 할 것입니다. 아무리 잘 먹고, 잘 살려고 하여 웰빙 음식, 웰빙 의복, 웰빙 가전제품을 사다 놓고 살아도, 영적으로 건강하지 못하면 그것을 웰빙이라고 할 수 없다는 말입니다. 즉 웰빙이라고 유기농산물과 천연섬유의 의복과 공기청정기와 같은 것을 갖추어 놓고 산다고 웰빙이 아니란 말입니다.

이것을 모를 때 웰빙의 본래 목적과는 다르게 〈개인주의〉와 〈소비문화〉로 치닫게 되는 결과를 보게 됩니다. 이기적이고, 개인주의적인 성향을 따라서 오늘의 웰빙족속은 다이어트나, 몸 관리에 치중하는 등 소위 육체우상화로 기울어진 것을 봅니다.

이제 우리 그리스도인들은 이것을 영적으로까지 끌어 올려야 할 책임이 있습니다. 예수 믿는 사람들이야말로 참 웰빙의 사람들이라는 것을 주지시켜야 하겠다는 말씀입니다.

3. 하나님의 말씀에 나타난 웰빙(well-being)을 알아야 하겠습니다.

첫째 에덴동산의 삶이 웰빙의 모델입니다.

하나님이 모든 것을 지으시고 보시며 보기 좋았더라고 한 말에서 웰빙의 의미를 찾게 됩니다. 에덴동산의 웰빙이란 먹고, 마시고, 입는 것에 있지 아니했습니다. 나 혼자만 잘 먹고 잘 입는데 있지 않고 관계성에서 웰빙이 있었습니다. 하나님과 나와의 관계, 나와 이웃과의 관계, 나와 자연과의 관계에서 웰빙이 있었습니다. 즉 현재 우리처럼 〈소유〉와 〈성취〉에서 얻어지는 웰빙이 아니라 조화로운 관계에서 얻어지는 것이었습니다.

그 조화로운 관계가 바로 사랑의 관계이었습니다. 거기에는 미움과 시기와 다툼과 자기만이라는 욕심이 없었습니다.

아담과 이브는 벌거벗었으나, 부끄러움을 몰랐습니다. 각종 나무에는 열매가 달렸고, 수정같이 맑은 물은 오염됨이 없었습니다. 그리고 하나님과 직접 대화를 나누면서 모든 것이 조화를 이루었습니다. 이러한 처음 동산에 관계가 무너지면서 서로 살생이 시작되었고, 모든 조화는 한꺼번에 깨져 버렸습니다. 즉 웰빙이 깨져 버렸습니다.

그러므로 바로 이것을 회복하는 것이 웰빙이란 말입니다. 웰빙은 나 혼자만의 것이 아니란 말입니다. 나 혼자 잘 먹고, 나 혼자 잘 살면 그것이 웰빙이 아니란 말입니다. 하나님과, 이웃과, 자연과의 관계회복에서 얻어지는 균형과 조화가 웰빙 입니다.

이것은 앞으로 모든 나라들이 추구해야할 인류의 마지막 단계입니다. 어제와 그제 우리 한반도는 온통 공해에 시달려야 했습니다.

황사현상이 왜 생기는 것입니까?

따져보면 모든 나라들이 제각기 잘 살아보려고 하는데서 기인된 원인들이 아니겠습니까? 무분별하게 자연을 훼손하고, 경제만능의 사상에 얽매어 마구잡이로 공장들을 세워서 온통 지구는 지금 시달리고 있습니다.

지구 온난화 현상으로 북극과 남극의 빙하들이 녹아내려 바다수위가 높아져가고, 지하수들의 오염으로 생수가 고갈되어가는 기현상을 낳게 되었습니다. 제각기 잘 먹고 잘 살려다가 도리어 인류의 종말을 맞게 될지도 모르게 되었습니다.

하나님과 이웃과 자연을 제쳐놓고 나 혼자만의 웰빙을 추구해 보았자 그것은 참된 웰빙이 아닌 것이 뼈저리게 느껴질 날이 점점 다가옵니다. 더욱이 그리스도인들에게 세상 사람들이 추구하는 방법대로 자기 하나만의 몸매나 가꾸고, 혼자만의 웰빙 음식을 먹는다고 해서 참 건강한 삶이라고 할 수 없다는 말입니다.

둘째로, 구약의 히브리인들이 생각했던 〈샬롬〉이 바로 웰빙의 성취입니다. 〈샬롬〉은 하나님과의 관계에서 얻어지는 축복이었습니다. 신약시대의 〈샬롬〉의 주인은 예수 그리스도입니다. "나의 〈샬롬〉(평안)을 너희에게 남기고 가니 이것은 세상이 주는 것과는 다르다"고 하였습니다. 즉, 세상 사람들이 추구하는 웰빙과는 다르다는 뜻입니다. 그런데 우리는 세상 사람들과 같이 그런 웰빙만 추구하고 있지는 않는지? 깊이 반성해 보아야 할 것입니다. 예수 그리스도와의 관계를 회복할 때 건강한 삶이 유지되고 거기에서 참 웰빙을 누리게 됩니다. 예수 없는 웰빙은 웰빙이 아니란 말입니다.

그런 면에서 각각 자신들을 살펴보아야 하겠습니다.
내가 지금 어떤 삶을 살아가고 있는지?
내가 추구하고 있는 웰빙은 무엇인지?
지금껏 살아오면서 왜 건강한 삶을 살지 못하였는지?
자신을 깊이 살펴 보아야 할 것입니다.
우리는 지금껏 나의 행복을 빼앗아 간 것이 돈 때문이라고만 생각하면서, 그 돈 때문에 이웃간에도 마음을 상하게 하였고, 하나님과의 관계회복 보다, 돈 문제로 신앙까지도 버리는 경우들이 얼마나 많은가 입니다.

저는 어제 쪽지 하나를 받았습니다.

모 집사님이 금년부터 다른 교회에 나가고 있다는 소식을 전해 주면서, 우리 교회에서 성도간에 금전거래로 빚을 진 것이 있었는데, 아직도 다 갚지를 못한 것 같았습니다. 자신도 뼈아프게 갚으려고 노력하고 있다고 하면서, 언젠가는 꼭 갚을 것이라고 하는데, 주변의 사람들의 시선이 너무 힘들게 하였다는 이야기입니다. 교회에서 십일조를 해도, 빚부터 갚고 십일조를 해야지 하나님이 그 십일조 받겠느냐? 또 직업상 정장을 하고 나와도 남의 빚도 갚지 않으면서 옷은 해 입는다는 등등... 본인보다 주변의 사람들의 입방아가 도무지 교회에서 버틸 수 없었다고 하는 말을 들었습니다.

사랑하는 성도 여러분!

우리 성도들이 남에게 경제적인 고통을 주어도 안 되겠지만, 자기와의 관계도 아닌데 남의 사정을 모르면서 함부로 상처를 주는 일들을 삼가야 하겠습니다. 더욱이 교회 안에서 금전 거래는 서로 안하는 것이 제일 좋을 것입니다. 본래 친구와는 돈 거래를 하지 말라는 이유가 무엇이겠습니까?

돈 잃고 친구 잃는 다는 말이 있기 때문입니다.

돈을 빌릴 때는 먼저 신용을 지켜야할 것이고, 그것 없이 빌려달라고 한다면 그 사람이 잘못된 사람일 것이고, 또 줄 수 있는 여유가 있는 분이라면 이자 받을 생각하지 말고 떼일 생각하고 주라는 것입니다. 또 본의 아니게 빚을 갚을 길이 없어졌으면, 자신의 진심을 보여주어야 할 것입니다.

　사랑하는 성도 여러분!
　왜 이런 말을 해야 하는가 하면, 그리스도인의 웰빙은 나 혼자만 잘 먹고, 잘 살면 그것이 웰빙이 아니란 것을 말하기 위해서입니다.
　다 함께 어울려 살아가는 조화된 관계를 실천하면서 살아야 할 사람들이 우리 믿는 사람들이기 때문입니다.

　제게 가끔 손을 벌리러 오는 사람들이 있습니다. 얼마라도 주어야 마음이 편한 것을 느낍니다. 그러나 어떤 때는 딱한 경우가 있습니다. 정말 없을 때는 마음이 무겁곤 합니다. 그런데 이상한 사람들이 있습니다. 세상이 악해져서, 으레 교회 목사는 거절하지 않겠지...하는 생각으로 거짓말로 찾아오는 경우입니다.
　처음에는 말을 돌려서 합니다. 결국 끝에는 돈 몇 푼을 얻어가려는 결론이었습니다. 그런 경우를 너무 자주 당하다 보니, 요즘은 모든 사람을 의심하게 되었습니다. 이것이 얼마나 불행스러운 일입니까?

　웰빙은 나 혼자 잘 먹고 잘 사는 것이 아니라고 한다면, 우리 모두 하나님과의 영적관계를 진지하게 회복하는 것이 우선순위라고 봅니다.
　내가 누구에게 물질적으로나 정신적으로 해를 끼치는 일은 없는지?
　내가 누구에게 돈을 빌릴 때 처음부터 갚을 능력이 없으면서도 갚겠다고 하면서 거짓말로 빌린 것은 없는지?
　이런 것이 하나님 앞에서 나 스스로 바른 관계가 정립되어야 할 책임이 있다는 말씀입니다.
　거짓의 아비는 사탄이라고 하였습니다. 고의적으로 처음부터 거짓된 마음을 가지고 이웃에게 접근하는 것은 죄입니다. 이것은 웰빙을 깨는 일이기 때문입니다.

우리 성도들은 참 웰빙을 이끌어가는 선도자들이 되어야 할 것입니다. 그런 관계 회복 속에 하나님의 나라는 이루어져 나갈 것이기 때문입니다. 이것이 우리가 추구해야 할 웰빙입니다.

오늘의 구레네 시몬

[누가복음 23장 26절]

그들이 예수를 끌고 갈 때에 시몬이라는 구레네 사
람이 시골에서 오는 것을 붙들어 그에게 십자가를
지워 예수를 따르게 하더라

오늘의 구레네 시몬

심리학자 〈빅터 프랭클린〉은 이렇게 말합니다.

"고통을 이길 수 있는 길은 고통 중에 그 의미를 찾을 수 있을 때 가능하다."

많은 사람들은 고난에 직면할 때마다, 의미를 찾기는 커녕 불평부터 합니다. 정말 하나님은 날 사랑하고 계시는지? 도대체 나의 이 형편을 알기나 하는지? 의문을 가질 때가 있습니다. 사람들은 자신들이 겪는 어려움을 흔히 하나님의 징벌이나, 죄의 결과로 생각하는 경향이 있습니다.

성경은 의인 중에 의인이었던 욥의 이야기를 통해 반드시 죄의 결과로만 어려움이 오는 것은 아니라고 말씀하고 있습니다. 고통은 우리를 새로운 존재로 만들 수 있는 계기가 됩니다. 고통은 '내가 누구인가?'를 알게 하는 자아발견의 문(門)이며, 자기중심적이고 교만한 마음을 겸허한 마음으로 변화시키는 용광로입니다. 그러므로 〈축복받은 삶〉이란 고난이 없는 삶을 뜻하지는 않습니다. 사랑하는 아기의 출산도 반드시 고통이 동반되는 것을 보아 알 수 있습니다.

인도의 성자 간디도 "고통은 생명의 원리이다. 고통 없는 생명은 상상할 수도 없다"고 했습니다. 옳은 말입니다. 그리고 내가 당하는 고통은 나만이 겪는 고통이 아님을 깨달아야 합니다. 고통을 피하기만 하면 무익한 인간이 됩니다. 병에 걸려 보아야 건강의 중요성을 알고, 가난에 시달려 보아야 근검절약의 가치를 알며, 감옥살이를 해보아야 자유의 고귀함을 깨닫듯이, 이 모든 고통을 겪어보아야 주님이 주시는 평안과 기쁨이 무었인가를 알게 됩니다.

1. 구레네 사람 시몬은 고통의 십자가를 진 사람이었습니다.

유월절 명절에 예루살렘에 왔다가 그 날 예수가 십자가 형틀을 지고 사형장으로 끌려가는 것을 길에서 구경하다가 로마 병정에게 붙잡혀 죄인이 지고가야 할 십자가를 대신 메고 간 사람이었습니다. 인간적으로 보면 간밤에 꿈을 잘못 꾼 사람이었습니다.

수많은 사람이 있는 중에 하필 왜 자기가 찍혔는가? 원망스러웠을 것입니다.

사람들은 고통스러움을 만날 때 대부분 원망합니다. 얼굴을 붉히고 거친 행동을 하기 쉽습니다. 폭력을 휘둘러 사람을 상해하기도 합니다.

요즘 일어나는 가정 폭력사건도 모두 고통스러움이 닥칠 때 일어나는 일들입니다.

구레네 시몬이 나였다면 얼마나 기막힌 일입니까?

정말로 재수 옴 붙은 날이었습니다. 그러나 그의 이름이 오늘까지 전해진 것은 예수 그리스도의 십자가를 겼기 때문입니다.

오늘 우리가 깊이 생각하고 깨달아야할 일은 나의 삶의 환경에서 구레네 시몬이 졌던 그런 십자가가 과연 있는가? 이것부터 생각해 보아야 하겠습니다. 만일 그러한 십자가를 지고 가고 있는 사람들이라면, 그것이 주는 교훈을 깊이 생각해 보아야 하겠습니다.

2. 예기치 않은 고통스러운 사건들은 항상 일어납니다.

나의 과오와는 상관이 없는 그런 불행스러운 일들이 내게 닥치는 경우가 있습니다. 인간적으로 보면 매우 재수 없는 일이고, 불행스러운 일입니다.

군사정권시절 유신반대 데모가 곳곳에서 일어날 때, 길에서 구경하다 잡혀 들어가 매를 맞고 나온 사람도 있었습니다. 얼른 생각하면 매우 일진이 좋지 않은 재수 없는 일을 당했다고 할 수 있습니다. 하지만 그것으로 인하여 민주화 운동에 가담하게 되고 오늘 민주인사로 표창을 받게 된 사람도 있습니다.

우리 인간은 모두 죄인임에 틀림없습니다. 구레네 시몬도 원죄 하에서 태어난 사람임에는 틀림없었습니다. 하지만 그가 십자가를 지게된 것은 비록 억지로 지게 된 경우이지만, 그것이 예수 그리스도와 관계된 일이었기에 불행이 변하여 기쁨과 영광이 되었습니다. 후에 시몬은 신실한 믿음의 사람이 되었다고 합니다.

칼 융이라고 하는 스위스의 유명한 의사요, 심리학자가 있습니다. 이분은 심리학자이면서 의사이기 때문에 주로 정신적인 질환을 다루었습니다. 예를 들면 정신분열증, 인격파탄증, 그런가하면 히스테리에 걸린 사람을 다루었습니다. 처음에는 약물로 치료를 해봤더니 3개월에서 6개월 이전에 다시 재발하는 것을 알았습니다. 약물을 투여할 때는 깨끗이 나은 것 같았는데 약의 효과가 떨어지고 나면 다시 재발하는 것을 보았습니다. 그래서 원인을 연구하고 살펴보니 전부 영혼의 욕구불만에서 얻은 병이었습니다. 그래서 영적인 만족을 주고 믿음으로 치료했더니 깨끗이 나았다고 합니다. 이렇게 해서 고친 병은 재발한 일이 없다고 하였습니다.

이 사실을 영국의 BBC 방송에서 보도를 했습니다. 때마침 미국에서 백만장자 한 사람이 비행기를 타고 찾아왔습니다. 늘 불안하고 초조하고 그러다 보니 잠을 못 자는 불면증에 걸려 있었습니다. 아무리 약을 써도 듣지를 않았습니다. 별일을 해봐도 효험이 없었습니다. 그래서 칼 융을 찾아왔습니다. 칼 융이 이야기를 듣더니 "이것은 내가 고칠 병이 아닙니다. 내가 한 분을 소개할 터이니 소개서를 가지고 찾아 가십시오." 하면서 소개장을 써 주는데 모스크바 변두리에 있는 수도원 원장에게 보내는 글이었습니다.

수도원 원장이 편지를 보고 "당신, 내가 하라는 대로 하겠소?"
"하려고 생각했기에 찾아 온 것입니다."
"그래요, 그러면 예배당에 가서 꿇어 엎드려 주님이 가르쳐 주신 기도를 300번만 외우십시오. 아무 뜻 없이 외우는 것이 아니라 한 마디 한 마디 그 말씀의 뜻을 새겨 가면서 300번을 하십시오"라고 하였습니다. 병을 고칠 수 있다니 얼마나 좋았겠습니까? 그래서 그렇게 했습니다. 그 다음날 원장님을 찾아가 "어떻게 할까요?"라고 다시 물었습니다. "이번에는 300번에 300번을 더해서 600번을 하십시오"
그래서 600번을 했습니다.
셋째 날도 원장님을 찾아갔습니다.
"어떻게 할까요?" 하고 다시 물었습니다.
"이번에는 600번에 300번을 더해서 900번을 하십시오" 라고 하였습니다. 매일 300번씩 늘어갔습니다. 그러다가 6,000번을 해야 되는 20일째 되는 날이 되었습니다. 6,000번째 외우는 그 날 외우다가 잠이 들었습니다. 정신없이 자고 깨어나니 머리가 맑아지고 완전히 새 사람이 되었습니다. 저녁때가 되면 깊은 잠에 들고 아침에는 깨우는 것이 싫을 정도로 잠을 잘 잤습니다. 결국에는 깨끗이 나아서 돌아갔습니다. 이것은 실화이었습니다.
우리가 하나님의 사랑을 경험하고, 하나님의 위대한 능력을 체험하게 되는 것은 편안한 자리에서가 아닙니다.
반드시 고통을 통하여, 억지로 지는 십자가를 통해서 만나게 합니다.

3. 오늘의 우리가 져야할 몫의 십자가는 무엇입니까?
교회는 예수 그리스도의 몸입니다.

십자가는 교회의 상징입니다. 교회에서 나의 모습은 어떤 존재인가? 예수님 당시 길가에 서서 구경하던 많은 사람들처럼, 오늘의 나의 모습이 그 속에 있는 것은 아닌지? 살펴보아야 하겠습니다.

교회의 일은 주님과 함께 십자가를 메는 일입니다.

교회의 모든 일들은 방관자로 있으면 아무런 의미가 없습니다. 그런 가운데서는 신앙이 성장하지 못합니다. 참여해야 합니다. 억지로라도 참여하는 가운데 그것이 도리어 복이 됩니다. 교회봉사는 억지로 지는 십자가인 경우가 많습니다. 교회 일에 무슨 이익이 돌아오겠습니까? 아무것도 돌아오는 것은 없습니다. 입으로만 지는 십자가는 소용이 없습니다.

구레네 시몬처럼 주님의 십자가를 지는 행위가 있어야 합니다. 구레네 시몬은 억지로라도 주님의 십자가를 지고 갔더니, 그와 그 가정이 구원을 받았습니다. 그것이 얼마나 귀한 일입니까?

아직도 구원받지 못한 가족들이 있는 분들은 더더욱 오늘의 말씀을 잘 음미하여, 교회출석을 방관자처럼 하지 말고, 참여하는 적극성을 가져야 할 것입니다. 그런 과정에서 오는 고통은 도리어 전화위복을 우리에게 주실 것입니다.

교회 봉사는 그리스도의 몸을 세우는 일입니다.

주님과 함께 고난을 받으면, 주님과 함께 영광에 참여하게 됩니다. 교회일 하다가 억지로라도 십자가를 진 일이 있다면, 그야말로 영원히 영광스러운 면류관으로 남을 것입니다. 우리 모두 이 영광스러운 면류관들이 준비되어 있는 성도들이 다 될 수 있기를 바랍니다.

전통과
변화의
교회

성도의 길

너희는 이 세대를 본받지 말고 오직 마음을 새롭게
함으로 변화를 받아 하나님의 선하시고 기뻐하시고
온전하신 뜻이 무엇인지 분별하도록 하라

성도의 길

우리 믿는 사람들을 일컬어 성도(聖徒)라고 합니다. 성도란 〈거룩한 무리〉란 뜻입니다. 〈거룩〉이란 구별되었다는 뜻입니다. 헬라어로는 〈하기우스〉라고 합니다.

하나님께서 구별시킨 거룩한 무리가 된 우리들은 이 세상을 어떻게 살아야 할 것인가? 하는 것이 오늘 본문의 가르친 내용입니다.

하나님은 우리가 구별되게 살도록 원하십니다. 그러므로 우리 성도들에게는 본받아 살아야 할 것과, 본받아서는 안 되는 것들이 있습니다.

1. 먼저 이 세대를 본받지 말라고 하였습니다.

이 〈세대(世代)〉란 우리가 살고 있는 시대(時代)를 의미합니다. 한 세대를 구분하기를 30년으로 치는 사람들도 있습니다. 그것은 사람이 출생하여 자기 자식을 낳기까지의 기간을 평균으로 30년을 잡는데서 온 말입니다. 오래 살면 3대까지 볼 수 있는 것이 평균 수명입니다. 이렇게 세대를 구분하는 것은 인간적인 구분이고, 성경이 말하는 세대란 하나님 편에서 보는 세대입니다. 창세 이후로 하나님은 역사를 주관하시고 섭리하시고 심판하시는 분이십니다. 하나님의 눈에 비쳐진 세대란 죄가 지배하는 세상, 또는 불의가 득세하여 악인이 번영을 누리는 세상을 의미합니다. 그런 의미에서 세대란 연대적 구분보다는 하나님 앞에서의 인간의 죄악 된 모습과 생활전체를 의미합니다.

그렇다면 오늘 이 세대를 우리는 어떻게 보아야 하겠는가? 사람들의 정의보다 우리 주님의 정의를 들어야 하겠습니다. 우리 주님은 이 세대를 '음란하고 죄 많은 세대' 라고 규정하였습니다.

"누구든지 이 음란하고 죄 많은 세대에서 나와 내 말을 부끄러워 하면 인자도 아버지의 영광으로 거룩한 천사들과 함께 올 때에 그 사람을 부끄러워 하리라"(막 8:38) 하였습니다.

그렇다면, 우리 주님이 보신 세대의 정의가 옳다고 봅니다. 우리가 살고 있는 이 세대는 음란하고 죄 많은 세대임이 틀림없습니다.

이 말은 더 설명할 것이 없다고 봅니다.

우리나라의 대표적인 산업하면, 휴대폰과 초고속 인터넷입니다.

그러다보니 초등학교 학생부터 노인들에게 이르기까지 휴대폰과 인터넷 사용은 모든 가정과 직장생활에 필수품이 되었습니다.

이러한 휴대폰과 인터넷이 생활에 편리함을 주었지만, 그 부작용도 매우 심각한 수준에 이르렀습니다. 24시간 무차별로 들어오는 문자메시지와 스팸 메일의 공격을 받고 있습니다. 특히 성인물로 분류되는 음란메시지들을 이제는 거부할 수 없는 수준에 이르렀습니다.

문명의 혜택으로 청소년들이 보고 듣고 느끼는 것이 어느 하나인들 성과 무관한 것이 거의 없을 정도입니다. 특히 컴퓨터란 것이 그렇게 편리하고 유용한 도구임에도 불구하고 그것이 음란을 조장시키는 도구로 변질되어가는 것을 보면서 이것이 타락한 세대의 어쩔 수 없는 모습이란 것을 보게 됩니다.

2. 그러면 〈악하고 음란한 세대〉의 특징이 무엇입니까?

하나님의 〈말씀〉이 밀려나버리는 것입니다. 오늘의 세대를 롯의 때와 같다고 합니다.

〈롯〉이 살던 시대의 시대상이 어떠했습니까? 하나님의 말씀이 밀려나버린 세대이었습니다. 〈롯〉은 아브라함과 작별 후 장막을 옮겨가며 결국 소돔성 안으로 들어가 살게 되었습니다. 소돔성이 얼마나 성적으로 퇴폐했는지 〈소돔〉(sodomite)이란 말의 유래가 거기서부터 기인된 것을 보아도 알 수 있습니다.

그 시대는 마음 놓고 밤거리를 지나다닐 수 없었습니다. 낯선 사람은 집단적으로 소돔이를 하려고 했습니다. 소돔이란 남색(男色)자, 수간(獸姦)자를 의미합니다. 오늘날 천형(天刑)이라는 〈에이즈〉가 발생한 원인도 이런데서 부터 기인된 것입니다.

하나님이 제일 싫어하는 죄가 간음죄입니다. 그래서 10계명 중에 그것을 넣어 주었습니다. 그만큼 인간의 삶에서 범하기 쉬운 집요한 죄이기도 합니다. 인류역사가 시작되면서부터 오늘까지 간음은 계속되었습니다. 창세기 6장에 보면 사람의 수가 점점 증가해 가면서 생긴 일이 무엇입니까? 성직 타락이었습니다. 이것을 성경은 이렇게 기록하고 있습니다.

"사람이 땅 위에 번성하기 시작할 때에 그들에게서 딸들이 나니 하나님의 아들들이 사람의 딸들의 아름다움을 보고 자기들의 좋아하는 모든 자로 아내를 삼는지라 여호와께서 가라사대 나의 신이 영원히 사람과 함께 하지 아니하리니 이는 그들이 육체가 됨이라"고 하였습니다. 하나님의 형상으로 지음 받은 인간이 하나님과의 교제에서 떠나면 육체만을 위하는 고기 덩어리들이 되었다는 말입니다. 그들이 육체가 됨이라고 한 말이 그것입니다. 그래서 하나님과 교제가 끊어지면 그 결과는 육체의 쾌락과 향락으로 빠집니다. 이것이 오늘 우리가 사는 세대의 특징입니다.

요즘 가는 곳 마다 잘 되는 장사는 무엇입니까?
〈먹고〉 〈마시고〉 〈춤추고〉 〈놀고〉 〈자는〉 것 뿐입니다.
그래서 그것을 향락산업이라고도 합니다. 향락산업은 불경기가 없을 정도로 퍼져 나가고 있습니다. 그대신 하나님의 말씀은 밀려나 롯의 사위들처럼 농담으로만 듣습니다.
요즘 사람들이 내게 설교하지 말라는 말이 바로 그런 뜻입니다.

하나님의 말씀은 아예 듣기 싫다는 것입니다.

롯의 사위들도 심판을 예고했을 때 밤새도록 술 마시다가 농담으로 들었을 것입니다. '천사가 무슨 천사고, 심판이 무슨 심판이냐?' 했을 것입니다.

3. 그러면 성도가 가야할 길이 어떤 길이겠습니까?

먼저 마음으로 변화를 받으라고 하였습니다. 즉 생각을 바꾸라는 것입니다. 사람은 마음에 품고 있는 생각대로 행하기 때문입니다. 도적질할 마음을 품고 있으면 기회가 되면 남의 것을 훔치게 됩니다. 한동안 대도(大盜)란 별명을 들었던 조세형이 그런 케이스입니다.

사람이 음욕을 품고 있으면 기회가 되면 그 길로 빠지게 됩니다. 이것은 어쩔 수 없는 사실입니다. 그러므로 생각을 바꾸어야 합니다.

'마음으로 변화를 받아' 라는 말씀에 유념해야 합니다.

프랑스 음식 중에 개구리 요리가 있다고 합니다.

조리방법이 특이합니다. 식탁에 냄비와 버너를 올려놓고 즉석에서 조리하면서 먹는데 처음에 미지근한 물을 냄비에 붓고 다음에 살아있는 개구리를 넣으면 개구리는 미지근한 물에 잠들 듯이 가만 있다고 합니다. 서서히 버너의 열을 가하면 자기가 삶아지는 것도 모르고 죽어버린다고 합니다. 이처럼 성적 타락은 처음부터 빠지는 것 아닙니다. 서서히 깊이 빠져 버리게 된다는 말입니다.

우리 사회에서 성적인 것들 중에서 사회적으로 전혀 비난의 대상이 되지 않는 것이 있습니다. 예컨대 야한 영화를 보거나, 은밀한 성관계를 가졌다 하더라도 사람들에게 발각되지 않으면 죄가 되지 않는다고 생각하는 그것입니다. 그만큼 이제는 다 면역이 생겼다는 뜻입니다.

예컨대 이와 비슷한 것이 교통사범입니다.

교통사범은 일단 교통경찰에게 적발되지 않으면 그만이라는 생각입니다. 구약의 간음죄의 해석이 바로 그러했습니다.

이것을 우리 주님은 잘 알고 있었기에 간음죄는 행위의 결과에서가 아니라, '누구든지 여자, 남자를 보고 음욕을 품는 자 마다 이미 간음죄를 지었다' 고 하였습니다.

여기에서 음욕을 품었다는 말을 바로 알아야 합니다. 이것은 자연스러운 성적 본능이 죄란 말이 아닙니다. 젊은 남녀가 이성을 바라보면서 관심을 가지거나 사랑을 느낀다고 해서 간음죄를 범했다는 말이 아닙니다. 결혼한 부부간에 성적 매력을 느끼는 것을 죄라고 하는 말이 아닙니다. 남자가 여자를 보면서, 또는 여자가 남자를 보면서, 마음에 음욕을 품고 있는 것을 말하는 것입니다. 이렇게 되면 벌써 행위에 옮기기 전이라 해도 언젠가 기회만 있으면 간음죄를 지을 수밖에 없기 때문입니다.

사람은 결코 육체로만 살 수 없습니다.

사람은 영적 존재이기 때문입니다. 그러므로 위에 것을 사모하라고 하였습니다. 비록 발은 땅을 밟고 살지만 머리는 하늘을 향하여 살게 되어 있습니다. 그러므로 위엣 것을 생각하면서 살아야 할 존재들입니다. 그것이 마땅히 성도들이 가야 할 길입니다.

사도바울은 우리에게 권하는 말 중에 광야에서 죽은 자들처럼 행하지 말라고 하였습니다. 저들은 목이 곧아 하나님의 말씀을 순종치 않았습니다. 고라의 자손들처럼 반역하다가 한꺼번에 땅이 갈라져 삼킨바 된 것처럼 그렇게 되지 않도록 하자고 하였습니다. 또 간음하다 한꺼번에 죽은 자들처럼 그렇게 되지 말자고 하였습니다.

오늘 우리가 사는 세대가 심판을 받게 되는 이유도 바로 이 성적문란과 타락으로 인함인 줄 알아야 하겠습니다. 로마가 망한 원인이 외부로부터의 침략이 아니라, 내적 부패에서 기인되었다는 사실은 이미 역사가 증명하고 있습니다.

로마의 평화가 유지되는 동안 저들은 먹고 마시고 방탕하면서 목욕탕 문화를 형성했다고 합니다. 곳곳마다 화려한 목욕시설을 갖추어 놓고, 소돔과 고모라처럼 성적 타락으로 치달리게 되면서 나라는 기울기 시작하였습니다.

사랑하는 성도 여러분!

간음죄에 관해서는 누구나 장담할 수 없습니다.

크리스천이라고 해서 예외일 수 없습니다.

나이가 젊었다고 해서 더 위험하고, 연세가 들었다고 해서 안전한 것도 아닙니다. 오늘과 같은 상황에서는 아무도 장담할 수 없는 문제입니다. 그러기에 우리의 생각이 변해야 합니다.

너희가 이 세대를 본받지 말고 마음으로 변화를 받아 하나님 아버지의 선하시고 기뻐하시고 온전한 뜻이 무엇인지 분별하면서 살아야 할 것입니다.

그러기 위하여서는 어떻게 해야 하겠습니까?

이런 이야기가 전해지고 있습니다. 어떤 노인이 소돔과 고모라 성에서 아침부터 저녁까지 외쳤답니다.

'이 성은 망합니다. 여러분 회개하세요. 이렇게 음란하면 안됩니다. 회개 하세요.' 그렇게 외쳤지만 아무도 거들떠보지도 않았습니다. 어떤 사람이 그 노인에게 물었습니다. '할아버지, 아무도 듣지 않는데 날마다 혼자서 그 왜 고생을 하십니까?'

대답이 '내가 이 소돔 고모라 사람처럼 되지 않기 위해서입니다. 내가 입을 열지 않고 있으면 나도 모르는 사이에 이 사람들처럼 되어 버릴까 두려워서입니다.' 라고 했다고 합니다.

손자병법에 '공격은 최선의 방어' 라는 말이 있습니다.
이제 대한민국이 굳건하게 서려면 우리 믿는 성도들이 이 세대를 본받지 말고 정신적으로 건강해야 합니다. 그렇지 못하면 결국 한꺼번에 망할 수밖에 없습니다.

요단을 건너가라

[여호수아 3장 1-10절]

여호와께서 여호수아에게 이르시되 내가 오늘부터
시작하여 너를 온 이스라엘의 목전에서 크게하여 내
가 모세와 함께 있었던 것 같이 너와 함께 있는 것을
그들이 알게 하리라 너는 언약궤를 멘 제사장들에게
명령하여 이르기를 너희가 요단 물가에 이르거든 요
단에 들어서라 하라 여호수아가 이스라엘 자손에게
이르되 이리 와서 너희희 하나님 여호와의 말씀을
들으라 하고 또 말하되 살아 계신 하나님이 너희 가
운데에 계시사 가나안 족속과 헷 족속과 히위 족속
과 브리스 족속가 기르가스 족속과 아모리 족속과
여부스 족속을 너희 앞에서 반드시 쫓아내실 줄을
이것으로서 너희가 알리라

요단을 건너가라

시대를 볼 줄 아는 안목을 키우려면 역사를 알면 된다는 말이 있습니다. 역사라고 할 때 단순한 사건 위주의 년대나 인물이나 그런 것을 외우고 기억하는 것이 아니라, 영어의 역사란 단어처럼 History, 즉 His(그 분의) Story(이야기)를 듣고 알아야 한다는 말입니다.

그러므로 역사는 하나님이 우리에게 무엇을 말하고 있으며, 시대 시대마다 그 분의 뜻이 무엇이었던가를 잘 살펴서 그 분의 뜻을 바로 실천해 나가는 것이 우리 믿는 크리스천들의 본분입니다.

특히 하나님의 선민인 이스라엘 민족의 역사를 통히어 오늘 우리의 모습을 재조명해 보면서, 그 역사적 교훈을 바로 삼아갈 때, 우리에게는 번영과 행복이 이루어질 줄 믿습니다.

오늘 본문의 내용은 이렇습니다.
이스라엘 민족은 그 조상이 아브라함입니다.
아브라함에게 하나님은 큰 약속을 했습니다.
너의 후손이 번창하여 바다의 모래알처럼 큰 민족을 이룰 것이라고 하였습니다. 그의 약속의 말처럼 이스라엘 민족은 번창하였습니다.

그러나 한때 이스라엘 민족은 애굽에게 주권을 뺏기고 노예처럼 살아야 했습니다. 마치 과거 우리 민족이 주권을 일본에게 빼앗긴 채 36년간 노예생활을 했던 것처럼, 이스라엘 민족은 430년 동안 애굽의 손아귀에서 벗어나지 못하고 살았습니다. 바로 제 18왕조 때에 와서는 민족말살 정책을 썼습니다. 이런 가운데서 하나님은 모세를 택하여 출애굽의 일대 사건을 일으켰습니다. 그것이 바로 출애굽(Exodus)의 역사이었습니다.

그리고 하나님은 그들의 행렬 속에 순간순간 기적을 보여 주었습니다. 그 대표적인 예가 홍해바다를 육지처럼 건너가게 하였습니다. 이것은 지금까지 인간이 경험하지 못한 큰 사건이었습니다. 얼마나 놀라운 일이었습니까?

이 사건을 접한 사람들은 모두 하나님을 찬양했습니다.

우리가 8.15 해방의 날을 맞이했던 것 같은 그런 기분이었을 것입니다. 태극기 물결로 방방곡곡이 휘날렸던 8.15 해방의 날이 바로 그러했습니다.

그런데 그런 기쁨도 서서히 사라지기 시작하였습니다. 이제 현실적인 문제들이 저들에게 닥치기 시작했습니다.

남자 장정들만 60만이라고 했으니, 그에 속한 가족들을 다 합치면 수백만 명이 될 것이었습니다. 이런 집단의 대 이동에서 왜 문제가 없었겠습니까? 우선 물이 없어 문제였습니다. 그리고 먹을 것이 문제였습니다. 이런 문제들이 대두되면서 저들은 불평하기 시작하였습니다.

모세를 향하여 원망하면서 심지어 모세를 돌로 치려고까지 하였습니다. 차라리 이럴 바에는 애굽에서 배불리 먹다 죽는 것이 나을 뻔 했다고, 우리의 매장지가 없어 이 광야에 다 죽게 만드느냐? 그럴 때마다 하나님은 모세와 함께 하였습니다.

그러면서 요단 동편까지 이르렀습니다. 이제 저들은 하나님이 약속한 땅을 바라보면서 강 하나를 사이에 두고 머물게 되었습니다. 강만 건너가면 젖과 꿀이 흐르는 복지를 눈앞에 두었습니다. 그런 생활이 어느덧 40년간이나 했습니다. 그런데 어느 날 갑자기 하나님은 모세를 불러갔습니다.

요즘말로 하면 은퇴 시키었습니다. 아직도 건강한 모세이었습니다.

신명기 34:7절에 보면 "모세의 죽을 때 나이 일백이십세나 그 눈이 흐리지 아니하였고 기력이 쇠하지 아니 하였더라"고 하였습니다. 그런데 하나님은 모세를 은퇴시키고, 젊은 여호수아를 대신 세웠습니다. 오늘 본문은 바로 이 젊은 여호수아에게 하신 말씀입니다. '이제 너는 제사장들에게 명하여 애굽에서부터 가지고 나온 언약궤를 메고 강을 건너 가나안 땅으로 들어가라' 고 하였습니다.

그런데 그 때가 언제인가 하면 장마 때이었습니다. 강물이 언덕까지 넘쳐흐르던 때입니다. 여호수아는 제사장들에게 명하여 하나님의 언약궤를 메고 넘실거리는 강으로 들어가라고 하였습니다.

여러분!
바로 여기에 우리의 신앙을 점검해 보아야할 이유가 있습니다.
그것도 모세가 그렇게 하면 모를까, 모세의 후계자인 젊은 여호수아가 아무리 하나님의 종이라 해도 나이 많은 제사장들이 인간적으로 생각하기 쉬웠을 것입니다. 그렇게 했으면 아마 영원히 못들어갔을지도 모릅니다. 그러나 저들은 순종했습니다.
그들이 강을 밟는 순간 강은 갈라졌습니다. 마치 40년 전에 홍해가 갈라졌던 것처럼 그렇게 말입니다. 그리하여 요단 동편 광야에서 머물렀던 저들이 약속의 땅으로 들어가게 되었습니다.
여기서 우리는 오늘의 하나님의 음성을 들어야 합니다.

1. 광야생활은 우리 구원받은 성도들의 현실의 삶입니다.
광야는 우리의 삶의 현장입니다. 우리는 이제 죄의 노예들이 아닙니다. 그러나 저들이 광야 길에서 불평하기 시작한 것처럼, 예수 믿고 구원받았지만, 생활문제들로 불평하면서 사는 것이 사실입니다. 물이 없다, 먹을 것이 없다, 고기가 먹고 싶다 등등...
오늘 우리들도 이 세상이라는 광야 길에서 늘 불평스러운 것이 한두

가지가 아닙니다. 그래서 저들이 불평을 토하고 하나님을 원망하였듯이 우리도 교회를 원망하기도 하고, 하나님의 종들을 원망하기도 합니다.

사도바울은 이스라엘 백성들이 홍해를 건너간 것을 세례 받은 행위에 비유하기도 합니다.

(고전 10:1-2) 저들이 다 물 가운데로 지나간 것처럼, 우리가 물세례를 받고, 성령으로 죄의 멍에서 해방을 받은 구원받은 성도들이라고 하였습니다. 홍해를 건넜을 때 모두 하나님을 찬양했던 것처럼, 누구나 처음 이 구원의 은혜에 감격하지만, 차차 세상 삶에 부딪치면서 원망하게 되는 것이 사실입니다.

오늘도 불평하는 크리스천들을 보면 모두 생활 때문입니다. 삶에 지쳐있는 그리스도인들이 얼마나 많습니까!

우선 물이 없다고 아우성이었습니다. 물이 있으나 써서 못 마시었습니다. 그래서 하나님은 그 물을 달게 하여 마시게 하였습니다. 매일 매일 나가서 이슬처럼 내리는 가루를 거두어야 먹고 살게 하였습니다. 많이 거두어도 썩어 버렸고, 그날 그날 먹을 것만 주었습니다. 매일 한 가지 음식만 먹었더니 고기 생각이 납니다. 채소도 생각이 납니다. 부추 생각도 납니다. 고기도 먹이고 싶었습니다.

이것이 바로 오늘의 우리의 모습이기도 합니다.

매일 매일 가족을 부양하기 위해 출근하여야 합니다. 그래도 벌어지지 않고 그날 그날 쓰기 바쁩니다.

때로는 더 좋은 음식도 먹고 싶습니다. 외식도 해 보고 싶습니다. 그런데 그게 잘 되지 않습니다. 그래서 하나님께 대하여 원망이 생깁니다. 주의 종들에 대하여 원망도 생깁니다.

요즘 시험에 든 교회의 현상이 바로 이런 것이 아니겠습니까?

그런데 오늘 깊이 생각해야할 말씀이 있습니다. 본문에 '너희는 요단을 건너가라'고 명령하였습니다. 우리에게서 오늘의 요단이 무엇을 의미하겠습니까?

2. 하나님은 내게 요단을 건너가라고 명령하십니다.

요단은 광야와 약속의 땅 사이를 구분하는 경계입니다. 약속의 땅이란 하나님의 언약을 의미합니다. 즉 하나님 나라를 의미합니다. 죄의 용서를 받고 구원받은 성도들이라면, 이제 광야생활의 불평을 뛰어 넘어야 한다는 말입니다. 즉 현실의 요단을 건너가야 합니다. 우리는 지금 요단의 동쪽에서 안주해 있는 존재들인지도 모릅니다. 좀더 구체적으로 말하면 현실과 타협하면서 약속의 말씀 안으로 들어오지 못하고 있는 존재들인지도 모릅니다. 현실의 직장 생활에서 머뭇거리면서 말씀으로 들어서지 못하고 있는 경우들이 많습니다. 현실의 직장 생활에서 말씀으로 들어서기만 하면 놀라운 약속이 보증되어 있음에도 불구하고 요단을 건너가지 못하고 있는 사람들이 많습니다.

요단 강물이 제일 많은 장마시즌에 건너라고 하였습니다.
그래서 물이 언덕까지 넘쳤다고 하였습니다.
어찌하여 하나님이 이렇게 하였겠습니까? 하나님 당신의 명령대로 순종하는가를 보려고 한 것이었습니다. 예전의 홍해처럼 먼저 물이 갈라지게 해 놓은 후 건너가라고 하였으면 다 건널 수 있었을 터인데 왜 넘실거리는 물로 들어서라고 하였습니까? 얼마나 말씀의 명령을 좇아 결단하느냐를 보려고 했기 때문입니다.

3. 그러면 요단을 건너가는 방법이 무엇입니까?

제사장들이 언약궤를 메고 앞장서라고 하였습니다. 이것이 하나님의 명령이었습니다. 그러면 제사장이 누구를 의미 하겠습니까? 주의 종들입니다. 교회의 직분 맡은 사람들입니다. 교회 제직들이 앞장 서야 합니다.

십일조의 강을 건너지 못하고 있는 제직들이 있습니다.

주일 성수의 강을 건너지 못하고 있는 제직들이 있습니다.

스스로 전도의 강을 건너지 못하고 있는 제직들이 많습니다.

모두 요단의 동쪽에서 머뭇거리는 상태입니다.

성경에 보면 구원받은 성도들은 모두 '왕 같은 제사장'이라고 하였습니다. 구약시대는 제사장들과 일반 백성들이 구별이 있었습니다.

그러나, 십자가로 성전의 휘장이 찢어져 하나가 되었습니다. 이것이 무엇을 의미합니까? 이제는 만인이 제사장이 되었다는 뜻입니다. 그렇다면 우리는 언약궤를 메고 강으로 들어가야 할 사람들입니다. 즉 말씀의 언약궤를 메고 현실의 요단을 건너가야 합니다.

신앙의 행위는 결단입니다. 말씀을 어깨에 메고 현실의 넘실거리는 요단으로 들어가야 합니다. 거기에 기적의 역사는 일어납니다. 우리 모두 부활의 능력을 의지하고 〈말씀〉과 〈세속〉의 경계에서 말씀으로 돌이시는 결단이 있어야 하겠습니다.

부활의 신비

[고린도전서 15장 20-26절]

그러나 이제 그리스도께서 죽은 자 가운데서 다시 살아 잠자는 자들의 첫 열매가 되셨도다 사망이 사람으로 말미암았으니 죽은 자의 부활도 사람으로 말미암는도다 아담 안에서 모든 사람이 죽은것 같이 그리스도 안에서 모든 사람이 삶을 얻으리라 그러나 각각 자기 차례대로 되리니 먼저는 첫 열매인 그리스도요 다음에는 그리스도 강림하실 때에 그에게 붙은 자요 그 후에는 나중이니 저가 모든 정사와 모든 권세와 능력을 멸하시고 나라를 아버지 하나님께 바칠 때라 저가 모든 원수를 그 발아래 둘 때까지 불가불 왕노릇 하시리니 맨 나중에 멸망 받을 원수는 사망이니라

부활의 신비

1. 인간의 영원한 풀 수 없는 신비는 죽음의 문제입니다.

한동안 대중가요로 유행했던 〈하숙생〉 또는 〈인생은 미완성〉이란
노래가 있었습니다. 그 노랫말 가운데 무척이나 진지한 인생의 근본적
인 문제를 다루고 있습니다. 인생은 하숙생처럼, 어디론가 옮겨갈 존재
라는 것이고, 인생은 구름처럼 떠돌다 어디론가 사라져 버리는 존재라
고 하였고, 또 인생은 미완성으로 쓰다 만 편지 같은 것이라고 하였습
니다. 모두가 인생의 문제들을 다룬 노랫말이라고 봅니다.

우리의 삶에서 가장 근본적인 질문은 무엇이라고 보십니까?
생명은 어디서 와서 어디로 가는가?
사람이 죽으면 어떻게 되는가?
죽은 후에는 어디로 가는가?
이 문제는 인류의 영원한 숙제이었습니다.

많은 사람들이 이 물음 앞에서 불가지론(不可知論)을 말했습니다. 공
자도 제자들이 사후의 세계를 물었을 때, '살아있는 이 세상의 것도 모
를 것이 많은데 죽은 후의 것을 어떻게 알겠는가?' 고 하였다고 합니다.
사실 인간의 지식으로는 알 수 없는 일입니다.

여러 종교에서도 이 죽음의 문제를 다루었습니다. 윤회설(輪回說)이
나 환생설(還生說)을 주장하였습니다. 불교에서는 윤회설을 주장하며
사람이 되었을 때 성불하지 못하면 다시 무엇으로 태어날지 모른다고
하면서 살생을 금하였습니다.

고대 이집트인들은 사람이 죽으면 혼이 육체에서 빠져나가 돌아다니
다가 다시 들어오게 된다고 하여 육체를 썩지 않도록 잘 보존하였습니

다. 그것이 오늘의 미이라들입니다.

그러나 그 모든 설들은 하나의 설(說)로 끝났습니다. 하지만 그리스도의 부활은 그런 것이 아닙니다. 그리스도의 부활은 역사적 사건(事件)(Historical Event) 이었습니다. 로마제국 시대에 일어났던 역사적 사실이었습니다. 직접 〈듣고〉 〈보고〉 〈만져본 바〉 입니다.

기독교 2000년 역사 속에서 이 부활 사건을 부인하려고 한 세력들이 얼마나 많았는지 모릅니다. 그럴듯한 말로 부활을 부정하려고 한 이단들이 얼마나 많았는지 모릅니다.

마태복음서 기록에 벌써 그런 기록이 나옵니다. 부활의 아침 갑자기 땅이 흔들리는 지진이 일어났습니다. 막아놓았던 돌무덤이 열리는 순간, 수비하던 군인들이 혼비백산(魂飛魄散)하여 엎드려졌습니다. 아마 엊그제 일본 〈후꾸오까〉에 일어났던 지진보다 더 강력한 지진이었을지도 모릅니다. 빈 무덤을 보는 순간 파수병들은 자기들의 목숨이 위태하게 되었음을 직감하였을 것입니다.

이 사건은 즉시 장로들과 제사장들에게 전해졌을 것입니다. 장로들이 모여 의논하기를 파수병들을 돈으로 매수하였습니다. '밤에 예수의 제자들이 몰래 시체를 가져갔다' 고 하라고 하였습니다. 그러면서 너희들 생명은 우리가 보장해 줄 것이라고 말했습니다.(마 28:12-15) 이 얼마나 생생한 기록입니까?

오늘도 부활을 부인하는 자들이 예수님의 부활은 거짓으로 꾸며진 것이라고 말하고 있습니다. 2000년 동안 이런 말은 계속되어 왔습니다. 그러나 오늘 세계는 그리스도의 십자가와 부활의 증인들이 점점 더 많아지는 것을 보아도 이것이 역사적 사건이란 것이 명백한 증거입니다. 여기서 우리는 인생의 근본적인 수수께끼가 해결되었습니다.

2. 무덤은 인간의 종착점이 아니라는 사실입니다.

지금껏 사람들은 죽지 않으려고 얼마나 노력했는지 모릅니다.

중국의 진시황제는 불사약(不死藥)을 구하려고 동남동녀(童男童女) 500명을 보내면서 늙지 않는 불로초(不老草)를 캐 오라고 하였습니다. 세상에 늙지 않는 불로초가 어디에 있겠습니까?

그럼에도 불구하고 사람들은 죽으면 끝이라고 생각하기에 죽지 않으려고 죽음을 두려워했습니다.

요즘도 이것은 마찬가지입니다. 늙지 않는 약이 있다면 아무리 비싸도 사 먹으려는 사람들이 있습니다. 특히 우리 한국 사람들이 세계 어느 나라 사람들 보다 더한 것 같습니다. 산삼뿌리를 몇 천만원을 주고도 진짜라면 사 먹으려고 합니다. 외국 관광을 가서도 제일 큰 관심은 몸에 좋은 것을 먹으려고 합니다.

몇 년전 노회에서 대만을 갔던 일이 있었습니다. 대만에 가면 야시장이 유명한데, 그 야시장에 대부분이 이상한 것들을 팔고 있습니다. 대표적인 것이 뱀이며 자라 같은 것입니다.

몇 분이 밤에 나가서 이상한 것을 먹었다고 아침 식탁에서 화제가 되었습니다. 그 중에 한 분이 이렇게 말했습니다.

"이제 큰 일들 났습니다 사탄을 먹었으니 그 입에서 사탄의 말이 나올 것이 아니겠습니까?"

"거 무슨 말을 그렇게 하노? 사탄을 잡아먹었으니 이제야 비로소 바른 말을 하게 되었지 않았는가..."

모두 늙지 않고, 죽지 않으려고 하는 노력입니다. 그러나 세상에서 죽지 않는 약이 어디에 있겠습니까? 21세기가 과학기술의 발달로 앞으로는 부품교환을 한다고 합니다. 벌써 이빨도, 혈관도, 관절도, 눈도, 귀도, 심장도, 갈아 끼우게 되었습니다. 하지만 그것도 죽음의 문제를 해결하지는 못합니다.

오늘 본문에 보면 "아담 안에서 모든 사람이 죽은것 같이 그리스도 안에서 모든 사람이 삶을 얻으리라"고 하였습니다. 아담의 핏줄로 태어난 사람은 다 죽는다고 하였습니다.

육신의 부모의 핏줄로 태어난 우리들은 다 죽는다는 말입니다.

그러나 이제 그리스도 안에서 새 생명을 얻게 되었다고 하였습니다.

그래서 예수 그리스도는 제 2의 아담이라고 하였습니다. 첫째아담에서 태어난 사람들은 사망 하에서 살았다면, 둘째아담에서 태어난 사람들은 영생한다고 하였습니다.

그러므로 주님은 '내가 곧 부활이요 생명이니...' 라고 하였습니다. 예수 그리스도로 말미암아 이제 영원한 생명을 누리게 되었습니다.

그리스도께서 부활의 첫 열매가 되어 우리 앞에 나타나신 것이 오늘 부활사건입니다. 그리스도의 부활은 우리가 사망으로 끝나는 인생들이 아니라, 누구든지 저를 믿으면 영원히 죽지 않는다는 것을 보여주었습니다. 그러므로 '이것을 네가 믿느냐?' 고 지금도 물으십니다.

3. 부활은 지식으로 이해될 수 없지만 믿을 뿐입니다.

아는 것과 믿는 것은 차원이 다릅니다. 교리적인 지식이 아무리 많아도 내가 그것을 믿지 않으면 그것은 신앙이 아닙니다. 내가 그리스도와 함께 죽고 그와 함께 다시 살아난다는 것을 믿는 자에게는 영생을 얻게 됩니다.

이것을 목숨 걸고 전한 사람이 사도 바울입니다.

고린도후서 4-5장을 보면 사도 바울은 우리들에게 부활신앙을 갖도록 얼마나 강하게 말하고 있는지 모릅니다.

그리스도의 부활이 없다면, 우리는 세상 사람들 중에 제일 불쌍한 사람들이라고 하였습니다. 왜? 있을 수도 없는 헛된 것을 전하였기 때문이라고 하였습니다. 그러나 우리 앞에 그리스도께서 부활하여 모든 사람들에게 나타나 보여 주었고, 심지어 만삭되지 못해 태어난 자기에게까지 보여 주었다고 하였습니다.

. 도마는 처음에는 부활의 주님을 믿지 않았습니다. 자기의 손으로 직접 확인해 보지 않고는 안믿겠다고 하였습니다. 사실 도마 같은 제자가 있었기에 얼마나 다행인지 모릅니다.

왜냐하면, 우리도 다 도마 같은 심정이기 때문입니다. 그런데 어떻게 되었습니까? 의심 많던 도마에게 주님은 나타나 보여 주었습니다.

'네 손가락을 내밀어 내 손의 못 자국을 만져보라 그리고 믿음 없는 자가 되지 말고 믿는 자가 되라' 고 하였습니다.

직접 자기 손으로 확인해 본 후 도마는 '오 나의 주 나의 하나님이십니다' 라고 고백하였습니다. 이 도마의 고백처럼 완전한 신앙 고백이 또 어디에 있겠습니까?

베드로는 "주는 그리스도시오 살아계신 하나님의 아들이십니다"라고 했는데, 도마는 한 단계 더 들어가 '오! 나의 주, 나의 하나님이십니다' 라고 하였습니다. 여기서 우리가 깨달아야 할 것이 있습니다. 부활은 인간의 지적(Knowledge)영역이 아닙니다. 인간의 이해의(Understanding)영역이 아니란 말입니다.

부활은 하나님의 주권적(Divine Ruling) 영역이기 때문에 창조주 하나님의 능력을 믿는 것 뿐입니다.

이것이 부활신앙입니다. 마르다에게 물으셨던 주님이 오늘 우리에게도 묻습니다. "나는 부활이요 생명이니 나를 믿는 자는 죽어도 살겠고 무릇 살아서 나를 믿는 자는 영원히 죽지 아니하리니 이것을 네가 믿느냐?"

여기에 내가 어떻게 대답해야 할까 하는 것은 피할 수 없습니다. 우리도 마르다와 같이 "주여 그러하외다 주는 그리스도시오 세상에 오시는 하나님의 아들이신 줄 내가 믿나 이다"라고 고백해야 하겠습니다.

사망의 권세를 이긴 힘은 이 부활신앙뿐입니다.

로마시대의 성도들이 학정과, 핍박과, 고문과, 배고픔과, 투옥과, 죽음에서 이길 수 있었던 것은 이 부활신앙이었습니다.

주님과 함께 죽으면 함께 다시 살아난다는 부활의 신앙이었습니다. '이런 사람들을 세상이 감당할 수 없었다'고 히브리서 기자는 기록하고 있습니다.

사랑하는 성도 여러분!

순교자들의 흘린 피로 한국 교회는 이만큼 성장했습니다. 그 많은 순교자들이 죽음의 고통을 이길 수 있었던 힘이 무엇이었습니까?

그것은 세상 지식이 아니었습니다. 〈주와 함께 죽으면 주와 함께 다시 산 다〉는 그 부활신앙이었습니다.

영국 성직자 파머의 글에 이런 글이 있습니다. "알려지지 않은 이름 속에 위대함이 숨어 있고, 조용히 행하는 의무 속에 영생이 주어집니다. 하나님이 원하시는 작은 공간을 채워 나가는 사람, 작은 책임을 다하기 위해서 기쁘게 달려 나가는 사람, 낮은 지위라도 불평 없이 받아들이는 사람, 오해, 왜곡, 시기, 모략을 받아도 의연히 참아내는 사람, 마음의 고통이 심해도 이웃의 기쁨을 위해 웃을 줄 아는 사람, 모든 이기심과 야만과 조급함을 구원의 봉사를 위해 몰아내는 사람, 이러한 사람들은 어떤 순교자만큼이나 위대한 순교자들입니다."

어떻게 이러한 사람이 될 수 있겠습니까?

부활신앙을 소유한 사람일 것입니다. 우리 모두 살아있는 순교자들이 되어 이 세상의 빛과 소금들이 될 수 있기를 바랍니다.

3 신비로운 평안

아는 것과 믿는 것

[**요한복음 11장 17-27절**]

예수께서 와서 보시니 나사로가 무덤에 있은지 이미
나흘이라 베다니는 예루살렘에서 가깝기가 한 오리
쯤 되매 많은 유대인이 마르다와 마리아에게 그 오
라비의 일로 위문하러 왔더니 마르다는 예수 오신다
는 말을 듣고 곧 나가 맞되 마리아는 집에 앉았더라
마르다가 예수께 여짜오되 주께서 여기 계셨더면 내
오라비가 죽지 아니하였겠나이다 그러나 나는 이제
라도 주께서 무엇이든지 하나님께 구하시는 것을
하나님이 주실 줄을 아나이다 예수께서 가라사대 네
오라비가 다시 살리라 마르다가 가로되 마지막 날
부활에는 다시 살 줄을 내가 아나이다 예수께서 가
라사대 나는 부활이요 생명이니 나를 믿는 자는 죽어
도 살겠고 무릇 살아서 나를 믿는 자는 영원히 죽지
아니하리니 이것을 네가 믿느냐 가로되 주여 그러하
외다 주는 그리스도시요 세상에 오시는 하나님의 아
들이신줄 내가 믿나이다

아는 것과 믿는 것

우리는 지금 사순절을 지내고 있습니다. 부활절을 앞두고 40일 동안 성도들은 주님의 고난을 묵상하면서, 스스로 절제생활을 하면서 지내는 기간이 바로 이 사순절입니다. 그러나 좀 더 깊은 의미에서 보면, 사순절은 우리의 신앙고백을 분명히 하도록 함에 그 목적이 있습니다. 주님이 세상에 오신 목적과 그가 왜 십자가를 지고 돌아가셨는지, 그 이유를 분명히 알고, 믿음으로 응답하면서 살아가게 하는 것이 사순절의 근본 목적이라고 봅니다.

그러기 위하여 우리는 예수 그리스도에 대하여 두 가지를 분명히 해야 할 일이 있습니다. 그것은 예수 그리스도에 대하여 〈아는 것〉과 〈믿는 것〉에 대한 분명한 고백입니다.

우리의 신앙생활을 가만히 들여다보면, 예수 그리스도에 대하여 알고 있는 부분은 많지만, 그가 〈나의 구세주〉임을 믿는다고 확신하는 고백은 아직도 분명치 못한 분들이 많이 있습니다. 그것을 잘 보여준 것이 오늘의 본문입니다.

1. 예수님은 나사로가 병들었다는 소식을 듣고도 며칠을 더 지체하여 그가 죽은 후에 갔습니다. 즉, 즉시 달려가지 않았다는 사실입니다.

예수님은 나사로의 집식구들을 매우 사랑했습니다. 특히 그의 누이 〈마르다〉와 〈마리아〉는 예수님을 극진하게 영접했습니다.

예루살렘에 올라가고 내려갈 때 마다 그 집에 들려 쉬어갔습니다. 그렇게 사랑하는 나사로가 그만 병이 심한데, 빨리 와서 고쳐주었으련만, 죽은 후에야 그 집에 오게 되었습니다.

성경은 그 이유를 이렇게 말하고 있습니다.

"이는 하나님의 영광을 위함이요 하나님의 아들로 이를 인하여 영광을 얻게 하려함이라"(요 11:4) 고 하였습니다.

나사로가 죽은 것이 도리어 하나님의 영광을 위함이라고 하였고, 나사로의 죽음을 통하여 자신이 영광을 얻게 하려고 함이라고 하였습니다. 이것은 얼른 보면 잘 이해가 안가는 말입니다. 그러나 그 말대로 나사로의 죽음은 많은 사람들로 하여금 예수가 하나님의 아들 되심을 믿게 하도록 하였고, 또 하나님께 영광을 돌리게 하였습니다. 그것이 나사로를 다시 살려내신 역사이었습니다.

오늘 본문을 잘 읽어보면, 주님은 며칠 후에 마르다와 마리아 집으로 오셨습니다. 마르다는 주님을 보고 체념과 아쉬움으로 이렇게 말했습니다. "주께서 여기 계셨다면 내 오라비가 죽지 아니했을 것입니다. 나는 이제라도 주께서 무엇이든지 하나님께 구하는 것을 하나님이 주실 줄 〈아나이다〉'(요 11:22)라고 하였습니다. 바로 이 〈안다는 것〉 때문에 아직도 구원의 확신을 갖지 못하는 사람들이 많습니다.

기독교에 관하여 안다는 것, 교회에 관하여 알고 있는 것, 성경에 관하여 많이 알고 있다는 것 바로 그 안다는 것 때문에 하나님의 능력과 기적을 체험하지 못하는 경우들이 많습니다

이 말에 주님이 뭐라고 하였습니까?

"네 오라비가 다시 살리라"고 하였습니다. 그러나 마르다는 다시 뭐라고 했습니까? "마지막 부활에는 다시 살 줄을 내가 〈아나이다〉"라고 했습니다.(요 11:24)

역시 여기서도 다시 〈알고 있다〉고 말하였습니다. 마르다는 계속 안다고만 하였습니다. 이 말에 주님은 다시 현재적으로 '네 오라비가 다시 살리라' 고 했는데, 마르다는 '부활의 날에는 우리 오라비도 다시 살 줄 〈아나이다〉' 라고 했습니다.

어쩌면 이것이 오늘의 우리들의 모습인지도 모릅니다.

요즘 지성적 신앙을 가지고 있는 분들에게 묻습니다. 우리도 장차 변화된 몸으로 다시 살 줄 다 알고 있습니다.

우리의 부활신앙이란 것이, 바로 이런 것 아니겠습니까?

'부활의 날에는 나도 다시 살아날 줄 압니다' 라는, 알고 있다는 바로 그것이 오늘 우리에게도 동일한줄 압니다.

마르다의 이 '내가 안다' 는 것은 '내가 그렇게 믿는다' 는 것과는 다른 것입니다. 마르다는 주님이 무엇이든 구하면 하나님 아버지께서 들어줄 것 이라는 것을 알고는 있었습니다.

오늘 현대 크리스천들도 성경을 통하여 하나님께 구하면 들어준다는 사실은 알고 있습니다. 그리고 죽은 후에 부활도 성경지식으로는 다 알고 있습니다.

그래서 어떻다는 말입니까?

그런 〈알고 있다는 것〉 때문에 우리의 영적 성장이 둔화되어 앉은뱅이 신앙생활을 하는지도 모릅니다.

2. 주님을 일고 있는 지식에서 그를 믿는 신앙인이 되어야 하겠습니다.

우리가 누구를 알고 있다는 것과, 내가 그를 믿는다는 것은 분명히 다릅니다. 알고 있는 상태에서는 그에 대한 정보일 뿐입니다. 그러나 믿는다는 것은 행위에 속한 문제입니다. 알고 있는 단계에서는 그와 함께 하는 행동이 나올 수 없습니다.

예를 들어, 젊은 남녀의 교제에서도 이것을 볼 수 있습니다.

처음에는 내가 상대방에 관하여 만날 때 마다 새로운 면을 발견하게 되고, 알게 됩니다. 음식은 무엇을 좋아하며, 취미는 무엇이며, 그가 좋아하는 꽃은 무엇이며, 그의 생일은 언제이며 하는 것은 모두 〈아는 단계〉입니다.

그러나 그 아는 단계에서 그를 믿게 되면 그를 사랑하게 됩니다. 믿음이 생기면, 그와 함께 하려는 행동이 나오게 됩니다. 그와 함께 하는 시간이 즐겁고, 무엇이든지 해 주고 싶어 합니다. 그러므로 행위가 따르지 않는 믿음이란 죽은 믿음이란 말이 옳습니다.

내가 그를 믿기에 그에게 모든 것을 맡기고 그를 따를 수 있습니다. 믿음이 없어도 얼마든지 예수님에 관하여 알 수는 있습니다. 그가 하나님의 아들이요, 십자가에서 죽었다는 사실을 다 압니다.

여러분들 중에서도 저에 대하여 두 부류로 나누일 것입니다. 저에 대하여 알고 있는 분들이 있고, 믿는 분들이 있을 것입니다.

제가 처음 30대의 목회 중에 이런 말을 들은 적이 있었습니다. '목사가 쟬쟬 설교는 잘 한다' 고.... 여기 쟬쟬이란 평안도 사투리입니다. 설교는 그럴듯하게 잘 한다는 뜻일 것입니다. 그러나 그가 저를 믿고 따르지는 않았습니다.

왜 그렇습니까? 너에 대하여 알고는 있었습니다.

설교도 잘하고, 공부도 열심히 하고, 많은 지식도 가진 것을 알고 있지만, 그러나 믿고 따르지는 못하겠다는 뜻입니다. 결국 그 신앙생활이 결실하지 못하고 탈락되는 것을 보았습니다.

우리가 주님을 대하는 것도 꼭 마찬가지입니다. 주님께 대하여 잘 알고는 있습니다.

산상수훈에 나타난 주님의 교훈을 다 잘 알고 있습니다. 하지만, 주님을 내 주인으로 모시고 주님께 전적으로 나를 맡기지 못하고 있기 때문에 아직도 〈주님 따로〉 〈나 따로〉 논다는 것입니다.

아는 것으로 끝나면 아무런 결과가 없습니다.

주님은 알고 있다는 마르다에게, "나는 부활이요 생명이니 나를 믿는 자는 죽어도 살겠고 무릇 살아서 나를 믿는 자는 영원히 죽지 아니하리니 〈네가 이것을 믿느냐?"〉고 물었습니다. 이 때 비로소 "주여 그러하외다 주는 그리스도시오 세상에 오시는 하나님의 아들이신 줄〈내가 믿습니다"〉라고 했습니다.(요 11:27)

우리도 주님께 대한 고백이 이렇게 되어야 합니다. 주님께 대하여 알고 있는 것에서 '주는 그리스도시오 세상에 오시는 하나님의 아들이신 줄 내가 믿습니다' 고…. '주님은 나의 부활이요 생명임을 이제 나는 믿습니다' 라는 고백이 있어야 합니다. 이러한 믿음 위에서라야 하나님의 영광을 보게 됩니다.(요 11:40)

3. 지식적 신앙에서 고백의 신앙이 되면 기적을 체험하게 됩니다.

주님은 많은 병자들을 고치셨습니다. 그럴 때 마다 '네가 믿느냐?' 고 물었습니다. 그리고 '네 믿음이 너를 구원하였다' 고 하였습니다. 네가 알고 있는 지식이 너를 구한 것이 아니란 말입니다.

'네 믿음이 너를 구원하였다' 고 하였습니다. 우리는 어쩌면 너무나 씨구려 믿음의 성보들을 가지고 있는지도 모릅니다. 〈믿음으로 구원받는다〉는 것에 대하여 다 알고 있습니다. 그러나 그 안다는 것으로 구원에 이르는 것이 아닙니다. 내가 그렇게 믿고 믿음으로 내 모든 행위를 따라 행하고 있느냐? 에 있습니다. 만일 죽을 병이라고 사망선고를 받은 사람이 주님은 무슨 병이라도 고쳤다고 아무리 알고 있으면 무엇하겠습니까?

그에게 모든 것을 맡기고, 그에게 모든 것을 위임하고, 순종하는 믿음을 가질 때 하나님의 영광을 보게 된다는 말입니다. 기적은 인간의 지적인 영역에서는 나타나지 않습니다. 어떻게 죽은지 나흘이 된 부패해 냄새나는 송장이 일어날 수 있단 말입니까? 하지만 하나님의 영광을 드러내는 일이라면 지금도 그런 역사는 일어나고 있습니다. 그러므로 믿음은 행위로 나타나야 합니다.

지난주일 우리교회에서 간증을 한 박상설 집사님을 여러분 보았습니다. 그가 방송국 PD로 있을 때, 기적이란 것에 대하여 늘 부정적인 생각을 가졌던 사람이었습니다.

더욱이 〈그것이 알고 싶다〉라는 프로를 만들면서 사이비 기도원이나 이단들에 관하여 그들의 내부적 부정을 보기도 하였습니다. 그렇기 때문에 본인 스스로는 모태신앙이었기에 성경 지식은 많이 알고 있었지만, '네가 다시 살리라' 고 하는 부활신앙에 대하여는 믿음으로 응답하지 못하고 있다가 이번에 자기의 놀라운 죽음의 체험을 통하여 확실하게 하나님 살아계심을 보았기에 이제는 전적으로 그 분을 의지하고 믿음으로 행한다는 간증을 다 들었습니다.

우리의 신앙이 이렇게 되어야 하겠습니다.
이것이 중생한 모습입니다. 이것이 거듭남의 모습입니다.
니고데모는 유대의 랍비였지만, 주님의 거듭나야한다는 말의 뜻을 몰라서 사람이 어떻게 다시 태어날 수 있습니까? 어머니 배에 다시 들어갔다 나와야 합니까? 라는 우답(愚答)을 했습니다.
'네가 유대인의 선생으로 거듭나야 한다는 뜻을 그렇게 이해하지 못하느냐?' 하면서 '육으로 난 자는 육이요, 성령으로 난 자라야 하리라' 고 하였습니다.

사랑하는 성도 여러분!
우리 모두 그리스도를 아는데서 끝이지 말고, 그를 믿고 그와 함께 동행 하는 믿음의 삶이 다 되시기를 간절히 바랍니다.

전통과
변화의
교회

잃어버린 사람들

[누가복음 19장 10절, 요한복음 14:4-6]

인자의 온 것은 잃어버린 자를 찾아 구원하려 함이
니라

내가 가는 곳에 그 길을 너희가 알리라 도마가 가로
되 주여 어디로 가시는지 우리가 알지 못하거늘 그
길을 어찌 알겠삽나이까 예수께서 가라사대 내가 곧
길이요 진리요 생명이니 나로 말미암지 않고는 아버
지께로 올 자가 없느니라

잃어버린 사람들

가끔 자녀를 잃은 사람들이 안타까이 찾는 모습을 보았습니다.

자식을 잃었을 때 얼마나 그 마음이 타 들어가며, 얼마나 그 아픔이 심하겠습니까?

요즘 매주 수요일 아침마다 잃어버린 가족을 찾는 TV 프로그램을 보면서, 그들의 만남의 기쁨의 눈물을 볼 때, 함께 눈시울을 붉히게 됩니다. 오늘 본문은 바로 그런 심정에서 이해하면 쉽게 이해 될 것입니다.

1. 주님이 세상에 온 것은 잃어버린 자를 찾아 구원하려고 왔다고 하였습니다.

사순절 기간동안 깊이 생각해야 할 문제가 있다면 내가 누구인가? 내가 바로 그 잃어버린 존재가 아닌가? 살펴야 하겠습니다.

요즘 사회학자들이나, 윤리학자들이나, 철학자들은 현대를 일컬어 상실의 세대라고 합니다. 가정의 상실, 윤리의 상실, 권위의 상실, 인격의 상실, 자아의 상실 시대라고들 말합니다.

특히 실존주의 철학자들은 말합니다. 현대인은 모두 실존 (Existence)을 상실한 채 살고 있다고 합니다. 즉, 자기(自己)를 잃어버린 채 살아간다는 말입니다. 사실, 요즘 우리가 사는 모습을 보면, 내가 사는 것이 아니고, 모두 남들 속에 내가 함께 하는 것 뿐입니다.

남들이 가는 길로 나도 함께 따라 가고 있고, 남들이 갖고 사는 것을 나도 가져야 하고, 남들이 입는 옷, 남들이 신은 신, 남들이 하는 머리 스타일, 남들이 좋다면 나도 좋은 것 같이 그렇게 살고 있습니다. 즉 나의 모든 것은 시대의 유행 따라 사는 것 뿐이란 말입니다.

그러나 막상 내가 왜 이렇게 살아야 하는가?

하는 점은 생각해 본적도 없습니다.

모두 자기를 잃어버리고도 잃어버린줄 조차 모르고 살고 있습니다. 더더욱 나의 양심을 잃어버리고 살고 있습니다. 모두가 사람의 눈치만 의식하면서 정작 나의 본래의 양심을 잃어버리고 살고 있습니다. 어쩌면 가을 들판에 서 있는 허수아비처럼 그런 모습이 나의 모습인지도 모릅니다. 좀 더 정확히 말하면 믿음도 나의 믿음이 아닌 경우가 있습니다. 다른 사람들이 그렇게 믿고 말하고 있으니 나도 그런 줄 아는 것 뿐입니다.

나는 누구인가?

내가 사는 목적은 무엇인가?

나는 지금 어디로 가고 있는가?

바로 이런 것을 생각하지 못하고 사는 것이 사실입니다. 이러한 시대적 상황에서 사순절을 보내는 의의는 바로 나를 다시 되찾는데 있다고 하겠습니다. 잃어버렸던 나를 찾아내야 하겠다는 말입니다.

2. 요즘 길을 잃어버린 사람들이 많이 있습니다.

지금 내가 어디로 가고 있는지? 자기의 가는 길을 전혀 모르고 사는 사람들이 많습니다.

모세는 시편 90:12절에 "우리에게 우리 날 계수함을 가르쳐 지혜의 마음을 얻게 하소서" 라고 하였습니다.

미래의 길이 어떤 길인지 알 수 있도록 지혜의 마음을 얻게 해 달라고 하였습니다. 그러나 세상의 대부분의 사람들은 그런 것들은 모두 사치스러운 생각들이고 당장에 먹고 살기도 힘든 세상이라고 그렇게 생각하는 사람들이 태반일 것입니다.

그러나 성경에 보면, 사람이 사는 데는 먹는 것으로만 사는 것이 아니라고 하였습니다. 그러나 대부분의 사람들이 사람이 살려면 떡이 있어야 한다고 그렇게 생각하고 있습니다. 그래서 잘 살기 위해서는 떡이 많아야 한다고 그것만 추구하면서 사는 사람들이 대부분입니다. '잘 살아보세, 잘 살아보세, 우리도 한번 잘 살아보세' 하면서 죽을지 살지 모르고 잘 살아보려고 지금껏 달려왔습니다. 그 결과 배고파 죽는다는 소식은 사라지게 되었습니다. 요즘의 노숙자나, 결식아동들이 있기는 하지만, 지난 세월과는 차원이 다른 배고픔입니다.

소위 3D 업종이란 신조어가 발생한 상황에서 보면, 6.25 때와는 판이하게 달라진 상황입니다. 그러나, 온통 세상이 떡만 추구하면서 살다 보니 요즘 이런 세상을 만들었습니다.

어딜 가나 요즘 세상은 경제가 왕이 되었습니다. 수단 방법을 가리지 않고 돈만 많이 벌어놓았으면, 그것이 인생의 성공이요, 그것이 미래를 보장해주는 길인 줄 알고 있습니다. 그래서 돈 없으면 인생도 포기합니다. 그런 사람들이 바로 길을 잃어버린 사람들입니다. 인간이 바르게 사는 길이 무엇인지도 모르고 살기 때문입니다. 사람의 생명이 그 소유에 넉넉함에 있지 않다고 하였는데, 그것만 추구하면서 사는 사람들이라면, 분명히 인생의 참된 길을 잃어버린 사람들임에 틀림없습니다. 바로 그런 사람들을 위하여 주님은 오셨습니다.

요즘 인터넷상에 크게 나도는 동영상 하나가 있습니다. 지하철에서 맨발로 다니면 Why Two Korea? '왜 두개의 한국이냐' 하는 외마디 소리를 하면서 맨발로 전도하는 노인이 있습니다. 통일이 될 때 까지 신발을 신지 않겠노라고 합니다. 이 노인은 동경유학을 마치고 5남매를 다 교육가로 키운 독립운동에 참여했던 노인이기도 합니다. 광인처럼 취급당하다가 어는 방송국 PD의 추적으로 훌륭한 노인인 것이 드러났고, 결국 그렇게 가난한 사람들을 위해 봉사하다 간 노인의 삶을 담은 동영상입니다. 거기서 느끼는 점은 사람이 사는 데는 떡으로만 사는 것이 아니란 것을 분명히 보여주고 있습니다. 그 노인은 한남동에 자기 집이 다 있었고, 천사 같은 부인도 있었고, 5남매 모두가 교육가 들이었다는 사실이었습니다.

그런 그가 왜 거지 취급을 당하면서 Why Two Korea를 외쳤겠습니까?

유관순, 이순신장군 같은 그런 인물들이 나와야 한다고, 그리고 참된 믿음의 사람들이 되어야 한다고 하는 뜻이었습니다.

3. 가장 불쌍한 사람은 진리와 생명의 길을 잃어버린 사람들입니다.

무엇이 참(眞)이고, 무엇이 가치(價値)이고, 무엇이 영원한 생명(生命)인지 모르고 사는 사람들이 제일 불쌍합니다. 지금도 간혹 진리를 찾아 방황하는 사람들이 있습니다. 이 종교, 저 종교의 문을 두드립니다. 한 때는 스님도 되어보려고 하고, 한 때는 신학교에서 공부도 해보고, 기독교의 경전인 성경도 연구하고, 그런 사람들, 요즘 머리 박박 깎고 입에서 침을 튀기면서 TV에 나와서 열강하는 그런 사람 같은 인물들이 그런 인물들입니다.

너무 많이 안다는 것 때문에 정작 진리를 잃어버린 사람들이 있습니다. 하나님 없는 지식은 도리어 진리에 대하여 캄캄해집니다.

또 너무 많은 것을 가진 것 때문에 영원한 생명을 잃어버린 사람들이 있습니다. 재물이나 명예나 권력을 너무 많이 가지게 되면 영적 세계보다는 보이는 세계의 것을 더 추구하게 되어 있습니다. 결국 진리를 잃어버린 사람들이 됩니다.

그래서 주님은 내가 이 세상에 온 것은 잃어버린 그런 사람들을 찾아 구원하려고 왔다고 하였습니다. 그러면서 내가 곧 길이요, 진리요, 생명이라고 하였습니다.

요즘 자가운전하는 분들은 GPS(Global Positioning System)라는 길 안내하는 수신기들을 다 이용하는 줄 압니다. 인공 위성과 연결되어 자기의 가는 길을 잘 안내해 주는 기계입니다. 앞에 터널이 있으면 터널이 있다고 알려주고, 급커브가 있으면 커브가 있으니 주의하라고 하고, 과속하지 말라고 속도를 알려주는 그런 기능을 하는 기계입니다. 얼마나 편리한지 모릅니다.

예수 그리스도는 우리를 진리와 생명으로 인도하는 GPS입니다. 영원한 길이요 진리요 생명이신 그리스도를 모르고 산다면, 마치 자기가 가는 길이 어떤 길인지도 모르고 사는 결과와 같습니다.

주님은 내가 곧 길이라고 하였습니다.
예수 그리스도 안에 있으면 인생길에서 전복되지 아니합니다. 인생길에서 사고당한 차들이 얼마나 많은지 모릅니다. 초고속 승진으로 성공가도를 달리다가도 전복된 인생들도 많습니다. 그 이유들이 대부분 무엇이라고 보십니까?
지나친 욕심, 탐심들인 경우가 많습니다. 사람들 앞에서 겸손할 줄 알지 못해서 그런 결과를 낳은 것을 종종 봅니다.
예수 그리스도는 '나는 마음이 온유하고 겸손하니, 나의 멍에를 메고 내게 와서 배우라' 고 하였습니다. 그러면 '너희에게 쉼이 있으리라' 고 하였습니다.

돈을 많이 가지고도 쉼이 없는 인생들이 많습니다.
높은 자리에 올라서도 안식이 없는 사람들이 많습니다.
모자람이 없이 모든 것 누리면서도 기쁨이 없이 사는 사람들 많습니다. 그 이유가 무엇이겠습니까?
채워지지 않는 그 무엇이 있기 때문입니다. 인간은 영적 존재입니다.

영적 충만은 위로부터 오는 은혜로 채워집니다.

　땅에 것으로 아무리 안식과 쉼을 얻으려 해도 그런 물은 다시 갈하게 만듭니다. 그래서 수가성의 여인은 주님을 처음 만났을 때 '내가 주는 물을 마시는 자마다 다시 갈하지 아니하리라'고 했을 때, '그런 물이 있으면 내게 주어 다시 물 길러 오지 않도록 해달라'고 하였습니다. 주님이 우리에게 주는 물은 영생의 물입니다. 다시 갈하지 않는 영원한 생명의 물입니다.

　오늘까지 길을 잃은 사람들처럼 방황했던 분들이라면, 이제 길 되신 주님을 모시고 새로운 인생을 발견하는 계기가 되기를 바랍니다.

　태양은 어제의 태양이지만, 마음이 바뀌면 오늘의 햇살은 더욱 더 신선하고 맑게 느껴질 것입니다. 우리 모두 잃어버린 자들을 찾아 구원하려 오신 주님을 만나, 새로운 기쁨의 삶을 누리게 되기를 바랍니다.

주님을 놀라게한 믿음

[마태복음 8장 5-13절]

예수께서 가버나움에 들어가시니 한 백부장이 나아
와 간구하여 가로되 주여 내 하인이 중풍병으로 집
에 누워 몹시 괴로와하나이다 가라사대 내가 가서
고쳐 주리라 백부장이 대답하여 가로되 주여 내 집
에 들어오심을 나는 감당치 못하겠사오니 다만 말씀
으로만 하옵소서 그러면 내 하인이 낫겠삽나이다
나도 남의 수하에 있는 사람이요 내 아래도 군사가
있으니 이더러 가라 하면 가고 저더러 오라 하면 오
고 내 종더러 이것을 하라 하면 하나이다 예수께서
들으시고 기이히 여겨 좇는 자들에게 이르시되 내가
진실로 너희에게 이르노니 이스라엘 중 아무에게서
도 이만한 믿음을 만나보지 못하였노라 또 너희에게
이르노니 동서로부터 많은 사람이 이르러 아브라함
과 이삭과 야곱과 함께 천국에 앉으려니와 나라의
본 자손들은 바깥 어두운데 쫓겨나 거기서 울며 이
를 갊이 있으리라 예수께서 백부장에게 이르시되 가
라 네 믿은대로 될찌어다 하시니 그 시로 하인이 나
으니라

주님을 놀라게한 믿음

1. 백부장은 로마 군인장교이었습니다.

부하 100명을 거느린 장교였으니, 우리나라로 보면 중대장 격에 해당되는 장교이었습니다. 평화시대에는 중대장이 뭐 그리 대단한 것 같지 않지만, 전쟁시에는 중대장은 막강한 지휘관입니다.

전투가 벌어졌을 때, 중대장은 매우 중요한 지휘관이며 직결처분권까지 부여받고 있는 높은 자리이기도 합니다.

예수님 당시 이스라엘은 로마에 정복당한 식민지 국가이었습니다.

로마 황제의 명령에 절대 복종해야하는 약소국가이었습니다.

더욱이 로마황제는 신이라고 하여 그에게 절하도록 강요하였기에, 유대인들로서는 도무지 받아들일 수 없어 늘 팔레스타인 지역에서는 저항운동이 끊이질 않았습니다. 그런 약소국가에 주둔해 있었던 강대국의 군인 장교가 하찮은 정복국의 종교에 관하여 관심을 가지고 그들을 도와주었다면 이 얼마나 놀라운 일입니까?

오늘 본문에 이름은 나타나지않고 있지만, 한 로마군인 장교가 예수님으로부터 최대의 칭찬을 들었습니다. '내가 이스라엘 중에서도 이만한 믿음을 만나보지 못했다' 고 하는 것을 보아서 우리가 한번쯤 그가 어떤 사람이었는지 알아 보아야 할 것입니다.

믿음이라고 다 같은 믿음이 아닙니다. 주님께로부터 칭찬받을만한 믿음이 있는가 하면 책망들을 믿음이 있습니다. 달란트 비유, 포도원 비유, 목자 비유 등에서 칭찬과 책망이 나옵니다. 착하고 충성된 종이란 말과 악하고 게으른 종이라는 말에서 볼 수 있습니다. 오늘 본문은 이방인의 믿음이 유대인보다 더 위대함을 말하고 있습니다.

여기서 우리는 영적 교훈을 찾게 됩니다.

오늘의 유대인은 누구를 의미하고 이방인은 누구이겠습니까? 교회에 적을 두고 사람들 앞에서 외형적으로는 교회생활을 잘하고 있는 교인들일 수 있습니다. 그런가하면 이방인이란 교회에는 적을 두지 않았지만, 우리가 모르는 가운데서 생활 속에서 진실 된 믿음을 가지고 살아가는 숨겨진 사람들이라고 볼 수 있습니다. 우리 주변에 이런 숨겨진, 진실 된 크리스천들이 있습니다.

그렇다고 교회에 안 나와도 좋다는 그런 뜻은 아닙니다.

우리끼리 우리의 믿음을 반성해 보면 그렇다는 뜻입니다.

교회에 적을 두고 있으나, 사실 백부장 보다 못한 믿음을 가지고 있는 사람들이 얼마든지 많기 때문입니다.

2. 백부장은 믿음에 관한한 '열린 마음' 의 소유자이었습니다.

위에서도 지적했지만, 로마군인의 신분에서 보면 이스라엘은 정복국의 하찮은 민족이었습니다. 그런 민족의 종교를 무엇 때문에 신봉하겠습니까?

더더욱 로마군의 장교에 입장에서 보면 그들에 관하여 관심을 가질 이유가 없었습니다. 로마는 세계를 정복한 국가였습니다. 최강대국가였습니다. 당시 피정복국의 모든 것은 전리품처럼 취급하던 때였습니다. 그러한 때에, 유대인들로 부터 존경을 받았다면 로마군인중에서도 특별한 군인이었습니다.

제가 6.25때 북한에서 본 것과 같은 그런 군인이었을 것입니다.

유엔군과 국군이 38선을 돌파하여 북으로 진격해 들어가던 때입니다. 우리 고향은 평양에서 약 120리 떨어진 곳이었는데, 시골 면사무소가 있었던 곳입니다. 시골이니 교회당이 클리 없었습니다. 1.4후퇴 당시만 해도 북에도 교회는 있었습니다.

기독교연맹에 가입하도록 강요당하고 있었던 때였기에 예배도 드릴 수 있었던 때였습니다.

그런데 국군이 진격해 들어오는데, 처음 우리는 모두 산으로 피신해 있었습니다. 다음날 내려와 보니, 교회에 몇몇 군인들이 들어와 기도를 하는 것을 보았습니다. 그리고 장교계급장을 단 사람도 있었습니다.

그런 것을 보면서 이북에서는 상상도 할 수 없었던 일이었음으로 한편으로는 감격했던 일이 있었습니다.

아마 유대인들로서는 로마 군인 장교이었던 이 백부장이 그렇게 보였을 것입니다. 오늘 본문에 보면, 백부장이 유대인들을 위한 회당을 지어 주었다고 하였습니다. 즉 교회를 지어 주었다는 뜻과 같습니다. 그러니 유대인들이 호감을 가질 수밖에 없었다고 봅니다.

또 유대인 편에서 보면 로마사람들에게 좋은 관계를 맺을 수 없었을 것입니다. 왜냐하면 이방인들을 개(犬)처럼 경멸하였기 때문입니다. 그래서 그들은 이방인들과는 함께 자리에도 앉지 않았습니다. 그런 유대인들이 로마 장교인 백부장을 존경했다면 틀림없이 백부장은 보통사람이 아니있습니다.

그는 하나님을 향한 열린 눈을 가지고 있었습니다. 비록 피정복국의 종교이지만 이스라엘의 하나님을 향하여 눈이 열렸고, 나사렛 예수에 대하여 확고한 메시아적 신앙을 가진 사람이었습니다. 유대인들이 기다리는 메시아가 오면 새로운 세계 질서가 생길 것을 미리 내다 보았을 것입니다. 그런데 그 메시아가 나사렛 예수이심을 믿었습니다. 그래서 주님은 무엇이든지 할 수 있을 것이라고 확신하였습니다. '다만 말씀으로만 하옵소서. 그러면 내 하인이 낫겠나이다' 라고 하였습니다. 이 얼마나 놀라운 믿음입니까?

3. 백부장은 사람을 볼 줄 아는 눈을 가진 사람이었습니다.

사람들은 지위가 높아지면 안하무인(眼下無人)이 되기 쉽습니다. 그래서 좀 높아지면 자기보다 못한 사람들을 깔보는 경우가 많습니다. 그런 사람일수록 밑에 사람들에게는 지나칠 정도로 지독하게 무정하기 쉽고, 위 사람에게는 아부하는 경향이 많습니다. 그런데 백부장은 자기 가족도 아닌 부하가 병들은 것을 보고 예수를 찾아와서 고쳐달라고 부탁하였습니다.

그가 얼마나 부하를 사랑했던가를 짐작해 볼 수 있습니다.
그는 사람을 사랑할 줄 알았습니다.
요즘 말로 인권을 존중하는 사람이었습니다.
인권을 무시하는 독재자들이 얼마나 많습니까? 왜 우리가 민주주의를 신봉합니까?
인권과 자유를 보장하는 정치체제이기 때문입니다.

또 가진 것이 있으면 사람들을 외모로 보기 쉽습니다. 돈을 가진 사람들은 우선 돈을 보고 사람을 평하기 쉽습니다.
권력을 가진 사람들은 그 자리를 보고 평가하기 쉽습니다.
그러나 이 백부장은 사람을 그렇게 보지 않았습니다. 나사렛 예수를 그는 최대의 존경스러운 마음으로 대하였습니다. 로마의 높은 권력 앞에 예수가 무엇이 그리 대단한 존경의 대상이 될 수가 있었겠습니까?
솔직히 지금 우리의 입장에서도 그렇게 할 수 있었을까? 반성해 보게 됩니다. 그는 주님께 대하여 최대의 예우를 갖추었습니다. 존경하면 그 말투부터 달라집니다.

오늘 본문 8절을 다시 읽어보시기 바랍니다.
"백부장이 대답하여 가로되 주여 내 집에 들어오심을 나는 감당치 못하겠사오니 다만 말씀으로만 하옵소서 그러면 내 하인이 낫겠삽나이다"고... '주님, 나는 주님을 내 집으로 모셔 들일만한 자격이 없습니다. 그저 한 마디 말씀만 해 주십시오. 그러면 내 종이 나을 것입니다' (새번역)

여러분!
이 얼마나 놀라운 믿음입니까?
군인이었기에 믿음도 군대식이었습니다.
군대는 명령으로 모든 것이 가능한 것이었기에 말씀으로만 한 마디 해 달라고 하였습니다. 참으로 놀랄만한 믿음이었습니다.

목회생활에서 보면 교인들 중에도 믿음이 여러가지임을 볼 수 있습니다. 심방을 와달라는 사람들 중에는 꼭 안방에 들어와 기도해 달라는 사람이 있는가 하면, 꼭 손을 얹고 기도해 달라는 사람도 있습니다.
그냥 기도하여도 하나님은 다 들으시고 역사하시지만, 사람인고로 직접 와서 만져 주기를 원하는 것이 상정입니다.

예수님 당시에도 그랬습니다.
자기 어린 아이들을 주님이 한번 만져 주기를 원해서 주님 앞으로 나오게 하는 것을 제자들이 막았습니다. 그럴 때 주님은 어린이가 오는 것을 막지 말라고 하시면서 '너희가 돌이켜 이 어린이와 같지 않으면 결단코 천국에 들어갈 수 없다' 고 하였습니다.

그리고 보면 옛날이나, 지금이나, 말로 한 마디 보다는 직접 와서 손을 얹고 기도해 주기를 원하는 것이 사실이라면, 이 백부장의 믿음이 얼마나 놀라운 믿음입니까?
어느 시골에서 목회하는 목사님의 이야기입니다. 돼지를 기르는 교인이 갑자기 새끼를 낳을 때가 되었는데 와서 기도해 달라고 하더랍니다. 그래서 안갈 수 없어 가서 기도해 주었다는 이야기도 들었습니다.

그런데 막강한 높은 지위에 있었던 백부장이 아무런 세상의 권력도 없는 농촌 출신의 젊은이 나사렛 예수를 그렇게 존경하여, 내가 가서 고쳐주리라 하는데, 감히 내 집에 오심을 내가 감당치 못하겠으니, 다만 말씀으로만 해 달라고 했으니, 이 이상 더 큰 믿음이 어디에 있겠습니까?

그렇게 말하는 백부장을 향하여 주님은 "가라 네 믿은 대로 될찌어다" 할 때 곧 그 하인이 나았다고 하였습니다. 참으로 백부장의 믿음은 놀라운 믿음이었습니다. 주님을 감동시킨 믿음이었습니다.

성경에 나타난 것을 보면 가나안 여인의 믿음이 그러했습니다. 이 여인의 믿음도 보통 사람들의 믿음과는 달랐습니다.

'자녀의 손에 떡을 취하여 개들에게 줄 수 없다'고 하였을 때 '주여! 옳소이다마는 개들도 주인의 상에서 떨어지는 부스러기를 먹나이다'라고 했을 때 주님이 놀랐습니다. '여자여, 네 믿음이 크도다'라고 칭찬해 주었습니다.

사랑하는 성도 여러분!

내 믿음은 지금 어떤 믿음이라고 보십니까?

주님께로부터 과연 칭찬을 받을만한 믿음입니까? 아니면, 라오디게아 교회처럼 차지도 덥지도 않은 뜨뜨미지근한 믿음입니까? 주님은 라오디게아 교회를 향해 열심을 내라고 촉구하였습니다.

새 봄과 함께 우리의 믿음도 새롭게 뜨거워지기를 바랍니다. 그리하여 3월의 대지처럼 생명력을 분출하는 믿음이 되기를 바랍니다.

전통과
변화의
교회

무엇을 원하느냐

[누가복음 18장 35절-43절]

여리고에 가까이 오실 때에 한 소경이 길 가에 앉아 구걸하다가 무리의 지남을 듣고 이 무슨 일이냐고 물은대 저희가 나사렛 예수께서 지나신다 하니 소경이 외쳐 가로되 다윗의 자손 예수여 나를 불쌍히 여기소서 하거늘 앞서 가는 자들이 저를 꾸짖어 잠잠하라 하되 저가 더욱 심히 소리질러 다윗의 자손이여 나를 불쌍히 여기소서 하는지라 예수께서 머물러 서서 명하여 데려오라 하셨더니 저가 가까이 오매 물어 가라사내 네게 무엇을 하여 주기를 원하느냐 가로되 주여 보기를 원하나이다 예수께서 저에게 이르시되 보아라 네 믿음이 너를 구원하였느니라 하시매 곧 보게 되어 하나님께 영광을 돌리며 예수를 좇으니 백성이 다 이를 보고 하나님을 찬양하니라

무엇을 원하느냐

오늘 본문의 말씀은 예수님 당시 많은 병자들을 고치셨는데, 그 중에 소경된 자를 고치신 기록입니다. 단순한 하나의 기적의 사건을 기록한 것이라고 돌려 버릴 수도 있겠지만, 그 소경이 고침 받기까지의 과정을 통하여 우리의 신앙생활에서 얻어야 할 교훈이 매우 크다고 봅니다.

여러분! 신앙은 왜 필요합니까?
무엇 때문에 신앙생활을 해야 한다고 보십니까?
우리는 이 근본적 질문에 대하여 그렇게 심각한 생각도 해보지 않고, 수년 동안 믿어왔는지도 모릅니다. 신앙은 나의 것으로 고백되어야 합니다.
즉 올바른 신앙고백이 있어야 하겠다는 말입니다. 주님은 공생애가 거의 끝마칠 때쯤에 "세상 사람들이 날 보고 누구라고 하더냐?"라고 물었습니다. 즉 세상 사람들의 여론을 물었습니다.

그러면 너희는 나를 누구라고 하느냐? 고 주님은 제자들에게 다시 물었습니다. 그럴 때 베드로는 '주는 그리스도시요, 살아계신 하나님의 아들입니다' 라고 대답하였습니다.
이 질문은 오늘 우리에게도 반복되어 물어질 질문입니다.
아무개, 아무개야, 너는 지금 나를 누구라고 하느냐?고 물으면 무어라고 대답하겠습니까? 무슨 대답이 있어야 할 것입니다. 우리의 삶의 모든 상황 속에서 신앙의 의미는 무엇이냐?고 물을 때 대답할 것이 있어야 할 것입니다.

1. 사람들은 제각기 누구에게나 원하는 바가 다 있습니다.
각각 처해 있는 상황에 따라서 원함도 다 다르다고 봅니다. 돈이 필요한 상황에 있는 사람은 돈을 원할 것입니다.

건강이 필요한 상황에서는 건강을 원할 것입니다.

무엇인가 연구하는 사람에게는 자신의 연구가 성취되기를 원할 것입니다. 요즘, 고3 학생들은 자신이 원하는 대학에 입학하기를 원할 것입니다. 이렇게 우리는 모두 각각 처한 환경에서 원하는 바가 있습니다.

그러나 누구에게나 더 절실한 요구가 있습니다. 모두가 다 필요하고 원하는 바이지만, 그래도 그 중 에서도 가장 시급하고 가장 중요한 것 하나를 선택하라면 우리는 무엇을 선택해야 하겠습니까?

바로 그런 문제를 오늘 말씀을 통하여 깨우치게 됩니다.

좀더 구체적으로 말하면, 오늘 본문의 내용은 거지 소경이 예수님의 소문을 듣고 자기를 불쌍히 여겨달라고 소리 지르며 동정을 구했습니다. 하지만 사람들은 저를 꾸짖고, 그의 요구를 묵살하려고 하였습니다. 소경은 더욱 소리 높여 주님을 불렀습니다. 그것이 적중하여 예수님은 가던 걸음을 멈추고 그에게 묻기를 '내가 네게 무엇을 하여 주기를 원하느냐?' 하였습니다. '보게 해 달라'고 하였습니다. 그럴 때 네 원대로 '보라'고 하였습니다. 그는 즉시 보게 되었습니다.

이 말씀에서 우리가 얻어야 할 영적 교훈이 무엇이겠습니까?

2. 우리는 모두 인생길에서 영적 맹인들입니다.

요즘 신앙과는 전혀 관계없이 사는 사람들이 얼마나 많습니까?

육신의 것만 채워지면 인생문제가 다 해결되는 줄 알고 영적 눈이 감겨진 사람들이 많습니다. 그래서 돈에 눈이 먼 사람들이 많습니다. 권력에 눈이 먼 사람들도 많습니다.

오로지 육체적 향락에 눈이 멀어 자신의 미래를 통 보지 못하고 사는 사람들이 많이 있습니다. 이것이 영적 맹인이 아니고 무엇이겠습니까?

더욱이 여기 이 소경은 경쟁 사회에서 밀려난 사람이기도 합니다. 그래서 구걸하면서 살아갈 수밖에 없는 거지가 되었습니다.

오늘 본문에도 보면, 길가에 앉아 구걸하다가 주님을 만났습니다. 즉 거지 생활을 하다가 주님을 만났습니다.

남에게 동정을 구하며 채워지지 않는 한푼 두푼 떨어지는 동전에 의지하여 그날 그날을 살아가던 사람이었습니다. 참으로 인간적으로 보아도 딱한 처지였습니다. 누가 소경이 되고 싶어서 되었겠습니까? 누가 거지가 되고 싶어서 거지가 되었습니까? 남이 갖고 있는 두 눈을 가지고도 볼 수 없으니 소경이 되었고, 소경이 되다보니 일할 수 없어 거지가 된 것 뿐입니다.

오늘도 우리 주변에 이런 사람들이 얼마나 많습니까?

지금도 거리에서 노숙하는 사람들, 몸에 장애를 가지고 살아가는 사람들, 그리고 본의 아니게 경쟁 사회에서 밀려난 사람들, 모두가 바로 이런 경우에 사람들입니다. 모두가 그렇게 살고 싶어서 그렇게 사는 사람이 어디에 있습니까?

이렇게 살면서도 아마 예수에 대한 소문은 들었던 것 같습니다. 그 예수란 사람은 기적을 행하고, 병자들도 고쳤다는 소문을 들었을 것입니다.

이것은 지금도 마찬가지입니다.

지금도 가난한자들, 노숙자들, 장애자들에게 예수의 소문은 들려집니다. 현재도 노숙자들이나, 장애인들이나, 어려운 사람들에게 예수의 이름으로 구제하는 일들이 얼마나 많습니까!

그들도 예수에 대하여 다 듣고 있습니다. 그러나 그들이 다 예수를 만날 수 있는 사람들은 아닙니다.

그저 한 끼의 식사로 배고픔을 채울 뿐입니다. 만일 이 소경도 그런 사람이었더라면 영원히 눈을 뜨지는 못했을 것입니다.

그러나 이 소경은 달랐습니다.
먼저 사람들에게 물었습니다. 누가 지나가느냐? 고 물었습니다.
이렇게 신앙은 자신이 마음의 문을 열어야 합니다.
태평양 바닷물이 아무리 많아도 뚜껑을 막아놓은 병에는 한 방울의 물이 들어가지 못하는 것처럼, 신앙도 마찬가지입니다.
닫아버린 마음에 예수, 예수, 아무리 해 보아야 예수가 들어갈 틈이 없습니다. 지금도 교회들을 돌면서 한푼 두푼 동냥하는 사람들이 예수를 영접하느냐 하면 대부분 그렇지 못합니다. 몇 푼의 동전으로 그것으로 끝납니다.

그리고 이 소경의 다른 점이 또 있었습니다.
큰 소리로 지나가는 주님을 불렀습니다.
'다윗의 자손이여, 나를 불쌍히 여기소서' 라고....
'다윗의 자손이여....' 라고 한 것을 보아서 유대인이었던 것 같습니다. 이방인이었다면, 다윗이 누구인지도 몰랐을 것이고, 그 다윗의 자손으로 오실 메시아에 관하여도 몰랐을 것입니다. 그런데 이 소경이 예수님을 호칭할 때, '다윗의 자손이여....' 라고 부른 것을 보면 틀림없이 유대인이었다고 봅니다.

이것이 상징하는 교훈이 또한 큽니다.
이 소경은 지금 교회 밖에 있는 사람들이 아니라, 바로 믿는다는 이름을 가지고 있는 교회 안에 있는 우리들인지도 모릅니다.
예수를 믿은 지도 오래 되어 성경을 공부하여 예수가 하나님의 아들이요, 나의 구세주라는 것을 다 듣고 알고 있는 우리들이란 말입니다.

예수를 만나지 못한 상태에서 교회만 왔다 갔다 하는지 모릅니다.

그런데 이 소경은 기회를 놓치지 않았습니다.

사람들이 소리 지른다고 그를 꾸짖었습니다. 그러나 더욱 더 크게 소리 질렀습니다.

바로 이것이 주님을 만나게 된 이유였습니다.

신앙생활을 하다 교회 안에 있는 사람들로부터 낙심하여 다시 세상으로 나가는 경우가 종종 있습니다. 그런 사람들이라면 예수를 만나지 못합니다. 이 소경처럼 더욱 큰 소리로 주님만을 바라보면서 외쳐야 합니다.

3. '내가 네게 무엇을 하여 주기를 원하느냐' 물었습니다.

이 소경은 '보기를 원합니다' 라고 말했습니다. 우리에게 지금 주님이 '내가 네게 무엇을 하여 주기를 원하느냐?' 하면, 무엇을 원하겠습니까? 정작 〈보기를 원하는 것〉 보다, 예수를 통하여 무엇인가 얻기를 원할지도 모릅니다. 만일 이 소경이 그런 것에서 그쳤다면, 그는 영원히 주님을 볼 수 없었을 것입니다. 또 하나님께 영광을 돌리지도 못했을 것입니다.

우리도 주님을 통해 가장 근본적인 것을 구해야 할 것입니다. 한두 푼의 물질보다 〈내가 보기를 원합니다〉라고 구해야 하겠습니다. 소경에게 몇 푼의 동전도 필요한 것이기는 합니다.

그러나 그에게 보게 해 달라는 요구는 인생일대의 운명을 좌우하는 요구이었습니다. 여기서 우리가 생각해야 할 것은 '본다' 는 것은 시각적으로만 이해 할 것이 아닙니다. '본다' 는 것은 경험을 의미합니다. 주님을 생활환경 속에서 볼 수 있어야 합니다.

오늘도 예수께 대한 소문만 듣고 있는 사람들이 많습니다. '내가 보기를 원합니다' 라는 근본적인 기도가 있어야 하겠습니다.

그러므로 신앙은 체험적이어야 합니다

반 기독자 사울이 길에서 예수를 만난 것처럼, 우리도 인생길에서 만남의 체험들이 있어야 하겠습니다. 그런 만남에서라야 예수에 대하여 증거 하면서 살게 됩니다.

눈뜬 소경을 보고 많은 사람들이 하나님께 영광을 돌렸습니다. 전도, 전도, 합니다 마는 왜 전도가 안됩니까? 소경이 눈을 뜨지 못한 상태로 있기 때문입니다.

43절에 "곧 보게 되어 하나님께 영광을 돌리며 예수를 좇으니 백성이 다 이를 보고 하나님을 찬양하니라"고 하였습니다.

사랑하는 성도 여러분!

지금 나는 어떤 존재라고 보십니까?

참으로 내 인생길에서 주님을 만났다고 보십니까?

아직도 주님을 통하여 몇 푼의 떨어지는 동전을 바라고 있습니까? 부다 근본적인 깃을 구하는 우리들이 되어야 하겠습니다. 영적 맹인의 상태에서 '내가 보기를 원합니다' 라고 간구해야 하겠습니다.

그럴 때 '네 믿음이 너를 구하였느니라' 고 할 것입니다.

'주님을 볼 수 있는 눈을 주시옵소서....' 기도해야 하겠습니다.

오늘 이 순간, 이 말씀 속에 임재 하시는 주님을 만나게 되시기를 간절히 바랍니다. 그리하여 변화된 삶을 살아가게 되기를 바랍니다.

존경하기를 서로 먼저 하라

[로마서 12장 10-17절]

형제를 사랑하여 서로 우애하고 존경하기를 서로 먼저 하며 부지런하여 게으르지 말고 열심을 품고 주를 섬기라 소망 중에 즐거워하며 환난 중에 참으며 기도에 항상 힘쓰며 성도들의 쓸 것을 공급하며 손 대접하기를 힘쓰라 너희를 핍박하는 자를 축복하라 축복하고 저주하지 말라 즐거워하는 자들로 함께 즐거워하고 우는 자들로 함께 울라 서로 마음을 같이 하며 높은데 마음을 두지 말고 도리어 낮은데 처하며 스스로 지혜 있는체 말라 아무에게도 악으로 악을 갚지 말고 모든 사람 앞에서 선한 일을 도모하라

존경하기를 서로 먼저 하라

우리가 잘 알고 있는 전 미국의 대통령 〈지미 카터〉이 대통령에서 물러난 후 작은 책 하나를 썼는데, 책 이름은 '나이 들면서의 미덕' 영어로는 'The Virtures of Aging' 입니다. 내용은 자신이 대통령에서 물러난 후 자신의 생의 지혜에 대하여 자신의 경험담을 적어놓은 책입니다.

80년대에 선거에서 패배한 후 실업자 신세가 되어서 고향 〈조오지아 프래인스〉 땅콩 농장으로 돌아가게 됩니다.

선거에서 패배하고 돌아와 보니, 그에게는 반갑지 않은 두 가지 큰 사건이 그를 기다리고 있었습니다.

하나는, 100만 불이 넘는 빚이었습니다. (약 10억원)150년간 조상으로부터 물려받으며 대대로 가꾸어온 농장을 다 팔고, 집을 다 팔아도 모자랄 만큼 많은 빚이 그를 기다리고 있었습니다.

또 다른 하나는, 어쩔 수 없이 인정할 수밖에 없는 현실, 즉 나이가 많았다는 사실이었습니다. 이미 늙어 버렸다는 말입니다. 다시 농장을 일으키기에는 너무나 나이가 많았다는 현실이었습니다. 이 두 가지가 그를 기다리고 있었던 문제이었습니다.

그런데 어느 날 아침 친구 세 사람과 같이 식당에서 조반 식사를 했는데, 우리가 아는 대로 미국 사람들은 특별한 경우가 아닌 때는 돈을 제각기 내는데, 계산서를 보니 생각보다 돈이 적게 보여서 종업원을 불러서 계산이 잘못된 것이 아니냐? 고 물었습니다. 그런데 그 옆에 있던 나이 많은 농부 한 사람이 빙그레 웃으면서 하는 말이 "대통령 양반, 계산서가 잘못된 것이 아닙니다. 이 집은 오전 8시 전에 오는 노인들에게는 커피를 공짜로 준답니다"하고 말해 주었습니다.

그 말이 무엇을 의미 하는지를 깨달은 카터 대통령은 빙그레 웃으며 감사의 인사를 드렸습니다. 그 후 그는 깨달은 것이 있었습니다. 그는 자기가 다 잃어버린 것 같았는데 동네 사람들이 나를 존경해 주고, 친구들이 나를 존경해 주고, 온 세계가 나를 존경해 주는 것을 깨닫게 되었습니다. 그래서 그는 누구보다도 행복한 나날을 보내면서 노인에게 주어지는 지혜를 말하고 있습니다.

우리들이 여기서 깨달아야 할 교훈이 있다면 무엇이겠습니까? 다 잃은 것 같았는데....

모든 사람으로부터 존경을 받는 바로 그러한 인격, 그런 사람이 바로 성공한 사람이란 말입니다.

사랑하는 성도 여러분!
돈을 잃었다면 한 부분을 잃은 것입니다.
건강을 잃었다면 현재를 잃은 것입니다.
존경을 잃었다면 미래를 잃어버린 것입니다.
우리는 잘 살아보자고 노래를 부르면서 어지간히 달려왔습니다.
몸부림칠 정도로 잘살아 보려고 했습니다.
그래서 배우기도 했고, 훈련도 했고, 싸우기도 했습니다.
그런데 지금 얻은 것이 무엇입니까?
어차피 인생은 결국 다 내 놓아야 합니다.
다 물려주어야 합니다. 결국 떠나야 할 존재들입니다.

그러나 한 가지는 잃어서는 안 될 것이 있습니다.
그것이 무엇이겠습니까? 남들로부터의 존경심입니다.
존경을 잃고 좋은 집에 살면 무엇 합니까?
존경을 잃고 대통령을 했으면 무엇 합니까?
그래서들 그 자리를 물러난 후에 그렇게 경비를 세우는 것이 아니겠습니까?

존경을 잃고 이 세상을 살자면 얼마나 힘들겠습니까?

존경을 잃은 아버지, 어머니, 남편, 아내라면, 얼마나 괴로운 일입니까?

중국 사람이 쓴 〈제왕 학〉이라는 책에서 보면, 지도자 가운데는 몇가지 유형의 지도자가 있다고 합니다.

〈첫째〉 형편없는 지도자, 지도자 같지 않는 지도자입니다. 모든 사람들로부터 경멸을 받는 지도자입니다. 두고두고 경멸을 받는 지도자입니다.

〈둘째〉 두려움의 대상이 되는 지도자, 지금도 생각하면 몸서리쳐지는 무서운 지도자, 역사에서 없어야 할 지도자입니다.

〈셋째〉 존경받는 지도자입니다. 언제나 그를 생각할 때 가슴이 훈훈해 오는 그런 사람, 그런 지도자란 말입니다.

여러분!

우리는 이 존경이란 문제 앞에 내 자신을 생각해 보아야 하겠습니다.

존경이란 그 사람의 질적 무게를 말합니다.

그의 〈재물〉, 〈지식〉, 〈명예〉, 〈권력〉이 양적이라 한다면, 존경은 그의 질적 평가 기준입니다.

즉 하나님의 형상으로 지음 받은 존귀한 존재란 말입니다.

그래서 세상에 태어날 때 양적으로 태어난 것이 아닙니다.

모두 질적으로 벌거숭이로 태어났습니다.

하나님의 형상으로 태어난 인간은 마땅히 존경을 받고, 존경의 대상이 되어야 함이 마땅한 일입니다.

여러분!

우리 주변을 살펴보면 언제나 쫓기며 사는 사람들이 있습니다.

항상 두려워하면서 삽니다.

무엇인가 무서워합니다. 사람 만나는 것이 두렵습니다.

전화벨만 울려도 가슴이 덜컹거리는 사람들이 있습니다.

피해망상에 살고, 우울증에 살고, 고독에 사는 사람들이 있습니다.

이렇게 사는 것이 과연 사람 사는 것이라고 할 수 있겠습니까?

인격적으로 벌써 죽은 삶입니다.

이런 사람에게 물어 보면, 세상에는 존경할 사람이 하나도 없다고 합니다. 그런 사람에게 문제는 어디에 있습니까?

자신에게 있습니다.

자기가 남에게 존경의 대상이 되지 못하기에, 남들도 다 존경의 대상이 되지 못한다는 말입니다.

여러분!

원숭이들을 보시기 바랍니다.

원숭이들이 좋아하는 바나나를 주어 보시기 바랍니다.

좋은 마음으로 주려고 해도, 원숭이는 고맙게 받아먹지를 않습니다.

사람의 손에서 낚아채 먹습니다. 사람이 사람답지 못하면 존경의 대상이 없이 모든 사람들을 대합니다.

저 사람도 나를 해칠 사람이겠지....

저 목사도 별수 없는 사람이겠지....

고마운 마음, 감사한 마음이 자기에게 없다보니 누구에게 감사할 것도 없고, 누구를 존경할 마음도 없습니다.

오늘 우리 사회가 바로 이렇게 되었다고 봅니다.

요즘 친절을 베풀려 해도 친절로 받아들이지 못합니다.

도리어 이상한 사람으로 취급받기 좋습니다.

언제나 사람을 보상적 관계에서만 대하려고 합니다.

내게 오는 손익 계산으로 대하려고 합니다.

그래서 악수를 해도, 이 사람과 악수를 해서 내게 무슨 이득이 돌아올 것인가? 계산하고 악수를 합니다. 겉으로는 웃음으로 반가운 척 하지만, 그것은 상술에 지나지 않습니다.

심지어 교회도 이 교회에 나가서 내게 유익이 무엇일까? 를 먼저 생각합니다. 이렇게 살면 피곤한 것뿐입니다. 그러나, 남을 존경하면서 사는 사람에게는 모든 것이 존경스럽습니다.

내가 남을 존경할 때 내가 또 존경을 받게 됩니다.

내가 남을 존경할 때 내 마음이 평안해 집니다. 신뢰가 쌓입니다.

1. 그러므로 그리스도인의 성품은 어떠해야 하겠습니까?

그리스도인의 성품은 두말할 것 없이 〈온유〉와 〈겸손〉입니다. 왜냐하면 그리스도 자신이 '나는 마음이 온유하고 겸손하니 나의 멍에를 메고 내게 배우라' 고 하였기 때문입니다. 예수를 바로 배운 사람은 그 얼굴에서 그리스도의 향기가 드러납니다. 만일 믿는 사람들의 얼굴이 표독스럽거나 인정사정없는 냉정한 얼굴 모습으로 나타난다면 그것을 바꾸는 일에 힘써야 합니다. 사람의 얼굴에서 그 사람의 마음을 읽을 수 있습니다. 속이 편하지 않은 사람은 벌써 얼굴에서 나타납니다. 속이 삭막해진 사람에게서 무엇을 기대할 수 있겠습니까? 우리 그리스도인들은 그 얼굴에서부터 구별됨이 있어야 하겠습니다.

요즘 우리나라는 성형수술의 제일가는 나라라는 말을 듣고 있습니다. 사람들 중에는 성형수술을 통하여 자기의 얼굴을 바꾸려는 사람들이 많습니다. 그런 외모의 성형보다는 자신의 내면의 마음의 성품을 바꾸는 일에 힘써야 하겠습니다.

2. 어떻게 서로 존경하는 마음을 가질 수 있겠습니까?

내 자신의 의지(意志)만으로는 불가능합니다. 자신의 의지와 성령의 역사(役事)가 함께 해야 가능합니다. 순간순간 위로부터 오는 능력으로 자신의 의지를 복종시키면 가능하게 됩니다. 오늘 본문에 '형제를 사랑하여 서로 우애하고 존경하기를 서로 먼저 하라'고 하였습니다.

이 말씀은 매우 깊이 유념해야 할 말씀입니다. 먼저 성도들 간에 존경하기를 힘써야 합니다. 먼저 존경하는 노력들이 있어야 하겠습니다. 이렇게 하노라면 그리스도의 마음으로 내 마음이 차츰 채워지게 됩니다. 그리스도의 마음으로 내 마음이 이끌어지기 시작하면, 남을 존경하게 되고 그 존경은 결국 자기에게로 돌아오게 됩니다. 오늘 우리는 서로 존경할 대상이 없다고만 합니다. 즉 존경할만한 사람이 없다고만 합니다. 그것은 다른 말로 하면 내가 다른 사람으로부터 존경을 받을만한 사람이 못 된다는 말과 같습니다.

3. 그리스도 안에서 존경하라고 하였습니다.

존경의 범위를 주 안에서 먼저 하라고 하였습니다. 주님이 우리를 위해 베푼 그 사랑 안에서라면, 누구인들 존경 못할 사람이 있겠습니까? 그러므로 존경하기를 서로 먼저 하라고 하였습니다.

효자가 효자를 낳는다는 말처럼, 내가 효도하지 않았는데 자식이 내게 효도 할 수 있다고 보십니까? 내가 존경하지 않았는데 내가 어떻게 존경을 받겠습니까? 평소에 남을 존경했으면 자기도 존경을 받게 됩니다. 내 마음속에 존경하는 마음이 있다는 것은 큰 행복입니다. 존경하는 마음이 없이 산다는 것은 자신에게 큰 불행입니다. '내 주위에 존경할 어른이 없다'는 것은 나는 불행한 사람이라고 하는 것을 드러내는 말입니다.

남을 먼저 존경하면 자신의 마음이 편해집니다. 마음이 편해지니 모든 것을 긍정적으로 보게 됩니다. 그러나 존경심이 없는 사람들에게는 모두가 부정적으로 보입니다. '저 사람도 결국 별수 없는 사람이겠지'라고 대합니다. 그것은 곧 자신이 별 수 없는 사람임을 고백하는 것과 같다는 말입니다. 우리 모두 먼저 존경하면서 사는 참된 그리스도인들이 다 되시기를 간절히 바랍니다.

전통과
변화의
교회

한 순간의 배고픔

[창세기 25장 27절-34절, 히브리서 12장 15-16절]

그 아이들이 장성하매 에서는 익숙한 사냥군인고로
들사람이 되고 야곱은 종용한 사람인고로 장막에 거
하니 이삭은 에서의 사냥한 고기를 좋아하므로 그를
사랑하고 리브가는 야곱을 사랑하였더라 야곱이 죽을
쑤었더니 에서가 들에서부터 돌아와서 심히 곤비하여
야곱에게 이르되 내가 곤비하니 그 붉은 것을 나로
먹게 하라 한지라 그러므로 에서의 별명은 에돔이더
라 야곱이 가로되 형의 장자의 명분을 오늘날 내게
팔라 에서가 가로되 내가 죽게 되었으니 이 장자의
명분이 내게 무엇이 유익하리요 야곱이 가로되 오늘
내게 맹세하라 에서가 맹세하고 장자의 명분을 야곱
에게 판지라 야곱이 떡과 팥죽을 에서에게 주매 에서
가 먹으며 마시고 일어나서 갔으니 에서가 장자의 명
분을 경홀히 여김이었더라

너희는 돌아보아 하나님 은혜에 이르지 못하는 자가
있는가 두려워하고 또 쓴 뿌리가 나서 괴롭게 하고 많
은 사람이 이로 말미암아 더러움을 입을까 두려워하고
음행하는 자와 혹 한 그릇 식물을 위하여 장자의 명분
을 판 에서와 같이 망령된 자가 있을까 두려워하라

한 순간의 배고픔

설 명절에 고향에 잘 다녀오셨습니까?

고향의 부모님들과 형제자매들 얼굴을 대하고, 가족간의 우의와 사랑을 나누는 일은 참으로 아름다운 민족 고유의 풍속이라고 봅니다. 이렇게 아름다운 미풍양속이 세태의 변천과 함께 가끔 보기 흉한 일들이 발생하는 것을 보면서, 인간사 모든 것이 음지와 양지를 항상 함께 공유함을 느끼게 됩니다.

이번에도 보니, 설을 지내고 돌아오는 길에 한 가족이 교통사고를 당하여 죽는 비극이 있었는가 하면, 부모가 물려준 유산인 땅값이 오른데 대하여 서로 다투다 공기총으로 동생들을 죽이고 자살한 일이 있었는가 하면, 아들 딸 모두 어디론가 사라져 버리고 쓸쓸히 외롭게 지내는 독거노인들을 보면서, 인간사 희로애락의 파노라마 라는 말이 절감되었습니다. 그러나 이 모든 것을 종합해 볼 때,

1. 인간의 생존에서 제일 절박한 것은 배고픔입니다.

배고픔을 모르고 사는 사람에게는 그것이 무슨 말인지 모를 것입니다.

괴테는 일찍이 '눈물 젖은 빵을 먹어보지 못한 사람은 인생을 논할 수 없다' 고 하였다는 말은 옳은 말인 줄 압니다. 우리의 속어 중에도 '목구멍이 포도청' 이란 말이 있듯이, 모두 먹고 사는 것이 제일 무서워 본의 아닌 일도 하고, 멸시와 천대도 참아야 한다는 말입니다. 자식새끼 거느린 가장으로서 다 먹고 살려고 아부도 하고, 부정에 개입하기도 하고, 배신도 한다는 말입니다.

이러한 배고픔의 절정은 전쟁에서 찾게 됩니다.

그래서 전쟁은 어떠한 명분에서도 정당화 될 수 없습니다. 전쟁의 수단으로 협박하고 사기 치는 것처럼 더 큰 불행은 없습니다. 6.25를 거친 세대들은 지금도 기억할 것입니다. 당시 모든 비극이 배고픔에서 기인된 것이었습니다. 제가 지난번 알라바마주, 헌츠빌에 집회를 인도하러 갔을 때, 거기에서 만난 분들 중에는 대부분 6.25전란 중에 식구들을 먹여 살리기 위하여 국제결혼을 하고 온 사람들이 많았습니다. 모두 배고픈 것이 문제이었습니다.

식구들을 살리기 위해 자기 몸 하나를 희생해야 했고, 먹고 사는 일이 너무나 힘들어서 자식을 남에게 주는 일까지 생겼습니다. 이제 먹고 살만해지니 잃었던 가족 찾기 운동이 매 수요일마다 진행되는 것을 보면서 모두가 문제는 배고픔에서 기인된 것임을 알 수 있습니다.
그런데 하나님의 말씀을 보면, 사람이 떡으로만 사는 것이 아니라고 하였습니다. 즉 밥만 먹는다고 사람이 사는 것이 아니라고 하였습니다.

2. 하나님의 말씀으로 살 수 있다고 하였습니다.
이번에 단식투쟁을 하는 한 스님을 보면서 스스로 먹기를 거절하고 죽을 결심을 하는 것을 보면, 사람은 육신의 먹는 것이 전부가 아님을 볼 수 있었습니다. 즉 사람은 육체적인 존재만이 아니라 정신적인, 영적인 존재란 말입니다.
한 순간의 배고픔도 거절할 수 있는 존재란 말입니다.
동물은 먹을 것 앞에서 모두 걸려들지만, 사람은 그렇지 않은 존재란 말입니다. '아니오!' 라고 부인할 수 있는 존재란 말입니다.

주님은 말씀하기를 '사람이 사는 데는 떡으로만 사는 것이 아니라 하나님의 말씀으로 산다'고 하였습니다. 또 '하나님의 나라는 혈과 육으로 먹고 마시는 것이 아니라' (롬 14:17)고 하였습니다.

즉 하나님 나라는 경제 문제를 전부로 하는 것이 아니란 말입니다. 그러므로 참된 신앙생활은 배고픔의 문제만을 해결하는데 있는 것이 아니라, 거기에서 더 깊은 영적인 축복을 바라보는데 있음을 알아야 하겠습니다.

오늘날 많은 기독교인들이 신앙을 경제 문제에서만 보려고 합니다. 하나님이 우리에게 내리는 복은 육체적인 건강, 재물의 부유, 사회적 성공도 포함되지만, 그보다 더 귀한 가치와 더 높은 복이 있음을 말하고 있습니다.

그것이 바로 오늘 본문에 나타난 내용입니다.

오늘 본문 말씀에 보면, 두 신앙인의 모델이 나옵니다.

하나는 에서이고, 다른 하나는 야곱이란 모델입니다. 이들은 다 같이 한 핏줄로 태어난 쌍둥이였습니다. 한 핏줄임에도 불구하고 그들이 추구하는 가치의 세계와 이상은 달랐습니다.

한 가정에서도 이런 경우를 다 볼 수 있습니다. 형과 아우가 어쩌면 그렇게 생각이나, 취미가 다른지 모릅니다. 오늘 본문에서 보면, 무엇을 더 귀한 것으로 여기느냐에 달려 있습니다. 같은 믿음의 생활을 성도들 중에서도 어느 것을 더 중요하게 여기며 살아가느냐가 문제입니다. 우리에게는 좋은 것들이 많습니다. 그러나 더 좋은 것이 있음을 알아야 합니다.

3. 본문 중에서 더 좋은 선택이 무엇인가를 보여주고 있습니다.

이스라엘 민족에게서 맏아들인 장자의 권리가 얼마나 큰지 모릅니다. 에서는 장자(長子)의 특권을 팥죽 한 그릇과 바꾸어 버렸습니다. 물론 에서에서도 장자가 누릴 권리가 어떤 것인가를 몰랐다고는 보지 않습니다. 옛날 아프리카의 토인들에게 문명인들이 거울을 가지고 다이아몬

드와 바꾸어 왔다는 그런 식의 말이 아니란 말입니다. 장자가 누릴 특권을 다 알면서도 순간의 배고픔을 이기지 못한 것뿐입니다. '순간의 선택이 10년을 좌우한다' 라는 광고까지 나온 것을 보면, 한 순간의 선택이 얼마나 중요한가 하는 것을 볼 수 있습니다.

오늘도 예수 그리스도의 피로 거듭난 크리스천 가운데는 에서와 야곱이 생각하고 있는 두 그룹이 있을 수 있습니다. 순간적인 〈욕망〉을 위해 영원한 기업을 포기하는 경우입니다. 우리가 누릴 영원한 하나님 나라에 대한 가치를, 한 순간 육체의 누리는 향락과 바꾸어 버리는 사람들이 있다는 말입니다.

당장에 배고픈 내게 요구되는 것은 한쪽의 빵이라고만 생각하는 사람들입니다. 그런 사람들은 지금도 에서의 선택이 옳다고 볼 것입니다. 그래서 항상 육신의 일을 먼저하고, 나중에 교회의 일을 감당하려는 사람들이 있습니다. 교회에서 직분을 감당하는데도 이런 두 부류로 갈라집니다.

어떤 사람은 직장에서의 일이 먼저이고, 다음에 교회 일입니다.

기도 순서도, 집회 참석도, 모두 그렇게 합니다. 세상사가 먼저이고, 다음에야 교회생활입니다. 그러면서 교회 나가면 '누가 나 밥을 먹여주나' 라고 말합니다. 이것이 〈에서〉의 후예들의 생각일 것입니다.

그래서 히브리서 기자는 한 순간의 배고픔을 믿음으로 극복한 사람들을 열거하면서 모세와 에서를 대조시키었습니다.

"믿음으로 모세는 장성하여 바로의 공주의 아들이라 칭함을 거절하고, 도리어 하나님의 백성과 함께 고난 받기를 잠시 죄악의 낙을 누리는 것보다 더 좋아하고, 그리스도를 위해 받는 능욕을 애굽의 모든 보화보다 더 큰 재물로 여겼으니, 이는 상 주심을 바라봄이라"고 하였습

니다.(히 11:24-26)

그런가 하면, 그와 대조적으로 "혹 한 그릇 식물을 위하여 장자의 명분을 판 에서와 같이 망령된 자가 있을까 두려워하라"고 하였습니다.

여기서 〈에서〉와 같은 자가 누구를 의미합니까?

한 그릇 식물을 위하여.... 신앙을 포기하는 자들,

더 좋은 자리로 영전을 위하여.... 교회를 등지는 사람들,

눈에 보이는 육체의 영달을 위하여.... 믿음의 자리에서 이탈하는 자들, 한 순간의 화려한 성공을 위하여.... 교회의 직분까지 포기하는, 그런 사람들을 의미할 것입니다.

하지만 그 반대의 경우도 있습니다. 야곱은 비록 나약하고 소심했지만, 사실 인간성에서도 별 훌륭한 것이 없었습니다. 그러나 그는 영원한 기업을 더 크게 보고 그것을 제일의 목적으로 추구했습니다. 즉 인간적인 결함은 있었지만, 그가 물고 늘어진 것은 장자권이었습니다. 맏아들이 누리는 영광스러운 기업을 사모했습니다.

우리도 잠깐 동안이 이 세상에서의 배고픈 문제들 때문에 장래 누릴 영원한 하나님 나라를 포기해서는 안 될 것입니다. 그러기 위해서는 한 순간의 배고픔을 참고 승리한 흔적이 있어야 할 것입니다. 즉 하나님 나라에서 누릴 영원한 기업을 생각하면서 모세처럼 바로의 공주의 아들이라는 영광을 포기한 것들이 있어야 할 것입니다.

그리고 주를 위해 당한 능욕과 눈물의 흔적들이 있어야 할 것입니다.

여러분!

우리 직분자들이 모두 깊이 생각해야 할 점이 바로 이점입니다. 어떤 분은 교회의 직분을 세상의 명예로 생각하는 사람들이 있습니다.

우리 목사들도 이런 유혹에 약합니다.

그래서 명예도 얻으려고 하고 총회장도 되려고 합니다.

총회장이 되어 모세가 흘린 눈물이 과연 얼마나 됩니까? 총회장이 되어 도리어 능욕을 받은 일이 얼마나 됩니까? 모두 땅에서 주는 상을 더 귀하게 여기는 경우가 많습니다.

이번에 우리는 다시 안수집사와 권사를 세우려고 합니다.

안수집사님들에게 묻습니다. 권사님들에게 묻습니다.

여러분들이 교회를 위하여 집사로서, 권사로서의 직분을 감당함에 있어 스스로 포기한 것들이 무엇이라고 봅니까?

지난번 모 장로님이 건축을 감독하면서 내 앞에서 두 번의 눈물을 흘린 적이 있었습니다. 그런 눈물이 얼마나 되느냐 입니다. 직분을 받고서도 주님을 위해 한 방울의 눈물을 흘린 적이 없다면, 그리고 칭찬과 치하만 받았다면 이후에 하나님 나라에서는 받을 것이 아무것도 없을 것입니다.

목사면 다 목사이겠습니까?

장로면 다 같은 장로이겠습니까?

집사면 다 같은 집사가 아닙니다.

권사면 다 같은 권사가 아닙니다.

한 순간의 이권을 위하여 교회를 팔고, 직분을 포기하고, 양심을 속이는 그런 일을 버려야 할 것입니다. 그리고 현 세상에서 너무 많은 상패에 조심해야 할 것입니다. 죄악의 낙은 잠깐입니다.

그것을 극복하면 비록 배고픔의 현장은 눈물이었지만, 그 눈물 뒤에는 영원한 약속이 보증되어 있음을 알아야 하겠습니다.

사랑하는 성도 여러분!

우리가 왜 신앙생활을 해야 합니까?

다른 사람들이 가진 것을 나도 갖기 원해서?

다른 사람들이 누리는 영광을 나도 누리기 위해서?

다른 사람들이 하는 것을 나도 하고 싶어서?

물론 그럴 수도 있겠지만, 우리의 소망은 영원한 하나님 나라에 있습니다.

이 세상도 가고, 정욕도 가고, 부귀영화 권세도 다 가지만, 하나님의 말씀의 약속은 영원한 것입니다.

하나님은 우리 인생에게 이러한 마음을 주었습니다.

영원을 사모하면서 살 수 있는 존재는 인간뿐입니다.

오늘의 배고픈 현실에서 이 말씀을 듣는 성도 여러분!

이럴 때 일수록 더욱 더 믿음의 장자권을 굳게 잡아 세상의 팥죽에 넘어가지 않도록 믿음으로 승리 하시기를 바랍니다.

전통과
변화의
교회

신비로운 평안

평안을 너희에게 끼치노니 곧 나의 평안을 너희에게
주노라 내가 너희에게 주는 것은 세상이 주는 것 같
지 아니하니라 너희는 마음에 근심도 말고 두려워하
지도 말라

이것을 너희에게 이름은 너희로 내 안에서 평안을
누리게 하려함이라 세상에서는 너희가 환난을 당하
나 담대하라 내가 세상을 이기었노라 하시니라

신비로운 평안

1. 한국인의 인사법은 유대인의 인사와 비슷합니다.

유대인들은 '샬롬' 이라는 인사를 주고받습니다.

'샬롬' 은 '평안 하십니까' 라는 뜻입니다. 우리도 인사를 할 때 먼저 평안을 묻습니다. '다 평안하시지요?' 라고 평안을 인사말로 사용합니다. 그 만큼 인간 삶에서 평안이 중요하기 때문인 줄 압니다.

또 거꾸로 생각하면, 그만큼 평안하지 못하게 사는 것이 우리들의 생활이란 말도 됩니다. 그래서 만날 때·마다, '평안하시지요?' 그런 인사들을 나누는 줄 압니다.

평안하지 못하면 모든 것이 다 귀찮습니다. 아무리 돈을 많이 가지고 있어도 평안이 없으면 불행입니다. 그러나 대부분 평안이 돈에서부터 오는 줄 그렇게 알고 있습니다. 물론 우리의 삶의 기본 생활을 유지하려면 돈은 필요합니다.

하지만, 돈이 모든 평안함의 유일한 원천은 아니란 말입니다.

가난한 중에노 평안을 누리며 사는 사람들이 있는 것을 보면, 그것이 바로 입증되는 일입니다.

평안하려면 건강해야 한다고 합니다. 그것도 옳은 말입니다. 그래서 모두 건강하려고 무척 노력들을 합니다. 건강 중에도 육체적 건강이 있는가 하면, 정신적 건강도 있습니다. 육체는 멀쩡하지만, 마음에 병이 들면 평안할 수 없습니다.

우리가 상식적으로 생각하고 있는 평안은 무엇인가 모자람이 없을 때 평안하다고 그렇게 생각합니다. 그것도 옳은 말입니다.

모든 결핍에서부터 해방되고, 생각하는 대로 다할 수 있을 때 그것을 평안이라고 생각합니다. 그런데 그런 평안을 어디에서 구하려고 하느냐?에 있습니다. 그런데 대부분 물질적 번영에서 구하려고 합니다. 이것이 오늘 우리들의 현재의 모습이란 말입니다.

2. 오늘 주님께서 제자들에게 말씀한 평안은 세상이 주는 평안과는 다르다고 하였습니다.

다시 말하면 우리 믿는 성도들이 추구해야 할 평안은 세상 사람들이 추구하는 법을 그대로 추구해서는 안 된다는 뜻이기도 합니다. 그렇다면 우리 믿는 성도들이 유념해야 할 평안은 무엇입니까?

"나의 평안을 너희에게 주노라 내가 너희에게 주는 것은 세상이 주는 것 같지 아니하니라"고 하였습니다.

세상이 주는 평안이 무엇이며, 주님이 주려는 평안은 무엇인가? 이것만 알면 될 것입니다. 세상이 주는 평안은 무엇입니까?

바로 위에서 말한 대로 돈, 건강, 소유 등이 있겠지요. 그저 많은 것 가지고 있으면, 그것으로 평안한 줄 압니다.

마치 어리석은 부자의 경우에서와 같이, 소출이 넉넉하니 더 큰 창고를 지어서 곡식을 가득 가득 채워 놓고는 '내 영혼아, 평안이 쉬고 먹고 마시고 즐기자'라고 했다는 그런 식의 생각입니다.

세상 사람들이 추구하는 그런 평안이 바로 이런 것입니다.

그런데 우리 주님의 말씀은 '내가 주는 평안은 세상이 주는 것 같지 않다'고 하였습니다. 또 말씀하기를 "이것을 너희에게 이름은 너희로 내 안에서 평안을 누리게 하려 함이라 세상에서는 너희가 환란을 당하나 담대 하라 내가 세상을 이기었노라"고 하였습니다. 여기서 우리가 깨달을 수 있는 것이 있어야 할 것입니다. '너희로 내 안에서 평안을 누리게 하려함이라'는 말씀입니다.

세상 사람들의 평안은 주님과 무관한 물질 안에서, 건강 안에서, 소유 안에서 평안을 누리려고 하지만, 성도들의 평안은 그게 아닙니다.

그래서 세상이 주는 평안과 다르다고 하였습니다.

네 안에서 평안을 누리게 하려한다는 말, 깊이깊이 생각해야 합니다.

주님이 주는 평안은 환난과 시련의 파도가 일어나는 삶의 한 복판에서 누릴 수 있는 평안인 것을 말하고 있습니다.

이것이 세상이 주는 평안과 다른 점입니다. 고난이 없어진 상태에서 누리는 평안이 아니라, 고난 중에서 얻어지는 평안이란 말입니다. 이것이 바로 신비로운 평안입니다.

고난 중에 있을 때 사람들은 걱정과 불안에 싸여 있기 마련입니다. 그것이 어쩔 수 없는 약한 인간의 모습이기도 합니다.

'고난 중에서 평안을 누린다........?'

그것이 어떻게 가능하겠습니까?

그래서 신앙이 약한 자들이나, 아예 무 신앙으로 사는 사람들에게는 예수 믿는 사람들은 미친 사람들이라고 하는 것입니다.

예수한테 미치지 않고야, 어떻게 고난 중에서 평안을 누린다고 하겠습니까? 그래서 이것을 〈신비로운 평안〉이란 말입니다.

주님의 이어지는 말씀을 경청해야 합니다.

"이것을 너희에게 이름은 너희로 내 안에서 평안을 누리게 하려 함이라 세상에서는 너희가 환난을 당하나 담대 하라 내가 세상을 이기었노라"고 하였습니다.

3. 고난 중에 있을 때 움츠러들지 말고 담대하라고 하였습니다.

사람들은 걱정 근심의 포로가 되기 쉽습니다. 걱정 근심으로 영과 육이 쇠해지기 쉽습니다. 그러나 너희는 담대하라고 하였습니다. 그 말속에서는 하나님께 간구하라는 뜻이 있습니다. 고난으로 인하여 신앙인에게는 도리어 하나님 앞에 더욱 가까이 나아가게 됩니다. 기도가 진지해집니다. 그런 기도 속에 응답 이상의 더 중요한 다른 목적이 있습니다. 바로 하나님과 인격적 교제가 이루어지게 됩니다.

하나님과 대화하는 동안 하나님을 향해 시선이 열리게 되고, 하나님 앞에 눈물을 쏟아내는 간구를 통해 그를 만나게 됩니다. 그리고 하나님의 음성을 듣게 됩니다. 이것이 신비로운 평안입니다. 하나님과 깊은 교제가 이루어지게 되면 세상이 주는 평안보다 더 깊은 신비로운 평안을 경험하게 됩니다. 그런 경험을 한 사람들이기에 우리 주변에서 극한 가난 가운데서도 찬송을 잃지 않고, 견디기 어려운 핍박과 조롱 속에서도 도리어 감사의 기도를 하게 됩니다.

찬송가 466장에서도 보면,
'나 어느 곳에 있든지 늘 맘이 편하다.
주 예수 주신 평안함, 늘 충만하도다.
(후렴) 나의 맘속이 늘 평안해, 나의 맘속이 늘 평안해,
악한 죄 파도가 많으나, 나의 맘속이 늘 평안해' 라고 했습니다.
흉악한 죄악의 고통스러운 파도 속에서도 평안을 느낀다고 하였습니다. 왜 그렇습니까?
최후의 승리를 이미 바라보고 있기 때문입니다.
'너희가 세상에서는 고난을 당하지만, 담대 하라, 내가 세상을 이기었노라' 하는 주님의 음성을 듣고 있기 때문입니다.

이번 주 기독공보에 실린 기사를 읽으면서 큰 감동을 받았습니다. '그래도 하나님 감사합니다' 라는 큰 타이틀 밑에 '세상에서 가장 아름

다운 청년 조엘 소넨버그'의 기사가 실렸습니다.

내용인즉 Joel Sonnenberg 26세는 갓 태어난지 20개월이 되던 해 40톤 트럭과 승용차의 충돌로 화상을 입었는데 전신에 3도 이상의 화상을 입어 살아남을 수 있는 확률은 10% 밖에 없었다고 합니다. 그러나 그 부모님들의 간절한 신앙이 기도의 힘으로 하나님은 역사하여 다시 살게 하였고, 전 세계를 다니며, 절망 속에 있는 장애인들에게 희망의 꽃을 피우도록 희망의 전령사로 다니는데, 이번 국회 조찬기도회에 초대를 받아 간증하는 말을 듣고 모두 눈시울을 붉혔다고 합니다.

그는 이렇게 말했습니다.
"부모님은 매우 지혜로운 사람이며, 내가 크리스천 가정에서 주일학교를 다닐 수 있었던 것이 매우 기뻤습니다. 하지만, 내가 그런 가정에서 교회에 출석했기 때문에 예수를 믿은 건 아닙니다. 가장 사랑하고 믿는 부모도 자신이 받는 수술을 대신 받을 수 없었고, 그래서 그가 잡을 수 있는 희망의 끈은 예수 밖에 없었다"고 했습니다.

그러면서 또 이렇게 말했습니다.
"예수님은 나와 함께 고통을 느끼고 나와 함께 누워 주신다는 것을 마음으로 느낄 수 있었고, 나는 그의 친구가 되었습니다"...
결국 18년 만에 가해자를 법정에서 만나 용서하면서, '한 사람을 증오하면서 살기보다 남은 삶을 지금에 처한 상황에 집중하면서 살겠다'고 하였습니다.

그리고 그의 마지막 말이 더욱 더 감명 깊었습니다. "길이 있어 가는 것이 아니다, 내가 걸어감으로써 길이 생기는 것이다"는 말... 참으로 깊이 음미해야 할 말이라고 봅니다.
사람들은 길이 없다고 낙심하고 절망합니다.

그러나 주님과 함께 가노라면, 길이 생기는 것이란 말입니다.
주님은 그래서 나는 길이요, 진리요, 생명이라고 하였습니다.
이것이 얼마나 놀라운 신비로운 평안입니까! 우리 모두 금년 한해 동안 이러한 평안을 경험하는 성도들이 다 될 수 있기를 바랍니다.

하나님과 멀어지게 하는 것

[열왕기상 11장 1-13절]

솔로몬왕이 바로의 딸 외에 이방의 많은 여인을 사랑하였으니 곧 모압과 암몬과 에돔
과 시돈과 헷 여인이라 여호와께서 일찌기 이 여러 국민에게 대하여 이스라엘 자손에
게 말씀하시기를 너희는 저희와 서로 통하지 말며 저희도 너희와 서로 통하게 말라 저
희가 정녕코 너희의 마음을 돌이켜 저희의 신들을 좇게 하리라 하셨으나 솔로몬이 저
희를 연애하였더라 왕은 후비가 칠백인이요 빈장이 삼백인이라 왕비들이 왕의 마음을
돌이켰더라 솔로몬의 나이 늙을 때에 왕비들이 그 마음을 돌이켜 다른 신들을 좇게 하
였으므로 왕의 마음이 그 부친 다윗의 마음과 같지 아니하여 그 하나님 여호와 앞에 온
전치 못하였으니 이는 시돈 사람의 여신 아스다롯을 좇고 암몬 사람의 가증한 밀곰을
좇음이라 솔로몬이 여호와의 눈앞에서 악을 행하여 그 부친 다윗이 여호와를 온전히
좇음 같이 좇지 아니하고 모압의 가증한 그모스를 위하여 예루살렘 앞 산에 산당을 지
었고 또 암몬 자손의 가증한 몰록을 위하여 그와 같이 하였으며 저가 또 이족 후비들을
위하여 다 그와 같이 한지라 저희가 자기의 신들에게 분향하며 제사하였더라 솔로몬이
마음을 돌이켜 이스라엘 하나님 여호와를 떠나므로 여호와께서 저에게 진노하시니라
여호와께서 일찌기 두번이나 저에게 나타나시고 이 일에 대하여 명하사 다른 신을 좇
지 말라 하셨으나 저가 여호와의 명령을 지키지 않았으므로 여호와께서 솔로몬에게 말
씀하시되 네게 이러한 일이 있었고 또 네가 나의 언약과 내가 네게 명한 법도를 지키지
아니하였으니 내가 결단코 이 나라를 네게서 빼앗아 네 신복에게 주리라 그러나 네 아
비 다윗을 위하여 네 세대에는 이 일을 행치 아니하고 네 아들의 손에서 빼앗으려니와
오직 내가 이 나라를 다 빼앗지 아니하고 나의 종 다윗과 나의 뺀 예루살렘을 위하여
한 지파를 네 아들에게 주리라 하셨더라

하나님과 멀어지게 하는 것

사람에게서 선택의 고민 중에 두 가지 큰 문제가 있습니다. 하나는, 젊어서 고생고생 하다가 나중에 잘 되는 경우가 있고, 다른 하나는, 젊어서는 호의호식하며 잘 지내다가 늙어서 고생 고생하는 경우가 있습니다.

여러분은 어느 경우를 택하겠는가? 하면 대부분 전자를 택한다고 합니다. 즉 젊어서 고생을 했지만, 나중에 잘 되는 경우라면 그것이 좋겠다고 합니다.

그런데 문제는 또 있습니다.

젊어서도 고생이 늙어서까지 계속되는 일입니다.

반대로 젊어서도 잘되고 나중에도 잘 되어 일평생 잘 지내는 경우입니다. 그렇다면 여러분은 어느 것을 택하겠습니까? 물론 젊어서도 잘 되고, 늙어서도 잘 되는 것을 택하겠다고 할 것입니다. 오늘의 본문에서 깨달을 수 있는 교훈이 있다면 젊어서도 잘 되고, 나중에도 잘 되는 길이 있다면, 그것이 어떻게 가능하겠는가? 입니다.

1. 인간의 불행은 하나님이 기뻐하지 않은 일을 하는데서 멀어집니다.

하나님과의 관계에서 우리의 삶을 분석해 보면 세 가지가 있습니다. 첫째는 하나님 없이 사는 삶이 있고(무신앙), 다음은 하나님을 등한히 여기며 사는 삶이 있고(불신앙), 셋째는 하나님을 기쁘시게 하는 삶(신앙)이 있습니다.

우리 신앙인이 하나님과 멀어지게 되는 것은 처음부터 그렇게 되는 것은 아닙니다. 즉 처음에는 하나님의 말씀을 따라 순종하며 살다가 점점 죄에 대한 가책이 둔감해지면서 멀어지게 됩니다. 그 좋은 예가 솔로몬 왕에게서 볼 수 있습니다. 솔로몬은 처음에 왕위에 오를 때, 하나님의 눈에 들었습니다. 하나님께 일천 번제를 드려 그를 기쁘시게 하였습니다. 그 결과 그는 전무후무한 부귀영화를 누리게 되었습니다. 성경에 보면 그는 은과 금을 돌처럼 흔하게 썼고, 화려한 궁궐에 후비가 700명이요, 빈장이 300명인 아름다운 여인들과 사랑을 나누었다고 하였습니다. 이쯤 되면 역사상 솔로몬처럼 부귀영화를 누린 사람이 또 어디에 있겠습니까?

죄를 짓기 전 단계에는 그것이 죄이냐? 아니냐? 보다 그것을 하나님이 기뻐하는 일이냐? 아니냐? 에서 시작됩니다.

우리는 가끔 죄는 멀리하려고 하면서도, 하나님을 기쁘게 하는 일에는 인색한 경우가 많습니다. 그것이 바리새인들의 행위였습니다. 저들은 항상 이것도 죄, 저것도 죄, 하면서 죄만 지적했지 하나님을 기쁘시게 하는 것에는 미처 생각을 못했습니다.

그러면 하나님을 기쁘시게 하는 것이 무엇이겠습니까? 믿음으로 행하는 일입니다.

히브리서 11:6 절에 "믿음이 없이는 하나님을 기쁘시게 못하나니…"라고 하였습니다. 믿음으로 행하는 일이라야 하나님을 기쁘게 한다는 말입니다.

우리는 신앙생활을 한다고 하면서도 믿음으로 행하지 않고 세상적인 지식이나, 자신의 이성적 생각으로 신앙생활을 하는 경우가 있습니다. 즉 교회 봉사하는 일에서도 그렇습니다. 초대교회의 신자들이 어떻게 교회를 봉사했습니까? 이성적인 자기 생각이 아니었습니까?

만일 요즘 같았으면 어떻게 사도들에게 논과 밭을 팔아 몽땅 가져왔겠습니까? 그러나 저들은 믿음으로 행하였습니다.

오늘날에도 그렇게 봉사하는 사람들이 있기에 교회는 부흥하고 유지됩니다. 순수한 믿음으로 자신의 모든 것을 헌신하는 사람들을 보면, 어떻게 저런 믿음이 생겼을까? 싶기도 합니다. 그러나 평생 믿음으로 행하지 못하고 습관적으로, 관례적으로, 자신의 생각으로 믿고 있는 사람들에게는 기적과 같은 역사는 없습니다.

다음으로 왜 하나님과 멀어지게 됩니까?

2. 하나님이 금한 것을 하는 일을 하는데서 멀어집니다.

솔로몬에게 하나님이 금한 것은 이방 사람들과 혼인하지 말라는 것이었습니다. 솔로몬은 처음에는 하나님의 마음에 드는 일을 했지만, 나중에는 그가 금한 이방 여인들을 아내로 많이 맞아들였습니다.

하나님을 믿지 않는 다른 나라의 공주들과 결혼을 하였습니다. 애굽왕 바로의 딸과 결혼하였고, 모압과 암몬과 에돔과 시돈, 헷 여인들을 사랑하고 결혼했습니다. 하나님은 왜 이방여인들과 결혼하지 말라고 하였느냐? 하면, 그들이 이방의 신을 섬기게 할 것이기 때문이라고 하였습니다. 그 말대로 솔로몬은 여인들의 말대로 이방의 신인 ① 시돈의 여신 〈아스다롯〉과 ② 암몬의 신〈밀곰〉과〈몰록〉과, ③ 모압의 신〈그모스〉를 섬기고 그들의 신당을 예루살렘에 지어 이방 신들에게 제사를 드릴 수 있도록 하였습니다. 이것이 얼마나 하나님과 멀어진 일이었습니까!

오늘 우리에게도 하나님과 멀어지게 하는 일은 우상을 섬기는 일입니다. 하나님은 나 이외에 다른 신을 두지 말라고 첫째 계명에 명령하였습니다. 이것은 자기에게서 마음을 돌이키는 것을 의미합니다.

하나님은 우리를 위하여 독생자까지 보내어 대신 죽게 하였습니다.

그런데, 그렇게 우리를 사랑하였는데, 우리는 우리의 마음을 어디에 뺏기고 있습니까?

그러므로 구약의 하나님은 나는 질투하는 하나님이라고 하였습니다.
질투란 그만큼 사랑하는 것을 입증하는 것입니다. 애증의 관계에서
질투는 아직도 상대를 의식하고 있다는 증거입니다.

그러면, 오늘의 우상은 무엇이겠습니까?
하나님 보다 우리의 소유물 일수도 있습니다.
재물 일수도 있고, 명예 일수도 있고, 권력 일수도 있고, 자식 일수도
있습니다. 많은 오늘의 신학자들이 21세기 세계교회가 당면한 최대의
우상은 바로 맘몬의 우상이라고 하였습니다. 모든 나라들이 경제, 경
제, 하면서 경제 제일주의로 나가기 때문입니다.

하기야, 돈의 위력이 얼마나 큰지 실감하는 바이기 때문입니다.
돈 없으면 모든 의욕이 사라집니다.
돈만 있으면 못난 사람도 잘나게 보입니다.
돈은 하나님 보다 현실적으로 더 큰 힘으로 군림합니다.
요즘 정치계에서 보십시오. 모두 돈의 위력 앞에 고개들을 숙이고 있
습니다. 심지어 노동자들도 같은 힘없는 노동자들을 위한다는 대표자
들도 돈 앞에 고개를 숙이고 말았습니다.

어느 사람이 이렇게 말하는 것을 보았습니다.
로또에 대하여 왜들 그것을 부정적으로만 보느냐?
가장 밑바닥 서민에게 일주일동안 희망 속에서 살아가게 하는 것은
하나님을 믿는 믿음보다 더 크다고 하는 말을 들었습니다. 이처럼 하나
님과 멀어질 수 있는 것은 우상숭배에 있습니다.
그리고 왜 하나님과 멀어지느냐? 하면,

3. 하나님이 경고할 때 듣지 아니하는데서 멀어집니다.

솔로몬의 마음이 하나님을 떠나자 하나님은 솔로몬에게 나타나서 두 번이나 경고 하였습니다. 하지만 반복된 경고를 귀담아 듣지 아니했습니다. 그 결과 하나님은 솔로몬에게 이렇게 말했습니다.

"너는 나와 맺은 언약을 어기고 내 명령을 지키지 않았다. 그러므로 내가 반드시 나라를 네게서 빼앗아 네 신하에게 주겠다. 그러나 너의 아버지 다윗은 끝까지 나를 순종하였음으로 네 아버지를 생각해서 네가 살아있는 동안에는 이와 같은 일을 하지 않고 네 아들에게서 이를 이루리라"고 하였습니다.

처음 잘 믿던 믿음의 사람들이 하나님과 멀어지는 것을 보면 처음부터 멀어지는 것이 아닙니다. 경고할 때 돌이켜 회개하면 하나님은 그 뜻을 돌이키시는 하나님이십니다. 그래서 회개하는 마음이 제일 중요합니다.

우리는 다 약한 존재들입니다. 죄를 짓지 않을 사람이 없습니다. 다 약점을 가진 존재들입니다. 그러나, 그 죄에 대한 경고를 하나님은 몇 차례 줍니다. 그럼에도 불구하고 그것을 끝까지 뉘우치지 않으면 형벌이 임합니다.

하나님은 니느웨성에 내릴 심판을 돌이키신 하나님입니다. 니느웨성 사람들은 첫 번째 경고를 듣고 왕을 위시하여 모든 백성들이 다 자기의 죄를 자복하고 회개하였습니다. 그랬더니 하나님은 뜻을 돌이키셨습니다. 하나님의 일차 경고를 바로 듣고 회개하면 하나님은 뜻을 돌이키십니다. 우리 모두 하나님과 멀어지지 않도록 오늘의 말씀의 교훈을 되새겨 이 한해를 살기를 바랍니다. 그럴 때 하나님의 영광은 우리들의 삶 속에서 더 크게 나타날 것입니다.

전통과
변화의
교회

약점을 극복한 신앙

[고린도후서 12:1-10]

무익하나마 내가 부득불 자랑하노니 주의 환상과 계시를 말하리라
내가 그리스도 안에 있는 한 사람을 아노니 십 사년 전에 그가 세
째 하늘에 이끌려 간 자라 (그가 몸 안에 있었는지 몸 밖에 있었
는지 나는 모르거니와 하나님은 아시느니라) 내가 이런 사람을 아
노니 (그가 몸 안에 있었는지 몸 밖에 있었는지 나는 모르거니와
하나님은 아시느니라) 그가 낙원으로 이끌려가서 말할 수 없는 말
을 들었으니 사람이 가히 이르지 못할 말이로다 내가 이런 사람을
위하여 자랑하겠으나 나를 위하여는 약한 것들 외에 자랑치 아니
하리라 내가 만일 자랑하고자 하여도 어리석은 자가 되지 아니할
것은 내가 참말을 함이라 그러나 누가 나를 보는 바와 내게 듣는
바에 지나치게 생각할까 두려워하여 그만 두노라 여러 계시를 받
은 것이 지극히 크므로 너무 자고하지 않게 하시려고 내 육체에
가시 곧 사단의 사자를 주셨으니 이는 나를 쳐서 너무 자고하지
않게 하려 하심이니라 이것이 내게서 떠나기 위하여 내가 세번 주
께 간구하였더니 내게 이르시기를 내 은혜가 네게 족하도다 이는
내 능력이 약한데서 온전하여짐이라 하신지라 이러므로 도리어 크
게 기뻐함으로 나의 여러 약한 것들에 대하여 자랑하리니 이는 그
리스도의 능력으로 내게 머물게 하려함이라 그러므로 내가 그리스
도를 위하여 약한 것들과 능욕과 궁핍과 핍박과 곤란을 기뻐하노
니 이는 내가 약할 그 때에 곧 강함이니라

약점을 극복한 신앙

1. 사람은 누구에게나 다 약점이 있습니다.

육체적인 장애를 가진 약점이 있는가 하면, 정신적인 문제를 안고 있는 경우도 있습니다. 또 성격적으로도 결함이 있는 경우도 있습니다.

그런가 하면 경제적인 가난의 문제들 때문에 고통과 함께 살아가는 경우도 있습니다. 이렇게 보면 '약점'(weakness)은 나 혼자만의 것이 아니란 점입니다. 우리 주변에는 많은 경우에서 지금 자신의 약점들 때문에 고통스럽게 살아가는 사람들이 많습니다. 이런 약점은 자신의 의지대로 극복되는 것이 아닙니다.

오늘 본문의 주인공이었던 사도 바울도 약점을 가진 사람이었습니다. 그는 당대의 사람들이 가지고 싶었던 모든 것을 다 가진 사람이었습니다. 먼저 그는 학문이 뛰어난 사람이었습니다. 그런가하면, 다른 어떤 사람보다 신령한 영적 세계의 경험도 많이 가졌던 사람이었습니다. 그러나, 그에게는 〈찌르는 가시〉 때문에 고통스럽게 살아야 하였습니다. 그 찌르는 가시 때문에 늘 기도하였습니다.

그러나, 하나님은 그의 기도에 응답하지 않았습니다. 그래서 몇 번이고 하나님께 매달려 보기도 하였습니다.

본문에 보면, 세 번이나 간절하게 자신의 찌르는 가시를 제거해 달라고 하였습니다. 얼마나 고통스러웠으면 그렇게 기도했겠습니까?

그러나 오늘 우리에게 그는 그 약점을 극복한 위대한 신앙을 간증하고 있습니다. 그런 면에서 나의 오늘의 약점을 극복할 수 있는 위대한 힘은 바로 고통 속에 임하는 하나님의 음성을 들어야 하겠습니다.

저는 이 설교를 준비하면서 지난날의 저의 걸어온 삶을 생각해 보았습니다.

6.25가 터지던 그때 저는 중학교 학생시절이었습니다. 10대 소년시절, 지금 생각하면 사춘기 시절에 가장 인생의 극치의 고난을 겪어야 했습니다. 우선 그 전쟁의 와중에서 살아남는 것이 유일한 소망이었습니다. 먹고 자고 입는 문제보다 어떻게 하여야 살아남을까? 하는 생각뿐이었습니다.

여기 계신 60대 이상의 6.25 세대들은 모두 같은 경험을 했을 것입니다. 두 양대 진영이 대치되어있는 전쟁터에서 포탄이 날아들고, 전투기의 기총소사로 우박처럼 떨어지는 기관포탄 사이에서 총알이 피해갔기에 살아남게 되는 그런 현실을 경험해야 하였습니다. 전쟁에서 사람의 목숨은 파리 목숨과 같이 죽어갑니다.

오늘의 청소년들에 비하면 어쩌면 박복한 시대에 태어난 세대라고 보아야 할 것입니다. 3년 동안의 전쟁으로 한반도는 그야말로 초토화되었습니다.

휴전협정이 체결되면서 그 다음에는 먹고사는 문제가 절박한 세월이었습니다. 보는 것은 다 불타버렸고, 도시건물들은 모두 파괴되어 우선 들어가 잘 곳이 없었습니다. 그래서 다리 밑이나, 언덕에 토굴을 파거나, 움막을 치고 그렇게 살아야 했습니다. 지금 생각해 보면 너무나 격세지감이 있는 세월을 살아온 것이 여기 60대 이상의 세대들입니다.

그런 어려운 시대를 살아온 세대들이 오늘의 기성세대들입니다.

그러나 그들이 그처럼 어려운 환경에서, 그토록 모든 면에서 결핍된 약점의 시대에서도 용기를 잃지 않았던 것은 오직 가족을 위해서였고, 자식들을 위한 희생으로 삶의 보람과 긍지를 느끼었을 뿐입니다.

그런데 오늘에 와 보면, 그들에게 돌아온 것은 아무것도 없습니다.

그렇게·목숨을 걸고 키운 자식들에게서 따돌림을 당하고, 업신여김을 당하고, 올데갈데 없이 죽어지지 않아 근근이 살아가는 독거노인들을 볼 때, 우리는 무엇을 느껴야 하겠는가? 인간적으로 생각해 보면 억울한 세대들이었다고 보아야 할 것입니다.

'누가 왜 그런 세대에 태어나라고 하더냐?' 하면 더 할 말은 없겠지만, 그렇게 살아온 세대들이었기에 누구보다 강했습니다. 요즘 세대의 나약함에 비하면, 그토록 굶주리고, 열악한 환경에서도 결코 나약함이 없었습니다. 도리어 그런 환경이었기에 더 강하게 일어날 수 있었습니다.

장사하는 분들, 공부하는 분들, 기술을 배우는 분들, 모두 세대적으로 약함을 가지고 살았지만, 그 약함이 도리어 우리를 강하게 이끌어갔음을 부인할 수 없을 것입니다.

더욱이 하나님을 믿는 신앙인에게는 더더욱 그러했습니다.

지금처럼 문화시설을 갖춘 좋은 환경은 꿈에도 생각 못했습니다.

그러나, 그 때가 도리어 가정이 파괴되지 않았고, 가족간의 사랑은 더 두터웠습니다. 행복에 대한 만족도는 지금보다 높았을 것입니다. 그러기 때문에 우리 하나님을 의지하고 살아가는 믿는 성도들에게는 약점을 보는 눈이 열려야 합니다. 그것을 오늘 본문이 잘 설명해 주고 있습니다.

2. 약점은 자신을 겸손하게 만들어 하나님을 바라보게 합니다.

우리의 신앙은 어디에서 성장하고 뿌리를 내리게 되는가? 어떤 의미에서 약점을 지녔기 때문에 기도하게 된다는 말입니다. 깊이 생각해 보면 우리의 신앙은 모두 약점이란 토양 위에서 뿌리가 내리고 성장하게 됨을 알 수 있습니다.

보십시오! 신앙은 결코 평안한 환경에서 성장하고 자라지 않습니다. 도리어 편안해지면, 〈세상적인 것〉들이 무성하게 되어 기도하던 생활도 사라지게 만듭니다. 사람은 평안해지면 늘어지게 됩니다. 게으르기 쉽고, 〈자만〉과 〈교만〉으로 기울어지기 쉽습니다. 삶의 방향과 목표를 잃어버리기 쉽습니다. 경제적으로 어려움을 당할 때 기도하던 사람이, 어느새 부자가 되면 그 기도의 밀도가 약해집니다. 육체의 병으로 고생하던 사람이 그 병이 낫게 되면 다시 바람을 피우는 경우가 생기는 것아 사실입니다.

사람은 적당한 약점으로 인한 고통이 있어야 믿음이 성장합니다.

고등학교 시절에 세 친구가 있었습니다.

매주일 열심히 교회를 봉사하며 가장 모범적인 신앙생활을 하였습니다. 대학에 들어가면서 각각 자신의 진로가 정해졌습니다.

하나는 의과대학에 들어가 의사가 되었고, 하나는 영문과를 나와 금융기관에 공채되어 경제인이 되었고, 하나는 철학과를 나와 신학교에 입학하여 목사가 되었습니다.

세월은 흘러서 40대에 접어들 때 그들의 삶은 변하기 시작하였습니다. 서로서로 제각기 길이 달랐던 고로 간접으로 소식을 듣고 있었는데, 금융계에 진출했던 친구가 미국에가 돈을 많이 벌게 되었다는 소문이 들렸습니다. 그런데 고생하던 본처와 이혼을 하였다는 소문이 들렸습니다. 그런데, 어느 해 목사가 된 친구가 미국을 가는 길에 물어물어 옛 친구를 만나자고 전화로 약속하고 내가 어느 교회에서 설교를 할 테니 그 교회로 오라고 하였습니다. 그러나 결국 나타나지 않았습니다.

아마 친구의 얼굴을 볼 면목이 없었던 것 같았습니다.

그래서 다시 세월은 흘러서 들려오는 말이 그렇게 큰 돈을 모아서 뉴욕 맨허턴에 미국인 사무원들을 수십명 고용하고 잘 나가던 친구가 한 잎도 없는 빈 털털이가 되었다는 소식이었습니다. 그런데 더 놀라운 사실은 그가 늦게나마 뼈저리게 뉘우치고 회개하여 남보다 오랫동안 공부하여 신학을 나와 침례교 목사가 되어 지금 뉴욕거리에서 집 없는 사람들, 홈레스(Homeless)들을 위해 일한다는 소식이었습니다.

여러분!
여기에서 볼 수 있는 것이 무엇입니까? 사람은 편해지면 나태해지기 쉽고, 가난했던 사람이 돈을 벌게 되면 이렇게 세상으로 나가기 쉽다는 말입니다. 그래서 적당한 약점의 가시들이 있기에 우리는 하나님을 의지하게 된다는 말입니다.

그러므로 우리가 약점을 가지고 있을 때 하나님을 더욱 더 가까이 해야 합니다. 고통스러운 환경에서 하나님을 더욱 찾아 나아와야 합니다.
고난 중에서 더욱 하나님의 은혜를 사모하게 되고 또한 하나님의 은혜를 받을 수 있는 믿음의 용량을 더 크게 준비하게 됩니다. 내가 약점을 가지고 있는 지금이 바로 하나님의 은혜를 받을 만한 때인 것입니다.

3. 약점 때문에 하나님은 내게서 도리어 크게 역사하십니다.

이것을 철저하게 체험한 사람은 사도 바울이었습니다. 그는 복음사역을 위하여 목숨을 내어놓고 선교하는 선교사였습니다.
하나님의 진실한 종이었습니다. 그러나 〈찌르는 가시〉 때문에 고통 중에 나날을 보냈습니다. 복음 사역에 더 크게 이바지할 수 있도록 하기 위하여 자신의 약점을 제거해 달라고 기도했습니다. 그런데 하나님은 묵묵부답이었습니다.
그런데 어느 날, 하나님의 응답은 '내 은혜가 네게 족하다' 고 하였습니다. 그러면서 '이는 내 능력이 약한데서 온전하여짐이라'고 하였습니다. 이 말은 '네가 고통 중에 있지만, 그 고통으로 내가 너와 함께 하겠다'는 뜻입니다. 고통의 가시를 제거해 달라고 했던 바울에게 하나님은 그 가시와 함께 네게 임하는 내 은혜가 크겠다고 하였습니다.

바로 여기에 우리가 깊이 생각하고 본받아야할 교훈이 있습니다. 약점을 극복할 수 있는 유일한 길이 여기에 있습니다. 바울은 바로 이 음성을 듣고 실망하거나 낙심하지 않았습니다. 고통스러운 육체의 약점에 대하여 새로운 눈이 열렸습니다. 그 후 그는 이렇게 간증하였습니다. "내가 그리스도를 위하여 약한 것들과 능욕과 궁핍과 핍박과 곤란을 기뻐하노니 이는 내가 약할 때에 곧 강함이니라"고 하였습니다. 우리도 바로 이러한 바울 사도의 신앙을 가지고 약점을 극복할 수 있는 신앙의 사람들이 되기를 바랍니다.

전통과
변화의
교회

자유하게 됨으로의 행복

[갈라디아서 5장 1절]

그리스도께서 우리로 자유케 하려고 자유를 주셨으
니 그러므로 굳게 서서 다시는 종의 멍에를 메지 말
라

자유하게 됨으로의 행복

1. 사람들은 새해를 맞으면서 결심한 일이 있었습니다.

술 먹던 사람들은 술을 안먹겠다고 결심하였습니다.

담배를 피우던 사람들도 새해부터는 금연하겠다고 작심(作心)하였습니다. 또 허랑방탕하게 지내던 사람들도 새해에는 바르게 살아보려고 결단하면서 떠오르는 새해의 태양을 바라보았습니다. 하지만 벌써 보름이 지나면서 처음 마음먹었던 일들이 무너진 것은 없지 않은지? '인심(人心)은 조석변(朝夕變)'이란 말이 있듯이 아침과 저녁에 달라지는 것이 인간의 마음입니다. 이처럼 인간의 의지가 얼마나 약한가를 실감하게 됩니다. 누구나 그러면 안되지, 안되지 하면서도 다시 옛 생활로 돌아갑니다.

그러면 무엇이 우리를 이렇게 만들어 버리는가? 왜 내 마음을 내가 원하는 바대로 따라 행동하지 못하는가? 그에 대한 대답은 우리는 모두 죄의 세력 하에서 살고 있기 때문입니다.

죄의 멍에 하에서 살고 있는 존재들이기 때문입니다. 그러므로 사도 바울도 "오호라 나는 곤고한 사람이로다 이 사망의 몸에서 누가 나를 건져내랴"(롬 7:24)고 탄식하였습니다.

우리는 누구누구 할 것 없이 모두 죄의 세력하에서 살고 있는 나약한 존재들입니다. 새해에 결심이 깨진 분들이 계시다면 다시 말씀 앞에 귀 기울여야 하겠습니다.

2. 구원이란 죄의 멍에로부터 자유하게 함을 의미합니다.

죄가 우리를 지배하는 통로는 욕심으로부터 시작됩니다. 성경에서도 '욕심이 잉태한즉 죄를 낳고, 죄가 장성한즉 사망을 낳느니라'고 하였습니다. 하나님은 사람을 지을 때 당신의 형상대로 지었다고 하였습니다. 이것은 하나님과 같이 자유로움의 존재로 지었다는 말입니다. 하나님, 당신과 같이 서로 의사를 교환할 수 있는 존재로 지었다는 말입니다. 돌덩어리들, 화석들, 고목나무들 처럼 굳어버린 존재들이 아니라 부르면 응답할 수 있는 존재로 지었다는 말입니다.

그러므로 대화란 인격과 인격의 만남입니다. 그 만남은 전적으로 기계적인 만남이 아니라 자유로움의 만남입니다. 그러면서 모든 것을 다 할 수 있도록 허락하였습니다. 〈자유함〉에 대한 무한한 책임을 지웠습니다. 스스로 할 수도 있고 안 할 수도 있는 그런 존재로 지었다는 말입니다. 〈예〉와 〈아니오〉를 할 수 있는 존재로 지었다는 말입니다.

그러므로 요즘도 하나님을 믿게 되는 것은 강제적이 아닙니다.

그런데 그 〈예〉와 〈아니오〉라고 할 수 있는 본래적인 능력(本能)을 사탄이 유혹하였습니다. 결국 사탄이 유혹하는 말로 기울어져 버리게 하였습니다. 결국 금단의 열매를 따먹어 버렸습니다. 이후부터 우리는 하나님 떠난 본능의 욕심의 명에 하에서 살게 되었습니다. 이것이 육체의 욕망과, 정욕의 욕망 앞에서 언제나 뿌리치지 못하게 되어 작심삼일 밖에 될 수 없었습니다. 사도 바울은 이것을 이렇게 표현하였습니다.

'피조물이 다 이제까지 함께 탄식하며 함께 고통 하는 것을 우리가 아나니 이뿐 아니라 또한 우리 곧 성령의 처음 익은 열매를 받은 우리까지도 속으로 탄식하여 양자 될 것 곧 우리 몸에 구속을 기다리느니라' (롬 8:22-23)

성령의 처음 익은 열매를 받은 우리까지도...라는 말은 예수 그리스도를 통하여 구원받은 성도들도 다 같이 죄의 유혹에서 벗어날 수 없다는 뜻입니다. 그러므로 구원이란 죄로부터의 자유함에 이름을 의미합니다.

3. 그러면 어떻게 자유함에 이르게 되겠습니까?

우리 인간의 의지력으로는 불가능합니다. 불교에서는 고행(苦行)이나, 명상(冥想)이나 금욕(禁慾)으로 될 수 있다고 말합니다. 108가지의 번뇌로움에서 해탈되어야 참 자유인이 될 수 있다고 합니다. 그래서 저들은 고행을 택합니다.

이것은 중세 기독교에서도 마찬가지였습니다. 그래서 수도원이 많이 생겼습니다. 루터도 그 중에 한 사람이었습니다.

수도원에서 가장 모범적으로 수행을 통하여 죄의 멍에로부터 자유함에 이르려고 하였으나, 그러면 그럴수록 더 심각한 고민에 빠져버렸습니다. 그러다 어느 날, 말씀을 묵상 중에 깨닫게 되었습니다.

그리스도께로부터 오는 자유함을 누려야 가능하다는 것을 깨달았습니다. 자신의 의로운 행위로, 자신의 의지력으로 죄의 멍에를 꺾어, 하나님 앞에 의롭게 되어 보려고 무척이나 고민했지만, 하나님의 의가 복음에 나타났다는 사실을 말씀 속에서 발견하고 무릎을 치고 일어났습니다.

로마서 1:7절 '복음에는 하나님의 의가 나타나서 믿음으로 믿음에 이르게 하나니 기록된바 오직 의인은 믿음으로 말미암아 살리라 함과 같으니라' 이 얼마나 감격적인 깨달음 이었겠습니까!

오늘 본문에서도 '그리스도께서 우리로 자유케 하려고 자유를 주셨으니...' 라고 하였습니다. 그리스도께서 우리로 자유케 하려고 자유를 주었다고 하였습니다. 그러므로 이 자유는 나의 의지로 만들어낸 자유가 아닙니다. 이 자유는 시민운동으로 얻어낸 정치적인 자유도 아닙니다. 그리스도께서 성취한 자유입니다.

그래서 영어성경에는 이렇게 번역하였습니다. So Christ has really set us free 라고 하였습니다. 이 자유는 그리스도께서 우리에게 준 자유입니다. 바울은 이것을 언제나 〈그리스도 안〉에 있는 자유라고 하였습니다.

　우리의 의지력은 나약하기 짝이 없습니다. 나의 의지력으로 자유함에 이를 수 있는 사람은 아무도 없습니다. 죄의 세력은 집요하게 우리를 따라옵니다. 내 자신의 의지가 성령과 결합하여야 합니다. 성령의 역사와 합해져 제3의지를 만들어 내야합니다. 그것이 순종입니다. 우리는 언필칭 믿음으로 구원받는다고 합니다마는 순종이 뒷받침 되지 않은 믿음은 죽은 믿음입니다. 죽은 믿음에서는 새 생명이 자랄 수 없습니다. 믿음은 순종에서 시작되고 완성됩니다.
　지금까지 순종 없는 믿음생활만 하고 있지는 아니했는지?
　깊이 반성해 보아야 하겠습니다.
　죄의 세력은 새 해라고 스스로 우리를 떠나는 것이 아닙니다.
　죄의 세력은 우리를 노예로 만들어 버립니다.
　욕심대로 끌어가 버립니다.
　〈하고픈 욕심〉, 〈갖고픈 욕심〉, 〈누리고픈 욕심〉, 그 욕심들이 우리를 번뇌케 만듭니다. 이런 죄의 세력으로부터 해방이 우리의 참 행복입니다.

　저는 이번에 수술을 받으면서 육신의 고통의 속박에서 해방된 것을 실감해 보았습니다. 언제나 한쪽 어깨 때문에 늘 괴로웠던 아픔의 멍에에서 자유함에 이르게 된 이 하나만 가지고도 그 기쁨을 측량할 수 없는데, 죄의 값인 사망으로 부터의 자유함에 이르는 기쁨이야 얼마나 더 크겠느냐 입니다.

　미국 흑인 노예 시절의 이야기입니다.
　한 흑인 노예가 목숨을 걸고 도망을 쳤습니다.

그러나 강을 건널 수 없어 붙잡혀 재판을 받게 되었습니다.

판사가 물었습니다.

'왜 도망을 쳤느냐?'

노예는 아무 대답도 하지 않았습니다.

'주인이 나빴나? 호되게 일을 시켰느냐?'

노예는 아니라는 뜻으로 고개를 저었습니다.

'그러면 음식이 나빴느냐? 혹은 잠자리가 불편했느냐?'

노예는 역시 고개를 저었습니다.

'그러면 왜 도망을 쳤느냐?' 고 판사는 호되게 물었습니다.

노예가 드디어 입을 열었습니다.

'판사님, 저는 노예로서 별 부족한 것이 없이 지냈습니다. 그런데 아무리 좋은 것을 가져도 기쁘지 않았습니다. 저는 무엇보다 자유를 갖고 싶었습니다.' 라고......

여러분!

어떻게 생각하십니까?

세상에서 가지고 싶은 것 다 가지고, 누리고 싶은 것 다 누리면서 살아도 인간의 참 행복은 죄로 부터의 자유함에 있습니다.

자유하게 됨으로 부터 오는 행복은 세상에 어떤 것과도 비교할 수 없는 기쁨이요 행복입니다. 죄로 부터의 자유함이 어떻게 이루어지겠습니까? 예수 그리스도, 그 분 안에서 이루어지는 것입니다.

우리로 자유케 하려고 당신은 고난의 십자가를 졌습니다.

처절한 매를 맞았습니다.

온갖 멸시와 조롱을 다 당하였습니다.

그런데, 우리는 아직도 그 분을 주(主)라고 말하면서도, 그 분을 믿지 못합니다. 그 분이 내 마음에 들어와 거할 방이 없습니다.

아직도 물질을 더 의지합니다.

아직도 명예욕에 눈이 어두워 있습니다.

아직도 자유함에 이르는 기쁨 보다는 이 세상적인 것을 더 크게 보고 살고 있습니다.

왜 금년도 또 예수를 믿어야 하는가?

왜 금년에도 교회의 직분을 받아 지내야 하겠는가?

깊이 반성하는 가운데, 아직도 버리지 못한 욕심들이 있었다면,

과감하게 떨쳐 버리도록 성령의 도움을 구해야 하겠습니다.

성령은 우리의 연약함을 아시고 말할 수 없는 탄식으로 우리를 위하여 도와주려고 간구하고 있다고 하였습니다.

우리 모두 이 한 해 동안 자유하게 됨으로 행복한 사람들이 되기를 바랍니다.

4 기도자가 받는 복

서로 격려하며 삽시다

또 약속하신 이는 미쁘시니 우리가 믿는 도리의 소
망을 움직이지 말고 굳게 잡아 서로 돌아보아 사랑
과 선행을 격려하며 모이기를 폐하는 어떤 사람들의
습관과 같이 하지 말고 오직 권하여 그날이 가까움
을 볼수록 더욱 그리하자

서로 격려하며 삽시다

1. 성경은 격려와 위로하는 말씀으로 차 있습니다.

신약 27권 중 21권이 편지로 쓰여 있는데 모두 위로와 격려의 내용입니다. 신앙생활을 하면서 핍박을 받는 성도들에게

'두려워하지 말라'

'염려하지 말라'

'하나님이 함께 하신다' 라는 말로 차 있습니다. 구약에서도 보면, 하나님이 당신의 백성에게 선지자들을 통하여 위로와 격려의 메시지들을 보내주었습니다. 이사야, 예레미야, 에스겔 등의 예언서들의 대부분은 모두 격려의 말씀들입니다.

예수님의 행적 중에서도 격려의 말들이 많습니다. 간음 중에 잡혀온 여인에게까지 '나도 너를 정죄치 않으니 다시는 죄를 짓지 말라'고 하면서 보냈고, 사마리아 수가성의 여인에게도 먼저 대화를 걸어 물 좀 달라고 하면서 그의 마음을 꿰뚫어 봄으로 여인의 마음을 열게 하였고, 그녀로부터 메시야를 만났다고 사람을 피해 다니던 여인이 온 동네 사람에게 예수를 증기 하게 하였습니다.

2. 격려는 저절로 자연히 되는 것이 아닙니다.

남을 비판하기는 쉬워도 칭찬하고 격려하기는 어렵습니다.

본문 24절에 "서로 돌아보아 사랑과 선행을 격려하며" 라고 했습니다. 여기서 〈돌아본다〉는 말은 〈깊이 생각하라〉는 말입니다. 표준 새번역 성경에는 '서로 돌아보아' 를 '서로 마음을 써서' 라고 번역하였습니다.

"서로 마음을 써서 서로 사랑과 선한 일을 하도록 격려합시다" 라고 되어 있습니다. 그러므로 격려하려면 '깊이 생각하고 마음을 써야 한

다' 는 것입니다.

'어떻게 하면 저 사람을 격려할 수 있을까?'

'저 사람에게 필요한 격려는 무엇일까?'

'저 사람에게 가장 효과적인 격려의 말은 무엇일까?' 이렇게 마음을 써야 한다는 것입니다. 그러므로 격려하기는 어려워도 비난하기는 쉽습니다. '한번의 비난은 아홉 번의 칭찬이 있어야 회복될 수 있다' 는 말이 있습니다. 생각 없이 한 말이 남에게는 상처를 주게 되고 그 상처를 만회하기란 적어도 아홉 번 이상 그를 칭찬해야 회복될까 말까 한다는 뜻입니다.

유명한 성경학자인 '마이어' 는 "내가 다시 살 수 있는 생명이 있다면, 더 많은 사람들을 위로하고 격려하는데 바칠 것이다" 그런 말을 했습니다.

사람이 죽게 될 때야 바른 소리를 하게 된다는 말이 있습니다. 죽기 전에 남을 많이 격려하면서 살 수만 있다면 그렇게 살아야 할 것입니다.

3. 우리 그리스도인들은 서로서로 격려하며 살아야 하겠습니다.

본문 25절에 '오직 권하여' 란 말이 있습니다. '오직 권하여 그날이 가까움을 볼수록 더욱 그리하자' 라고 하였습니다. 여기 '권하여....' 란 말은 '격려하여' 라는 말인데, 이 단어의 어원을 찾아보면 요한복음 14:26에 나타난 성령의 다른 이름으로 사용되었습니다. 즉 '보혜사' 를 말합니다. 다른 말로는 '위로자' 영어에는 헬퍼(helper)라고 번역되었습니다. 즉 옆에서 우리를 도와주시는 분, 그 분이 바로 성령인데, 그 성령이 하시는 일도 격려하는 일을 한다는 것입니다.

성령은 세상 끝날 까지 우리를 떠나지 않고 옆에서 격려하고 있다는 말입니다.

성령이 말할 수 없는 탄식으로 우리를 위해 위로하고 격려하고 있다고 하였습니다. 그러기에 남을 격려하는 것은 성령의 역사이기도 합니다. 남을 칭찬하는 것은 악령은 할 수 없습니다. 성령은 흠이 있는 우리들까지도 늘 격려하여 주님의 사랑 안에 머물게 합니다.

여기서 우리는 '격려의 위대한 힘'을 느낄 수가 있습니다.

격려는 칭찬과는 다른 차이가 있습니다. 칭찬이란 잘했을 때, 성공을 했을 때 주어지는 것이라면, 격려는 오히려 실패해서 넘어졌을 때 주어지는 것입니다. 칭찬이 상대방에게 보상감을 심어주는 것이라면, 격려는 있는 그대로 상대방을 인정해 주는 말이나 행동입니다. 칭찬이 '행위나 일의 결과'에 초점이 맞추어 있다면, 격려는 그 일을 저지른 '사람'에게 초점을 맞추는 것입니다. 칭찬은 언제나 "더 잘해야지" 하는 강박관념을 심어줄 수 있지만, 격려는 있는 그대로 자신이 인정되어지고 있다는 신뢰와 믿음을 줍니다.

교회는 예수님의 몸을 이뤄 가는 신앙 공동체입니다. 서로서로 돌아보아 격려하여 공동체를 이루어야 합니다. 교회에서 얻는 격려를 통하여 세상에서 받은 상처를 치료받아야 합니다.

(안집사! 너무 염려하지마, 하나님께서 지켜 주실 거야) 교회에서 받는 격려는 거친 세상에서 삶을 이길 수 있는 힘이 됩니다.

(장로님! 힘내세요. 우리들이 있지 않습니까!) 누구든지 교회에 나오면 격려의 한 가운데 앉을 수 있어야 합니다. 그런 것이 교회의 본질적 사명입니다.

그런데 요즘 교회의 모습들이 어떠합니까?

교회에서 상처받는 일들을 보면 모두 말에서부터 시작됩니다.

말 한마디가 남의 가슴에 비수처럼 상처를 주는 일들이 많습니다. 무심코 내 뱉은 말이 남의 약점을 찌르는 경우가 있습니다.

우리들은 서로 서로 돌아보아, 좀 잘못한 점이 있더라도 비난보다는 격려하는 일에 힘써야 하겠습니다. 이것이 성령께서 하는 역사이기 때문입니다. 우리 모두 마음을 써서 서로 격려하는 성도들이 되어야 하겠습니다.

여러분! 우리 옆에 있는 분들과 이렇게 한번 해 보십시다.

〈대단 하십니다〉〈참 수고가 많습니다〉〈은혜가 넘칩니다〉〈반드시 승리할 것입니다〉 성가대원들에게 예배마치고 나가면서 '오늘 찬양이 너무나 감격스러웠습니다' 장로님들에게도 '오늘 장로님 기도에 너무나 뭉클 했습니다'

'목사님! 사랑해요, 오늘 너무너무 좋았어요' 라고 해 보십시오. 그러면 목사님들도, 장로님들도, 성가대원들도, 교회학교 교사들도 어쩔 줄 모를 것입니다.

어떤 때는 돈도 좀 써야할 때도 있을 것입니다.

그러기 위하여 하나님 앞에 돈 좀 벌도록 해 달라고 구해야 합니다. 또 돈이 없어도 사람들 마음을 감동시킬 수 있는 일들은 얼마든지 있습니다.

제가 대구에 경산에서 교목생활을 하였습니다.

그때는 모두가 어려운 때이었습니다.

졸업생 중에서 군대 영장을 받고서 인사차 들렸던 제자가 있었습니다. 그때 우리 집사람이 계란 후라이 두개를 해서 주었다고 합니다. 우리는 그것을 잊고 있었습니다. 그런데 그 졸업생이 제대한 후, 어느 날 우리 집사람에게 이렇게 말을 하더랍니다.

'사모님이 제가 군대 입대할 때 계란 후라이 두개를 해 주신 것, 저는 그때 그것을 영원히 잊을 수 없었습니다' 라고...

여러분! 그 계란 두개가 무슨 힘이 있었겠습니까?

거기에는 자기를 격려해 주는 따뜻한 사랑의 힘이 그를 사로잡았을 것입니다. 우리 모두에게는 그 누구로부터의 잊을 수 없는 격려를 받은 것이 기억될 것입니다. 그것이 스승이든, 친구이든, 아니면 직장의 상사이든, 아무튼 내가 가장 어려웠을 때 따뜻한 한마디의 격려의 말은 영원히 가슴에 새겨져 있을 것입니다.

지난 월요일 우리 교역자들이 산행을 하였습니다.

아름다운 단풍을 보러온 많은 사람들이 있었습니다.

그 중에 어느 중학교에서 단체로 소풍을 온 모양이었습니다.

사진을 좀 찍어 달라고 어느 여자에게 부탁을 했습니다.

그랬더니 친절하게 잘 찍어 주었습니다.

고맙다는 인사를 하면서 우리 고목사님께서 격려의 말을 했습니다. '아가씨 목소리가 참 예쁘군요' 했더니 얼마나 좋아하는지 몰랐습니다. 그 후에 곧 알고 보니 중학생들을 인솔하였던 여선생님이었습니다. 선생님들도 칭찬하면 다 좋아하는 것은 인지상정(人之常情)입니다.

내가 던진 격려의 한 마디, 그 격려의 말 한마디로 인하여 실패와 좌절에서 허덕이던 사람을 승리로 이끌어 내고 영혼을 살리는 역사가 일어나게 될 것입니다. 우리 모두 금년 표어대로 먼저 인사하고, 먼저 용서하고, 먼저 대접하고, 먼저 사랑하는 사람들이 되도록 힘써야 할 것입니다.

그렇게 힘쓰는 자들에게 하나님의 위로와 격려도 함께 할 것입니다.

내일이 있는 사람

[창세기 37장 18절-24절]

요셉이 그들에게 가까이 오기 전에 그들이 요셉을
멀리서 보고 죽이기를 꾀하여 서로 이르되 꿈 꾸는
자가 오는도다 자, 그를 죽여 한 구덩이에 던지고 우
리가 말하기를 악한 짐승이 그를 잡아먹었다 하자
그 꿈이 어떻게 되는 것을 우리가 볼 것이니라 하는
지라 르우벤이 듣고 요셉을 그들의 손에서 구원하려
하여 가로되 우리가 그 생명은 상하지 말자 르우벤
이 또 그들에게 이르되 피를 흘리지 말라 그를 광야
그 구덩이에 던지고 손을 그에게 대지 말라 하니 이
는 그가 요셉을 그들의 손에서 구원하여 그 아비에
게로 돌리려 함이었더라 요셉이 형들에게 이르매 그
형들이 요셉의 옷 곧 그 입은 채색옷을 벗기고 그를
잡아 구덩이에 던지니 그 구덩이는 빈 것이라 그 속
에 물이 없었더라

내일이 있는 사람

1955년 12월 1일 앨라바마주 몽고메리라는 곳에서 재봉사로 일하던 〈로자 파아크스〉라는 흑인 여성이 버스를 타게 되었는데, 서있던 백인에게 자리를 양보하라는 운전기사의 명령을 거부하게 되어 다툼이 일어났습니다. 결국 그 여인은 인종차별 법을 범했다는 이유로 체포 당하게 됩니다. 이 사건으로 흑인 인권 지도자들은 분노하여 382일간의 대대적인 승차거부 등, 흑인들의 인권을 되찾기 위한 운동을 전개했는데, 이때 하나님의 말씀을 외치면서 평화와 비폭력으로 이 운동을 이끌고 갔던 20대의 설교자가 있었는데 그가 바로 〈마틴 루터 킹〉 목사였습니다.

다이너마이트로 자신의 집이 폭파당하고, 습격을 당하는 등 백인들의 집요한 테러의 위협 속에서도, 그는 그리스도의 사랑 안에서 백인들을 사랑하자고 외치면서 흑인들의 자유와 인권을 위하여 일을 했고, 그 결과 노벨 평화상까지 받게 됩니다.

1963년 인종 차별의 철폐를 위한 워싱턴 행진을 주도하면서 노예해방의 상징인 링컨 기념관 앞에서 모인 수만의 군중을 향해 그는 다음과 같은 연설을 했습니다.

"I Have a Dream" 나에게는 한 꿈이 있습니다.

"나에게는 오늘도 한 꿈이 있습니다.

주의 영광이 드러나고 모든 육체가 그것을 함께 보리라는 그 꿈을 나는 꾸고 있습니다.

제가 가지고 있는 꿈은 언젠가 조지아의 붉은 언덕 위에서 노예의 후예들과 주인의 후예들이 서로 형제애의 따뜻한 식탁을 함께 나누는 날이 반드시 올 것이라는 꿈입니다.

불의와 압제의 뜨거운 열기로 땀을 흘리고 있는 사막과도 같은 미시시피주가 언젠가는 자유와 정의의 오아시스로 변할 것이라는 꿈입니다.

언젠가는 저의 어린 네 명의 자녀가 피부색으로 판단 받지 않고, 인물 됨됨이로 판단되는 그런 나라에서 살게 될 것이라는 꿈입니다. 언젠가는 하나님의 모든 자녀들이 흑인이든, 백인이든, 유대인이든, 이방인이든, 개신교이든, 구교이든 간에 함께 손을 잡고 '마지막에 자유를! 마지막에 자유를! 전능하신 하나님께 감사를, 우리는 마지막에 자유롭게 된다' 라는 흑인 영가를 함께 부르는 날이 올 것이라는 꿈을 가지고 있습니다."

"형제들이여, 오늘 제가 여러분께 말씀드리는 것은 어려움과 절망의 순간에도 불구하고 저는 여전히 꿈을 가지고 있다는 것입니다."

이 연설이 있은 지 5년 후인 1968년 봄 그는 테네시에서 연설을 하던 중, 백인 우월주의자의 총을 맞고 38세의 젊은 나이에 하나님의 품으로 돌아가게 됩니다. 그러나 그가 설교에서 말하였던 그 꿈의 힘은, 기어코 미국 땅에서 흑백의 차별을 무너뜨리는 원동력이 되었던 것입니다. 이처럼 꿈은 힘이 있는 것입니다.

1. 꿈을 가진 사람에게는 내일이 있습니다.

우리 신앙의 사람들은 내일이 있는 사람들입니다. 내일이 있다는 말은 〈꿈〉을 가지고 사는 것을 의미합니다. 현실에서 아무리 어려운 일이 닥쳐도 내일이 있는 사람들은 좌절하지 않습니다. 왜냐하면 나를 택하신 하나님을 믿고 내일을 바라보는 신앙이 있기 때문입니다. 그러나 그 신앙이 올바른 신앙이 아닐 때는 환난을 극복할 수 없습니다.

올바른 신앙이란 구원의 확신을 갖는데서 부터 시작됩니다.

요셉은 형들에게 배신을 당하여 물 없는 구덩이에 던짐을 받았습니다. 그리고 다시 애굽으로 내려가는 미디안 상인들에게 팔려갔습니다. 애굽에서는 다시 보디발의 집으로 팔려 종살이를 하다가 억울한 누명을 쓰고 감옥에 갇히게 되었습니다. 그러는 과정에서 그가 좌절하지 않은 것은 하나님을 바라보며 내일의 꿈을 가지고 살았기 때문입니다.

여러분!
요즘 우리 젊은이들도 꿈을 포기하려는 사람들이 많아졌습니다.
오늘의 현실만 보고 좌절하는 사람들이 많습니다.
취직도 어렵고, 돈 벌기도 어렵고, 하나도 이루어지는 것이 없으니 낙심하는 사람들이 많습니다. 낙심(落心)은 사탄이 우리를 하나님에게서 멀어지게 하는 유일한 방법이기도 합니다. 위대한 신앙의 사람들을 보면 모두 낙심할 수밖에 없는 현실에서 내일을 바라본 사람들이었습니다.

다니엘의 세 친구가 그러했습니다. 에스라, 느헤미야가 그런 환경에서도 좌절하지 아니하였습니다. 엘리아와 엘리사가 악한 왕의 통치하에서 쫓김을 받으면서도 다시 일어났던 것은 내일을 바라보았기 때문입니다.
사도 바울은 로마서 8:18절에 "생각건대 현재의 고난은 장차 우리에게 나타날 영광과 족히 비교할 수 없도다"고 하였습니다.
그러면서 "우리가 소망으로 구원을 얻었으매 보이는 소망이 소망이 아니니 보는 것을 누가 바라리요 만일 우리가 보지 못하는 것을 바라면 참음으로 기다릴찌니라"고 하였습니다.

우리 믿는 사람은 내일이 있는 사람들입니다.
현재의 고난이 아무리 크다 해도 우리가 누릴 영광스러운 내일에 비하면 아무것도 아닙니다. 왜냐하면 보이는 세상의 것은 잠깐이지만, 보이지 않는 하나님의 세계는 영원하기 때문입니다.

2. 내일이 있는 사람은 자신을 하나님께 드립니다.

헌신(獻身)이 자연히 이루어지는 것이 아닙니다. 헌신예배를 드리면서도 우리는 헌신하지 못하는 경우가 많습니다. 〈헌신〉이란 글자 그대로 자기의 몸을 하나님께 맡기고 사는 것을 의미합니다. 어리석은 부자는 자신의 소득으로 미래를 맡겼지만, 우리의 내일은 하나님께 맡기고 살아야 합니다.

하나님께 헌신하는 사람들은 자기의 모든 것을 주님께 드리려고 합니다. 오병이어(五餅二魚)의 기적도 작은 소년이 자기의 도시락을 주님께 드린 데서부터 시작되었습니다. 내일의 꿈이 없으면 내일을 염려하면서 살게 되지만, 내일의 꿈을 가진 사람들은 오늘을 충실하게 살아갑니다. 아무리 좁고 열악한 곳에서 살지만 헌신하며 사는 사람에게는 기쁨이 있습니다. 하나님은 연단 속에서 꿈을 키워주시기 때문입니다.

1980년 2월 어느 날 월스트리트 저널지에 이런 광고가 실려 있었습니다.
"만약에 당신이 좌절감에 사로잡혀 있다면 이런 사나이를 생각해 보라"는 광고이었습니다. 그러면서 이렇게 쓰고 있습니다.
"그는 찢어지게 가난한 가정에서 태어났다.
그는 초등학교를 중도 퇴학했다.
그는 시골에서 잡화점을 경영하다 파산했다.
그 빚을 갚는데 15년이나 걸렸다.
그의 결혼생활은 매우 불행한 것이었다.
그는 변호사가 되기 위한 시험에 몇 번이나 낙방하였다.

그리고 그는 하원의원 선거에서 두 번이나 낙선했다.
상원의원 선거에서도 두 번이나 낙선했다.
그러나 결국 미국의 16대 대통령이 되었다.
그는 자기 이름을 늘 A 링컨이라고 서명했다."

오늘 아브라함 링컨만큼 현실에서 어려움을 당하는 사람들이 있습니까? 찢어지게 가난하고, 초등학교도 못나왔고, 장사하다 망해서 빚 갚는데 15년이 걸렸다고 하면 요즘 우리들도 매우 참아내기 어려웠을 것입니다. 국회의원에도 모두 네 번이나 떨어졌다면 얼마나 좌절감이 컸겠습니까?

그러나 매 순간마다 그에게는 하나님을 바라보는 내일이 있었습니다. 그러기에 그만큼 연단 속에서 대통령이 되었기에, 남이 해낼 수 없는 흑인 노예해방을 실현 시켰습니다.

이 얼마나 용기 있는 업적이었습니까!
오늘 본문의 주인공인 요셉도 마찬가지였습니다.
성경에 보면 요셉은 17세의 나이에 꿈 때문에 애굽에 팔려가서 그곳에서 노예로 지내다가 억울하게 감옥에서 고생을 하게 됩니다. 그러나 그는 내일의 꿈을 포기하지 않고, 그 모든 고난을 잘 참아냈습니다. 그 결과 요셉은 30세의 나이로 당시 최강대국인 애굽의 국무총리가 된 것을 볼 수 있습니다.

내일의 꿈은 자연히 이루어지는 것이 아닙니다. 내일의 꿈은 오늘의 현실의 연단을 통하여 이루어 진다는 사실입니다.

3. 내일이 있는 사람은 주님과 함께 살아가게 됩니다.

사랑을 느낀 사람은 사랑하는 사람과 함께 하기를 원합니다. 어디를 가든지 함께 가기를 원합니다. 괴로울 때도, 즐거울 때도, 그와 함께 하기를 원합니다. 사랑하는 사람과 함께 한다면 모든 것을 이겨낼 수 있는 힘이 생겨나기 때문입니다.

우리는 지금 주님과 어떤 관계에 있습니까? 겨우 아는 단계입니까? 아니면 좋은 스승과 같은 존재입니까? 우리 신앙생활이 알고 있는 신앙의 단계에서 만 맴돌지 말고, 한 걸음 더 들어가 사랑의 단계로 접어들어야 하겠습니다.

주님이 베드로에게 '네가 나를 믿느냐?' 라고 묻지 않고 '네가 나를 사랑하느냐?' 고 물은 것이 바로 이점을 말합니다. 생소한 사람들끼리 결혼을 할 때는 서로가 알게 되니까 결혼하게 됩니다. 하지만 그 아는 단계에서 사랑의 단계로 들어갈 때 완전한 부부의 관계가 이루어지는 것과 같습니다. 그동안 우리가 얼마나 예수님에 관하여 배웠습니다.

예수님에 관한 성경 지식이 얼마나 많습니까!

그러나 그 아는 것으로 끝나면 이 어려운 현실을 극복해 낼 수 없습니다. 주님이 나를 사랑하고, 내가 주님을 사랑하는 단계에 들어가야 어떤 시련이 와도, 어떤 환경이 닥쳐도 주님과 함께 이겨낼 수 있습니다. 내일이 있는 사람은 주님을 사랑하면서 살게 됩니다. 이것이 우리가 진정 추구하는 신앙생활입니다. 우리 모두 주님과 함께 내일을 바라보면서 오늘의 시련을 이겨낼 수 있기를 바랍니다.

준비 없는 신앙생활

[마태복음 24장 44-51절]

이러므로 너희도 예비하고 있으라 생각지 않은 때에
인자가 오리라 충성되고 지혜 있는 종이 되어 주인
에게 그 집 사람들을 맡아 때를 따라 양식을 나눠 줄
자가 누구뇨 주인이 올 때에 그 종의 이렇게 하는 것
을 보면 그 종이 복이 있으리로다 내가 진실로 너희
에게 이르노니 주인이 그 모든 소유를 저에게 맡기
리라 만일 그 악한 종이 마음에 생각하기를 주인이
더디 오리라 하여 동무들을 때리며 술친구들로 더불
어 먹고 마시게 되면 생각지 않은 날 알지 못하는 시
간에 그 종의 주인이 이르러 엄히 때리고 외식하는
자의 받는 율에 처하리니 거기서 슬피 울며 이를 갊
이 있으리라

준비 없는 신앙생활

1. 신앙생활은 재림신앙으로 사는 것입니다.

신앙생활의 목적은 마지막 날에 구원 얻는데 있습니다. 이것을 믿고 사는 것을 재림신앙을 갖고 사는 것이라고 합니다.

주님은 우리에게 약속한 것이 있습니다. '내가 다시 너희에게 오리라' 고 하였습니다. 재림(再臨)을 약속하였습니다. 초기 기독교의 신앙생활은 이 〈재림신앙〉에 집중되어 있었습니다. 하지만 1세기가 다 되도록 주님은 다시 오지 않으니 재림신앙은 흔들리기 시작하였습니다. 저들의 시간은 물리적 시간 개념으로 이해하였습니다.

그러므로 1세기 말부터 교회 안에는 이단들이 생겨나기 시작하였습니다. 재림에 대해 부정하는 말과 심지어 그리스도의 부활에 대한 사실 자체까지 부인하려는 자들이 생겼습니다.

'곧 다시 온다던 예수님이 왜 오지 않는가?'

'이거 뭐가 잘못된 것이 아닌가?'

이런 의구심에서 시작되어 결국 재림을 부인하게 되었습니다.

사도 바울은 바로 이점을 경계하면서 성도들의 재림신앙을 일깨웠습니다.

오늘 21세기의 현대인들에게도 이것은 마찬가지입니다. 재림신앙은 변함이 없어야 합니다. 왜냐하면 하나님의 약속은 일점 일획이라도 변치 않기 때문입니다. 그런데 우리의 신앙생활을 보면, 재림에 대한 신앙은 점점 관념적으로만 이해하고 있는 형편입니다.

성경이 그렇게 말하였으니, 그런 줄 아는 정도입니다.

또 재림을 교리적으로만 인정하려고 합니다. 그러면서, 모두 현실주의적으로 세속화 물결에 휩쓸리게 되었습니다.

2. 재림신앙이 없어지면 기도도 없어집니다.

우리는 주님이 가르쳐 준 주기도문을 항상 외웁니다. 하나님의 나라가 임(臨)하기를 위하여 기도하라고 하였기 때문입니다. 그러나 하나님의 나라에 대한 이해도 달라졌습니다.

전통적 개념에서 하나님의 나라는 장소(Place)적 개념으로 이해하였습니다. 그러나 요즘에 그렇게 이해하는 신학자들은 거의 없어졌습니다. 요즘에는 하나님의 나라는 하나님의 주권(主權)의 시행을 의미한다고 말합니다. 즉 모든 우주는 하나님이 지으신 것이기 때문에 하나님의 주권이 시행되도록 기도하라는 것이라고 그렇게 이해하고 있습니다. 그러니까, 천당(天堂)이란 개념이 없어졌습니다.

우리가 살고 있는 이 나라가 하나님의 정의가 실현되도록 하면 된다고 그렇게 생각합니다.

그러기 때문에 자연히 몸의 부활도 믿지 않으려고 합니다.

부활신앙은 기독교의 근본적인 신앙임에도 불구하고 부활신앙에 대한 확신 없이 살고 있는 크리스천들이 많아졌습니다.

주님은 제자들에게 '내가 다시 오리라'고 하면서 여러 곳에서 비유로 설명하였습니다. 그것이 신한 청지기 비유이고, 달란트 비유입니다.

한 포도원 주인이 먼 곳으로 가면서 종들에게 포도원을 맡기고 떠나갔다는 예화이고, 또 한 부자가 종들을 불러 한 사람에게는 금 다섯 달란트, 한 사람에게는 두 달란트, 한 사람에게는 한 달란트씩 맡기고 떠났다고 하였습니다. 여러 해 후에 주인이 와서 계산하게 된다는 내용입니다.

그런데 거기에는 두 가지로 분류된다고 하였습니다.

주인을 기다리며 주인의 것을 잘 관리하고 재산을 증식시킨 종이 있는가 하면, 반대로 주인의 것을 가지고 매일 친구들과 허랑 방탕하며 술 취하여 놀다가 갑자기 주인을 만나게 되는 종이 있을 것이라고 하였습니다. 그러면서 착하고 신실한 종이 있는가 하면, 악하고 게으른 종이 있을 것이라고 하였습니다.

주님은 다시 심판의 주로 오신다고 하였습니다. 이것을 등한히 여기고 사는 사람은 준비 없이 사는 사람입니다. 주인의 것을 가지고 낭비하는 삶을 사는 격입니다. 기도하며 산다는 것은 준비하면서 사는 것과 같습니다. 그렇게 되면 기도의 내용도 달라집니다. 주님 맞을 준비를 하면서 살아야 하기에 그것을 위해 기도하게 됩니다. 기도는 미래를 준비하는 유일한 방법입니다. 기도는 자신의 종말을 위한 준비이기도 합니다.

그런데 요즘 기도 없이 사는 크리스천들이 얼마나 많습니까?
재림신앙은 눈곱만큼도 생각지 않습니다.
그래서 주님 다시 오실 때 마치 이 세상은 노아의 때와 같겠다고 하였습니다. 노아의 때가 어떤 세상이었습니까?
120년간 노아가 홍수를 예고하면서 방주를 지으라고 하였지만, 누구하나 노아의 말에 귀기울여 관심을 갖는 사람이 없었습니다.
오직 자기 앞에 놓여진 기회들을 잡으려고 시집가고 장가들고, 팔고 사고, 먹고 자는 것 외에 다른 것을 생각할 여유가 없었습니다. 이것이 노아의 시대상이었습니다.

요즘이 바로 그런 세상이 아니고 무엇입니까?
기독교 신앙이 이제는 먹고 마시는 일에만 관심을 갖게 되었습니다.
웰빙의 문제만 생각하게 되었다는 말입니다.
분명히 '너희는 먼저 그의 나라와 그의 의를 구하라'고 하였는데, 요즘 현대 크리스천들이 먼저 구하는 것이 무엇입니까?

세상 사람들이 추구하는 것과 다를 바가 하나도 없는 것이 아닙니까? 우리의 생각들속에 꽉 들어찬 생각은 하나님의 나라가 아닙니다. 먹고 자고, 시집가고 장가들고, 무슨 옷을 입을까? 어떤 집에서 살까? 하는 것 외에 무엇이 다른 것이 있습니까?

3. 준비하며 사는 사람에게는 기도처럼 소중한 것이 없습니다.

기도는 만사를 성취케 하는 문이기 때문입니다. 세계역사를 바꾸어 놓은 사람들을 보면 모두 기도하는 사람들이었습니다. 신앙인은 어떤 일을 하든지 먼저 무릎 꿇고 기도하고 시작합니다. 왜냐하면 기도 없이 하는 일에는 하나님의 보증이 없기 때문입니다.

18세기 영국을 구해 냈던 〈존 웨슬리〉의 어머니는 기도의 사람이었습니다. 그는 19명의 자녀를 낳아서 훌륭한 사람으로 길러낸 위대한 어머니였습니다. 어느날 한 문학인이 와서 웨슬리의 어머니〈수산나〉에게 물었습니다.

'자녀들을 훌륭하게 길러낸 비결이 무엇이냐?' 고 물었습니다.

"나는 우리 아이들이 머리가 크기 전에, 좀더 정확히 다섯 살이 지나기 전에 하나님 앞에서 기도하는 법을 가르쳤습니다." 라고 대답하였습니다.

기도하는 법을 어려서부터 배운 사람에게는 다른 것이 그 마음에 들어와 자리 잡을 수 없습니다.

머리가 커서 굳어진 후에는 기도하는 법을 가르치려 해도 불가능합니다. 다섯살 이전에 기도하는 법을 가르쳐 준 부모들은 자녀교육에 실패자라고 결코 볼 수 없습니다. 만일 그런 것이 없이 자유분방하게 키운 자식들이라면, 과연 그들이 하나님과 그의 나라를 위해 생각하면서, 준비하면서 사는 사람들이 될 수 있겠는가?

깊이 생각해 보아야 하겠습니다.
이런 면에서 남한의 크리스천들이 크게 반성해야할 일입니다.

성경에는 기도로 키운 위대한 어머니들이 많습니다.
눈물의 기도로 얻은 아들을 어려서부터 엘리 제사장에게 맡겨 신앙의 훈련을 받아 위대한 하나님의 사람으로 길러낸 〈사무엘〉의 어머니 〈한나〉가 그런 어머니였습니다. 그녀는 쉬지 않고 기도한 어머니였습니다.

그런가 하면, 아들에게 신앙을 넣어준 〈야곱〉을 보시기 바랍니다.
〈요셉〉이 그렇게 많은 억울하고 눈물겨운 역경에서도 굴하지 아니하고 끝까지 믿음을 지켜 애굽의 총리대신의 자리에 올라갈 수 있었던 것은 일찍이 물려받은 아버지로부터의 기도의 신앙교육이었습니다.

그뿐만 아닙니다. 비록 친부모는 아니었지만, 사촌 오빠였던 〈모르드개〉의 밑에서 신앙교육을 받았던 에스더는 페르시아의 왕후 자리에서 얼마든지 영달을 누리며 살 수 있었겠지만, 민족과 나라를 구하기 위하여 생명을 건 모험을 했던 것은 다 일찍이 받은 신앙교육이었습니다.

모세도 마찬가지입니다.
그에게 젖을 먹이면서 눈물로 기도로 키운 어머니 〈요게벳〉의 기도 덕분으로 위대한 민족의 지도자가 되었습니다.

다윗의 조부 오벳을 낳았던 모압 여인 〈룻〉도 기도하는 시어머니, 〈나오미〉의 신앙교육이 열매를 맺은 것입니다.

이스라엘의 역대 왕들도 보면 기도하는 왕이 통치할 때는 나라가 평안하고 부강해졌습니다. 세계사를 통틀어 보십시오.

하나님께 기도하면서 믿음으로 행한 사람들이 나라를 건지기도 하였고, 민족의 위대한 지도자들이 되었습니다.

하나님은 지금도 기도하는 사람들을 살피고 있습니다. 땅이 저주를 받는 것은 우상을 섬긴 결과이었습니다.

대신 통회하고 눈물로 기도하면 하나님은 하늘에서 들으시고 그 땅을 고치겠다고 하였습니다. 기도가 하늘 문을 열고 비를 내리게 하였고, 그 기도가 적군의 침입을 막기도 하였습니다. 이것은 오늘도 마찬가지입니다. 한국교회의 기도가 있는 한 하나님은 이 나라를 버리지 않습니다.

그러나 그 기도가 형식으로 치우치고 체면으로 이어질 때 반드시 깨우치는 방법으로 하나님은 징치할 것입니다. 요즘 우리나라는 국민 통합을 이루는 일이 제일 급선무라고 봅니다.

제각기 네편, 내편으로 갈라집니다.

무조건 상대방을 밀어내 버리려고 합니다.

그래서 얻는 것이 무엇이겠습니까?

그들 양편에 각각 들어가 있는 오늘의 크리스천들이 해야 할 일이 무엇이겠습니까? 적어도 하나님을 믿는 신앙인들이라면, 말씀 안에서 하나 되고, 성령의 하나 되게 하심에 복종해야 할 것입니다.

그 하나됨은 우리가 다 종말적인 존재들이란 의식이 있어야 할 것입니다. 주님이 오심을 바라보는 신앙이 있어야 할 것입니다.

주님 앞에서 우리의 종말의 날은 반드시 올 것입니다.

그 종말이 개인적으로는 나의 죽음일 것이고, 역사적으로는 재림의 날일 것입니다. 우리가 어떤 종말이든, 종말은 우리의 현실로 나타날 것입니다. 그러므로 준비 없이 살다 그 날을 맞는 사람들이 되지 말고, 항상 깨어 기도함으로 그 날을 준비하면서 살아가야 할 것입니다.

예배 없이 산 부자

[누가복음 12장 13-21절]

무리 중에 한 사람이 이르되 선생님 내 형을 명하여 유업을 나와 나누게 하소서 하니 이르시되 이 사람아 누가 나를 너희의 재판장이나 물건 나누는 자로 세웠느냐 하시고 저희에게 이르시되 삼가 모든 탐심을 물리치라 사람의 생명이 그 소유의 넉넉한데 있지 아니하니라 하시고 또 비유로 저희에게 일러 가라사대 한 부자가 그 밭에 소출이 풍성하매 심중에 생각하여 가로되 내가 곡식 쌓아 둘 곳이 없으니 어찌할꼬 하고 또 가로되 내가 이렇게 하리라 내 곡간을 헐고 더 크게 짓고 내 모든 곡식과 물건을 거기 쌓아 두리라 또 내가 내 영혼에게 이르되 영혼아 여러 해 쓸 물건을 많이 쌓아 두었으니 평안히 쉬고 먹고 마시고 즐거워하자 하리라 하되 하나님은 이르시되 어리석은 자여 오늘 밤에 네 영혼을 도로 찾으리니 그러면 네 예비한 것이 뉘 것이 되겠느냐 하셨으니 자기를 위하여 재물을 쌓아 두고 하나님께 대하여 부요치 못한 자가 이와 같으니라

예배 없이 산 부자

1. 예배 없이도 부자로 잘 살 수 있습니다.

예수님이 비유 가운데 말한 이 부자는 예배 없이 산 사람의 대표자입니다. 그는 하나님에 관하여 관심 없이 산 사람이었습니다. 오로지 육신만을 위해 산 사람이었습니다. 소출이 늘어나는 것만 기뻐하면서 산 사람이었습니다. 그래도 그는 아무런 문제없이 살았습니다. 하는 일마다 잘되어 고민거리도 없이 여유 있는 삶을 살았습니다.

나는 이제 아무런 걱정근심 없이 살게 되었다고 생각했습니다. 이제는 편히 쉬면서 먹고 즐기고 행복하게 살아보자고 생각했습니다.
이럴 때 하나님은 '이 어리석은 자야 오늘밤 내가 네 영혼을 부르면 이것이 다 뉘 것이 되겠느냐'고 하였습니다.

이것이 오늘 본문의 내용입니다.
오늘도 이런 사람들은 얼마든지 있습니다. 하나님이 누구인지 관심 없이 살고 있습니다. 예배 없이 살면서도 돈 많이 벌어 아들 딸 훌륭하게 키워서 일류대학에 보내고, 외국 유학 보내 돈 많이 버는 회사에 취직되어 잘 사는 사람들도 많습니다. 돈 버는 것은 예배하는 것과 아무런 상관이 없습니다. 도리어 주일도 모르고 열심히 버는 사람들이 돈을 더 많이 모을 수 있습니다.

그러기에 어쩌면 더욱 더 하나님과는 멀리 떨어진 생활을 하는지도 모릅니다. 우리 주변에서 돈 많이 벌어놓고 예배 없이 사는 사람들이 얼마나 많습니까? 고급 승용차에 수십억짜리 빌라에서 외제 골프채를 휘두르면서 웰빙 하는 사람들이 많습니다.
그러나, 그들에게도 죽음은 예고 없이 닥친다는 말입니다.

아무리 돈을 많이 벌어 놓았어도 밤새 죽음이 닥칠 수 있다는 말입니다. 그래서 어리석게 살지 말아야 한다는 말입니다.

2. 인간은 하나님의 피조물인 것을 잊지 말아야 합니다.

이 부자는 자기가 어떤 존재인지를 몰랐습니다. 피조된 존재임을 몰랐습니다. 조물주 하나님이 계신 것을 몰랐습니다. 하나님을 몰랐기에 육신 적인 것만 보면서 살았습니다. 영적인 고민이 없었습니다. 영적 고민이 없다보니 예배가 무엇인지 몰랐습니다. 기도가 무엇인지 모르고 살았습니다.

예배 없이 살다보니 돈만 있으면 다 되는 줄 알았습니다.
〈돈〉이 주인이 되었습니다.
〈돈〉이 끄는 대로 따라가게 되었습니다.
〈돈〉이 생명을 지배한다고 생각했습니다.
〈돈〉 없으면 죽는다고만 생각했습니다.
전혀 영혼에 관한 것은 생각지도 못했고, 오직 육체만을 위해 살았습니다. 그래서 돈만 있으면 항상 행복한 줄 알았습니다.

요즘도 이런 사람들이 얼마나 많습니까? 이런 생각은 하나님이 누군지 모르면 누구나 꼭 같습니다.
세상 지식이 아무리 많아도, 아무리 공부를 많이 했어도, 자신이 누구인지 모르면 돈이 주인 노릇을 하게 됩니다.
돈 때문에 사람을 죽이기도 합니다.
돈 때문에 이혼을 합니다.
돈 때문에 친구를 배반합니다.
돈 때문에 사랑하던 사람과도 헤어집니다.
결국 돈이 우상이 되어 버립니다.

하나님 없이 모은 돈은 결국 육체의 쾌락만을 추구하게 됩니다.

그러다 죽음을 맞게 되는 경우들이 대부분입니다.
피조물이기 때문에 언제 어떤 일이 생길지 아무도 모릅니다.
그래서 기도하며 살아야 하는 것이 피조물의 본분입니다.
돈이 주인이 아니라 하나님이 주인이 되어야 합니다.
종교 개혁자 루터는 유명한 말을 했습니다. '그리스도인은 돈지갑이
회개할 때 참 그리스도인이 된다' 고 하였습니다.

아직도 생각으로는 하나님이 주인이라고 하면서도 돈을 더 섬긴다는
말입니다.
"주님도 너희가 재물과 하나님을 겸하여 섬길 수 없느니라"고 하였
습니다. 유한적 존재, 죽음의 존재, 없어질 존재, 떠나야할 존재, 이런
자아인식은 내 자신이 하나님을 인정할 때 생기는 마음입니다. 이런 마
음이 있음으로 해서 우리는 하나님을 섬기게 되었고, 그에게 나아와 예
배를 드리면서 살고 있습니다. 이것이 신앙생활입니다.

우리는 육체만을 위하여 사는 사람들이 아닙니다.
영혼의 본향, 하나님의 나라를 먼저 생각하면서 사는 사람들입니다.
그리스도인은 영원히 없어지지 않는 것이 무엇인가를 깨닫고 사는
사람들입니다. 그런데 오늘도 이것을 모르고 사는 사람들이 얼마나 많
습니까!
보이는 육체만을 위해, 보이는 이 세상의 것만을 위해, 삶의 목적을
두고 사는 사람들이 많습니다.

3. 이 사람은 영원히 무너지지 않는 것이 무엇이지 몰랐습니다.
보이는 육신의 것은 다 무너집니다.

아무리 육체를 가꾸어도 결국 육체는 무너집니다.

돈 위에 세워진 것은 모두 다 무너져 내립니다.

무너지지 않는 것은 반석 위에 세운 집 뿐입니다.

'나의 이 말을 듣고 행하는 자'는 반석 위에 지은 집과 같아 영원히 무너지지 않는다고 하였습니다.

하나님의 말씀만이 영원합니다. 이사야 40:8절에 "풀은 마르고 꽃은 시드나 우리 하나님의 말씀은 영영히 서리라하라"고 하였습니다. 히브리서 13:5절에 "돈을 사랑치 말고 있는 바를 족한 줄로 알라 그가 친히 말씀하시기를 내가 과연 너희를 버리지 아니하고 과연 너희를 떠나지 아니하리라 하셨느니라"고 하였습니다.

디모데전서 6:10절에 "돈을 사랑함이 일만 악의 뿌리가 되나니 이것을 사모하는 자들이 미혹을 받아 믿음에서 떠나 많은 근심으로써 자기를 찔렀도다"고 하였습니다. 돈을 하나님보다 더 사랑하면 돈이 주인 노릇을 합니다. 돈이 끄는 대로 따라가게 되면 하나님의 말씀을 따라가지 않습니다.

여러분!

훈련받은 개는 절대로 주인을 떠나지 않습니다.

아무리 모르는 사람이 고기를 가지고 따라오게 하여도 주인 옆에 꼭 앉아 있습니다. 저는 그것을 보면서 우리 믿음도 저렇게 되어야 하겠다는 것을 깨달았습니다. 우리 믿는다는 사람들도 세상 사람들처럼 돈이 끄는 대로 따라가면 주인 되신 주님이 얼마나 섭섭하겠습니까?

"내가 너희를 버리지 아니하고 너희를 떠나지 아니하리라"고 약속하였습니다.

그런데 주님을 주인이라고 고백하면서도 주님의 말씀 따라 살지 못

하고 돈의 유혹에 끄는 대로 따라 살았으면, 그것을 바로 반성하고 고
쳐야 할 것입니다.

심지어 교회를 봉사하면서도 이것 때문에 시험 드는 경우가 많습니
다. 돈을 섬기는 자들이 되지 말고 돈을 관리하는 자들이 되라고 하였
습니다. 하나님은 아담에게 이 모든 것을 주관하고 다스리라고 하였습
니다.

우리는 다 하나님의 것을 가지고 사는 사람들입니다. 하나님의 것을
잘 관리해야할 청지기들입니다. 그러므로 지혜로운 청지기들이 되어야
합니다. 나중에 심판 날에 〈악하고 게으른 청지기〉와 〈착하고 선한 청
지기〉로 갈라선다고 하였습니다. 〈돈〉을 하나님 앞에서 잘 관리하면서
살아야 합니다. 그것을 내 것이라고 착각하여 자기만을 위해 살면, 바
로 이 부자와 같은 사람입니다.

돈은 돌고 돈다고 돈이라고 한답니다. 하나님 앞에서 돈을 잘 쓰면,
돈은 자기에게로 다시 돌아옵니다. 왜냐하면 돈은 내가 버는 것이 아니
라 하나님이 주시는 선물이기 때문입니다. 하나님이 내게 맡기는 위탁
입니다.

하나님께 바르게 예배하면서 사는 사람에게는, 하나님이 많은 것을
맡겨 줍니다.

여러분!
손해날 것을 뻔히 알면서 어떻게 그에게 맡기겠습니까?
그러므로 하나님을 기쁘시게 할 수 있는 사람들이 되어야 합니다.
하나님을 기쁘시게 하려면 〈믿음〉이 있어야 한다고 하였습니다.

히브리서 11:6절에 "믿음이 없이는 기쁘시게 못하나니 하나님께 나

아가는 자는 반드시 그가 계신 것과 또한 그가 자기를 찾는 자들에게 상 주시는 이심을 믿어야 할찌니라"고 하였습니다.

우리 모두 하나님 앞에 바른 예배자들이 되시기 바랍니다.

참 예배 자를 찾는다

[요한복음 4장 23-24절]

아버지께 참으로 예배하는 자들은 신령과 진정으로
예배할 때가 오나니 곧 이때라 아버지께서는 이렇게
자기에게 예배하는 자들을 찾으시느니라 하나님은
영이시니 예배하는 자가 신령과 진정으로 예배할찌
니라

참 예배 자를 찾는다

1. 인생은 무엇을 위하여 전심전력(全心全力)하고 있는가?.

이야기부터 하나 하겠습니다.

매력적인 외모로 허영심이 많았던 젊은 〈루와젤〉 부인은 어느 날 문부성 장관의 저택에서 예정된 화려한 무도회에 초대받고 감격했습니다. 그러나 너무 가난했던 그녀는 무도회에 알맞은 의상과 장식품이 없었습니다.

하는 수 없이 이웃의 부자 〈프리스티에〉 부인에게서 진주 목걸이를 빌려 그 파티에 참석하게 됐습니다. 그러나 파티가 끝난 뒤 그녀는 빌려온 목걸이가 없어진 것을 발견하고 대경실색했습니다. 그래서 이 부인은 목걸이 분실 사실을 비밀에 붙인 채 3만 6천 프랑을 주고 잃은 것과 똑같은 목걸이를 사다가 〈프리스티에〉 부인에게 돌려줬습니다. 물론 그 돈은 여러 사람들에게서 급히 빌린 돈이었습니다.

그 후 긴 세월동안 그녀는 빌린 돈을 갚아 가느라고 남편과 함께 온갖 고생을 하며 살았습니다. 그녀의 40대 용모는 60대처럼 늙었고 손도 몹시 거칠어졌습니다. 빚을 다 갚고 난 어느 날 공원에서 우연히 〈프리스티에〉 부인을 만났습니다.

'왜 그렇게 늙어 보이느냐' 는 질문에 지난날의 고생을 털어놓았습니다. 그 순간 그녀는 너무나 충격적인 사실을 알게 됐습니다. 그때 그 목걸이는 모조품이었다는 것이었습니다. 가짜 목걸이를 위해 이십여 년을 허비했습니다. 갚지 않아도 될 돈을 위해 그 부부의 젊음이 허송된 것이었습니다.

프랑스의 작가 모파상의 유명한 단편소설 〈진주 목걸이〉 의 내용입니다.

저는 이 이야기 속에 감추어진 교훈을 생각해 보았습니다.

오늘 우리들이 심신을 다 바쳐 추구하고 있는 일이 무엇입니까? 돈입니까, 명예입니까, 권력입니까, 자식입니까, 아니면 신앙입니까? 우리는 지금 무엇을 위해 그렇게 뼈빠지게 수고하고 있습니까?

소설의 주인공같이 가짜에 속아 진짜로 알아 그 가짜를 위해 전심전력을 하고 있지는 않는지 깊이 반성해 보아야 하겠습니다.

즉, 진정한 인생의 우선순위를 점검해 볼 때입니다. 왜냐 하면 그것에 따라서 내 진짜 존재 가치가 평가되고 내 운명이 결정되기 때문입니다. 그것으로 인하여 신앙생활의 진위도 가려지기 때문입니다.

여러분!

오늘도 무엇을 추구하면서 이 자리에까지 나아왔습니까?

성경말씀에 우리의 우선순위는 마음을 다하고 성품을 다하고 힘을 다하여 주 하나님을 사랑하는 것이라고 하였습니다(신 6:5). 그리고 그 사랑의 표현에서 제일 중요한 부분이 예배입니다. 우리가 하나님께 예배드리는 것을 거룩한 산 제사 라고 합니다.

여기서 산 제사라는 말은, 구약시대에 소나 양을 잡아서 목을 치고 가죽을 벗기고, 내장을 끄집어내고 각을 떠서 제사를 드리는 것을 말함인데, 하나님께서 그 제물의 향기를 흠향 하셨습니다(레 1:9).

구약시대의 제사가 바로 오늘날의 예배입니다.

우리가 하나님께 예배를 드리는 것은 우리 자신이 산 제물이 되어 제사를 드리는 것입니다. 신령과 진정으로 드리는 참 예배를 하나님은 기뻐하십니다. 그러므로 예배는 우리 삶의 우선순위가 되어야 합니다. 예배의 단이 무너지고 형식화되어 가는 이 시대에 신령과 진정으로 드리는 참 예배가 회복되어야 하겠습니다. 아무리 분주하고 복잡해도 예배가 첫째임을 깨달아야 합니다.

예배에 승리해야 만사에 승리합니다.

예배는 은혜의 통로요 축복의 지름길이기 때문입니다.

2. 하나님은 어떤 사람들을 찾으시는가?

본문에 '하나님께서는 이렇게 예배하는 자들을 찾으시느니라'고 하였습니다.

이렇게 예배하는 사람들을 찾는다고 했습니다. 어떻게 예배하는 자들이라고 하였습니까? 〈신령〉과 〈진정〉으로 예배하는 자들을 찾는다고 하였습니다.

영어번역에서는 'For God is spirit,(하나님은 영이시니)

so those who worship him,(예배하는 사람들은)

must worship in spirit and in truth'(영과 참으로 예배해야한다)라고 했습니다.

여기 영(Spirit)이란 육(Flesh)과 구별되는 것을 의미합니다. 즉 영이란 마음입니다. 〈마음〉과 〈진정〉으로 예배하는 자들을 찾는다는 말입니다. 즉 마음이 따르지 않는 예배, 정성이 없이 드리는 예배가 있을 수 있기 때문에 이런 말을 했습니다. 구약의 제사의 행위들이 마음에도 없이 형식으로 제물을 드린 일이 얼마든지 있었습니다. 말라기 선지자의 에타는 심정으로 외친 말씀을 보면, 그 당시에 하나님께 드려진 제사와 제물이 얼마나 형식적이었든가 하는 것을 볼 수 있습니다.

"내 이름을 멸시하는 제사장들아, 나 만군의 여호와가 너희에게 이르기를 아들은 그 아비를, 종은 그 주인을 공경하니 내가 아비일찐대 나를 공경함이 어디 있느냐, 내가 주인일찐대 나를 두려워함이 어디 있느냐 하나 너희는 이르기를 우리가 어떻게 주의 이름을 멸시하였나이까 하는 도다. 너희가 더러운 떡을 나의 단에 드리고도 말하기를 우리가 어떻게 주를 더럽게 하였나이까 하는 도다. 이는 너희가 주의 상을 경멸히 여길 것이라 말함을 인함이니라. 만군의 여호와가 이르노라 너희가 눈 먼 희생으로 드리는 것이 어찌 악하지 아니하며 저는 것, 병든 것으로 드리는 것이 어찌 악하지 아니하냐 이제 그것을 너희 총독에게 드려보라 그가 너를 가뻐하겠느냐 너를 가납하겠느냐?"

그래서 예수님이 그것을 지적하였습니다. 이제 참으로 예배할 때가 왔는데 곧 이 때라고 하였습니다.

고로 오늘의 〈신령〉과 〈진정〉으로 드리는 예배란 우리의 마음을 진실 되게 예수님께 초점을 맞추는 일입니다. 그런 의미에서 오늘 한국 교회의 예배에 대한 반성이 일어나야 하겠습니다.

예수께 초점을 맞추지 않고 예수 없는 축제를 하는 행위들이 얼마나 많은가?

예배의 행위가 사람을 의식하게 되면 벌써 마음의 초점이 흐려진 것입니다. 그래서 〈본훼퍼〉 같은 목사님은 오늘의 교회들의 예배행위를 종교놀이라고 하였습니다. 스스로 위안을 받기 위한 종교행사들이라고 하였습니다.

3. 하나님은 이렇게 예배하는 사람들을 찾고 있습니다.

그러면 어떻게 예배를 드려야 하겠습니까?

마음과 정성으로 예배를 드려야 하겠습니다.

신앙생활에서 다른 것은 몰라도 예배행위는 최우선 순위에 와야 합니다. 진짜 믿음으로 참 예배를 드리는 사람들은 부러울 것이 없습니다. 다이아몬드, 고급 차, 호화 주택... 사실 이런 것들은 없어도 우리가 살 수 있습니다. 그러나 값없이 얻어지는 것 중에도 그것이 없으면 단 하루도 생명을 지탱할 수 없는 귀한 것들이 있습니다. 그것은 우리가 늘 누리고 있는 햇빛과 공기와 물입니다. 이것을 깨달은 사람은 하나님께 참으로 예배하는 사람들입니다.

가난한 사람에게 가난하다고 흉보면 참으로 섭섭하고 불쾌해 합니다. 못 생긴 사람보고 못 생겼다고 놀리면 정말 실망하고 화가 나는 법입니다.

그러나 저축한 돈이 많은 사람에게, '당신 가난하구면.' 하고 누가 말하거나 잘 생긴 영화배우더러, '저 양반 못 생겼어.' 라고 놀리면 대범하게 그냥 웃고 지나칩니다. 진짜 부자나 진짜 미인은 남이 비아냥대도 간과할 수 있습니다. 진짜를 가진 사람은 가짜들 때문에 시험에 들거나 넘어지지 않습니다.

마찬가지로 진짜 믿음을 가진 자는 사람들 말에 시험 들지 않습니다. 그것은 햇빛이나 공기처럼 항상 계신 하나님의 넓은 사랑에 우리의 모든 것을 맡기고 살기 때문입니다. 이것이 참 예배하는 자들의 모습입니다. 우리 영혼은 하나님의 사랑을 떠나서는 하루도 살수가 없습니다.

부모님의 예배 모습은 자녀에게 본보기가 됩니다. 자녀와 이웃을 위해, 나라와 민족을 위해 기도하는 모습은 자녀들에게 진짜 믿음과 참 예배의 길을 자연스럽게 가르치게 됩니다. 이렇게 자라는 자녀들은 자동적으로 참 예배를 드리는 자들이 되어 삶 속에 귀한 믿음의 열매를 맺게 되는 것입니다.

우리 삶의 우선순위가 예배입니다. 가정예배, 주일예배, 모든 예배에 가장 적극적이고 바른 마음가짐으로 나아와 예배를 드려야 하겠습니다. 하나님은 바로 그렇게 예배하는 자들을 찾으십니다.

하나님의 눈에 들게 하려면 바른 예배 자들이 되어야 합니다.

그럴 때, 그를 통하여 하나님은 당신의 모든 것을 성취하도록 맡겨주십니다. 하나님의 눈에서 멀어진 사람들이 하는 일이 어떻게 성공을 기대할 수 있겠습니까?

미국은 오랫동안 공립학교에서 예배하는 것이 금지됐습니다. 그러나, 美 테러 사건 이후 학교에서 다시 예배를 시작했습니다. 그리고 이에 대해 아직까지 아무도 이의를 제기하지 않고 있습니다. 제시 잭슨(Jesse Jackson) 목사는 버지니아주 알렉산드리아에 있는 토마스 제퍼슨 과학기술 고등학교(Thomas Jefferson High School for Science and Technology)의 강단에서 설교를 하면서 학생들에게 "모두 일어나십시오. 옆 사람과 손을 잡고 내 말을 따라하십시오"라고 말했습니다. 곧이어, 체육관은 부름과 응답의 우렁찬 찬송으로 가득 찼다고 하였습니다. 미국이 그동안 청교도 조상들의 정신을 이어받지 못하고 학교에서 찬송 소리, 기도 소리, 예배가 사라지더니, 지금 그렇게 끔찍한 사고를 당하고야 다시 깨달았던 것 같이 우리나라도 그동안 기독교 학교에서 성경과 예배를 드리며 지내오던 것을 요즘 학교평준화니 뭐니 하면서 기독교 학교에서 성경과목이 밀려나고, 예배가 사라지더니, 지금 우리나라가 이렇게 혼란 속에 빠져 들어갔다고 봅니다.

예배하는 자들을 지금도 찾으시는 하나님입니다.

이제라도 다시 예배가 회복되면 하나님은 우리와 함께 하여 그 땅을 부흥케 할 것입니다.

예배 회복운동에 우리 모두 동참하는 성도들이 되시기를 바랍니다.

하나님이 쓰시는 사람

[디모데전서 3장 1-7절]

미쁘다 이 말이여, 사람이 감독의 직분을 얻으려하면 선한 일을 사모한다 함이로다 그러므로 감독은 책망할 것이 없으며 한 아내의 남편이 되며 절제하며 근신하며 아담하며 나그네를 대접하며 가르치기를 잘하며 술을 즐기지 아니하며 구타하지 아니하며 오직 관용하며 다투지 아니하며 돈을 사랑치 아니하며 자기 집을 잘 다스려 자녀들로 모든 단정함으로 복종케 하는 자라야 할찌며 (사람이 자기 집을 다스릴줄 알지 못하면 어찌 하나님의 교회를 돌아 보리요) 새로 입교한 자도 말찌니 교만하여져서 마귀를 정죄하는 그 정죄에 빠질까 함이요 또한 외인에게서도 선한 증거를 얻은 자라야 할찌니 비방과 마귀의 올무에 빠질까 염려하라

하나님이 쓰시는 사람

다음 주일 우리교회에서는 장로를 선출하는 계획을 갖고 있습니다.
이번 한 주간 동안 더욱 많이 기도하면서 하나님이 기뻐하실 분들을
선출할 수 있게 되기를 바랍니다.

1. 하나님은 어떤 사람들을 쓰시는가?

우리가 하나님이 아닌 이상, 하나님의 마음을 다 알 수는 없지만, 계
시된 하나님의 말씀을 통하여 대략 이런 사람을 쓰실 것이라고 생각하
게 됩니다. 오늘 본문에 나오는 〈감독〉이란 말은 목사나 장로님 같이
교회의 중요한 직책을 말합니다.

"미쁘다 이 말이여 사람이 감독에 직분을 얻으려 하면 선한 일을 사
모한다 함이로다" 라고 하였습니다. 우리가 보고 있는 개역성경의 기
록입니다. 얼른 보면 잘 이해가 되지 않습니다.

이것을 풀이해보면 '어떤 사람이 만일 교회의 감독직을 맡으려 한다
면, 그것은 가장 선하고 귀한 일이라 할 것입니다' 이렇게 의역할 수
있습니다.

공동번역에는 좀 더 풀이하여 이렇게 번역하였습니다. "교회의 감독
이 되고싶어 하는 사람은 훌륭한 직분을 바라는 사람이다 라는 말이 있
는데, 이 말은 사실입니다"라고 번역되었습니다.

또 영어성경에는 이렇게 번역하고 있습니다.

"if someone wants to be an elder, he desires an honorable
responsibility"라고 번역하고 있습니다.

'어떤 사람이 장로가 되기를 원하는 사람이 있다면, 그 사람은 가장
고귀한 책임을 다하려는 사람입니다' 라는 의미입니다. 얼른 보면, '교

회에서 장로가 되겠다고 원하는 사람은 참으로 귀하고 선한 일을 사모하는 사람이다'라고 단순하게 이해할 수 있습니다.

그러나, 그게 그런 것이 아닙니다. 이 말의 원 뜻은 오늘 우리가 생각하는 것과는 좀 다릅니다. 우리는 지금 아무런 핍박이나 위험이 없는 상황에서 장로 세우려고 합니다. 그러나 바울 사도가 이 서신을 기록할 당시 초대교회의 상황은 우리의 상황과는 정 반대의 경우이었습니다.

초대교회에서 감독이 된다는 것은 곧 핍박과 투옥과 매 맞음과 순교를 각오해야 하였기 때문입니다. 그렇게 위험을 무릅쓰고도 그럼에도 불구하고 그런 귀중한 직을 얻으려는 마음을 가진다는 것이 얼마나 선하고 귀한 일이냐 하는 뜻입니다. 여기 〈미쁘다〉는 말은 국어사전에 보니, '믿음성 있다' '미덥다' '진실하다' '갸륵하다'라고 되어 있습니다.

'남들이 다 힘들다고, 어렵다고, 위험하다고 기피하는데 그래도 교회를 위하여 희생의 제물이 되겠다고 감독직을 사모한다는 것이 얼마나 갸륵하고, 기특하고, 믿음직스러우냐!' 하는 그런 뜻입니다.

이런 본문의 정확한 의미를 되새겨 볼 때, 장로의 직처럼 고귀한 직이 없을 것입니다. 감독의 직은 교인을 감독하거나 한 단계 오르는 계급상승이 아니라, 주님의 몸된 교회를 위하여 교인들을 대표하여 희생제물이 되겠다는 헌신의 직책입니다. 그래서 교인들로부터 존경을 받게 되는 직분입니다. 만일 장로가 되겠다는 사람들에게서 이런 정신이 없이 마치 대의정치체제의 국회의원 같이 교인의 대표자라는 의식만 가지고 이 직을 원한다면 근본적으로 잘못된 일입니다.

우리 한국교회가 이렇게 비약적인 성장을 이룬 것은 장로의 직을 성경적으로 잘 받아들였기 때문입니다. 100여 년 전, 이 땅에 처음 복음이 들어와 교회가 세워질 때, 누구의 도움을 받은 일이 없었습니다. 그곳에 유지격인 사람이 예수 믿고 장로가 되어 장로님들의 사유재산을 바치는데서 시작되었습니다. 그래서 처음부터 우리 한국교회는 자급, 자전, 자치를 하는 교회로 출발하였습니다.

당시 장로님이라면, 마을의 어른으로 존경을 받았습니다. 또 그 언행에서 영향력이 있었던 사람들이었습니다.

교회를 위해서라면, 교역자들을 섬기는 일이라면 최우선적으로 대하였습니다. 그러므로 누구 앞에서나 〈장로님〉 하면 모두 존경의 대상이었습니다. 이것은 우리들 목사들에게도 마찬가지였습니다. 당시 목사란 오늘처럼 전문지식은 없었지만, 오직 교회를 위하여 모든 것을 다 희생하였습니다. 주께 모든 것 맡기고 산 사람들이었습니다.

그런데 요즘 우리의 형편에서 보면 너무나 변해 버렸습니다.
너무나 교회의 직분들이 세속화되어 버렸습니다.
세상에서 하는 것처럼, 교회의 직분까지도 그렇게 되어 버렸다는 말입니다. 평신도로 있다가 일단 장로가 되면 사람들이 달라집니다.
목사와 대등한 관계라고 생각합니다.
목사들에 대하여 좋은 것 보다 부정적인 것만 보게 됩니다. 우리는 돈 내고 믿고 목사들은 봉급 받으며 믿는다고 그렇게까지 생각합니다. 그런 의식을 가지고 있기 때문에 교회를 위하여 봉사하고 희생할 생각보다는 권위와 자기주장으로 주도권을 장악하려고 합니다.

지금 교회들 마다 일어나는 현실에서 보면, 우리 주님이 과연 얼마나 칭찬할 수 있을까 걱정스러운 바가 한 두가지가 아닙니다. 불행스럽게 한국교회의 모델이라고 했던 영락교회 사태를 보면, 너무나 괴롭고 안타까움을 금할 길 없습니다.

사회 일간지에까지 대서특필하는 사건이 되어버렸다는 사실입니다.

담임목사와 몇몇 장로들의 갈등이 신앙적 차원에서 해결하지 못하고, 담임목사를 비롯한 교역자 전원과 시무장로들 전원이 사퇴하자는 결의를 하였다고 하는 뉴스였습니다.

이것이 얼마나 잘못된 일입니까?

몇몇 장로들의 불평스러움에서부터 시작되어 온 교회를 이렇게 쑥대밭으로 만들어 버렸으니, 지금 하늘나라에서 내려다보는 우리 주님과, 그 교회를 담임했던 한경직 목사님이 얼마나 탄식 하겠는가 입니다.

그러므로 장로의 직은 매우 중요한 직입니다.

사람의 생각대로 아무렇게나 선택해서는 안된다는 말입니다.

2. 하나님이 쓰시는 사람은 자신을 위해 노력하는 사람이어야 합니다.

이 말은 자신의 유익을 위해 노력하는 사람이 아니라, 자신을 말씀 위에 바로 세우는데 노력하는 사람을 의미합니다. 하나님의 위대한 역사를 이루려면 내 자신이 어떤 존재인가를 알아야 됩니다. 우리 한 사람 한 사람은 위대한 존재입니다. 여러분 중에 한 사람도 시시한 존재는 없습니다. 왜냐하면 우리는 하나님의 자녀이기 때문입니다. 하나님의 영광을 위해 부름 받은 존재들입니다. 그리스도의 제자들입니다. 하늘나라의 대사들입니다. 이렇게 보면 성도는 대단한 존재들입니다.

그러므로 감독의 직을 맡을 사람들은 내가 누구인가를 알아야 합니다. 이것을 〈자아의식〉 이라고 합니다. 내가 하나님 앞에서 어떤 존재인가를 늘 살피는 사람들이 되어야 합니다.

자기 자신이 어떤 존재인지도 모르고 날뛴다면 하나님이 웃을 것입니다.

요셉은 자아의식이 뚜렷했기에 애굽에 포로로 잡혀갔어도 쉽게 부정과 야합하지 않았습니다. 그래서 그를 하나님은 높이 들어 썼습니다. 하나님의 일꾼이 되려면 자아의식이 바로 서 있어야 합니다.

3. 하나님이 쓰시는 사람은 가정을 잘 다스리는 사람이어야 합니다.

오늘 말씀에 가정을 잘 다스리지 못하는 자가 어떻게 하나님의 교회를 다스릴 수 있으랴 그렇게 할 수 없다고 하였습니다. 장로의 직분을 유지하려면 혼자 힘으로는 불가능합니다. 반드시 내조자가 있어야 합니다.

교회 큰 일을 하는데 가족의 도움 없이는 전혀 불가능합니다.

장로가 되면 교회를 위해 시간을 바쳐야 되고, 물질과 땀과 눈물로 봉사해야 되기 때문입니다. 그러므로 교회에 장로의 직책을 가질 수 있는 자격은 자기 가정을 믿음으로 잘 다스리는 자가 되어야 합니다. 가정을 잘 다스리지 못하는 자는 하나님 교회에 감독의 직분자가 될 자격이 없다고 하였습니다.

현실적으로 볼 때 이 말은 정말 옳은 말입니다.

교회에서 자기가 하는 일을 제일 정확하게 들을 수 있는 길은 가족들입니다. 아들딸이 함께 교회에 나와야 교인들의 소리를 바로 들을 수 있습니다. 헌금하는 일에 아내가 협력을 해야 할 수 있습니다.

요즘 여성 파워가 얼마나 센지 모릅니다.

그런 면에서 장로가 되려면 아내가 더 믿음이 좋아야 합니다.

장로 될 본인도 본인이지만, 내조하는 부인들을 잘 보고 선택해야 할 것입니다. 이것은 목사를 청빙할 때도 마찬가지입니다. 목사가 설교만 잘한다고 청빙했다가 교인들이 사모로 인하여 상처받고 흩어지는 경우들도 얼마든지 있습니다.

성경에 보면 고넬료의 가정과 엘리 제사장의 가정 이야기가 나옵니다. 한 사람은 로마 군인장교이었고, 한 사람은 하나님의 집에서 제사를 집례하는 제사장이었습니다. 고넬료는 이방나라 군인장교였지만 가정을 믿음으로 잘 다스려 하나님이 귀하게 쓰셨습니다. 그러나, 반대로 엘리는 제사장이라는 귀한 직책을 맡았지만 자녀교육이 엉망이었습니다. 결국 그것이 원인이 되어 엘리제사장의 가정의 말로는 비참했습니다. 한꺼번에 죽음이 가정에 닥쳤습니다.

4. 하나님이 쓰시는 사람은 겸손한 사람이어야 합니다.

하나님은 교만한 자를 물리치고 겸손한 자를 쓰신다고 하였습니다. 사람이 왜 교만해지는가? 자기를 자랑하려고 하기 때문입니다. 같은 교회의 일을 하면서도 자기를 내세우는 경우들이 있습니다. 그래서 서로가 화합하지 못합니다. 겸손한 자에게는 적이 없습니다. 겸손하면 만인으로 부터 존경을 받게 되어 있습니다. 겸손하면 지식이 있어도, 재물이 있어도, 사회적 지위가 있어도, 그것을 내세우지 않습니다.

하나님 앞에서 언제나 용서함 받은 죄인의 모습으로 무익한 종이라는 의식을 갖고 일하게 됩니다. 그럴 때 하나님은 그에게 더 큰 일을 맡깁니다. 교만하면 맡겼던 것도 도로 찾으십니다. 교회의 장로직은 세상의 직처럼 그렇게 봉사하는 직이 아닙니다. 자기의 유익을 구하지 않고 오직 주님의 몸된 교회를 위하여 자기를 헌신하는 직입니다. 교회를 위하여 내 자신이 먼저 헌신의 본을 보여야 하는 직입니다. 나를 본받도록 교인들 앞에서 항상 권위자(勸慰者)들이 되어야 합니다. 이때 〈권위〉란 말은 권세 권(權)자 과 위엄 위(威)자의 뜻이 아니라, 권할 권(勸)자와 위로할 위(慰)자로 약한 자와 힘없는 자들을 잘 위로하는 권위자(勸慰者)란 뜻입니다.

이 얼마나 존경스러운 직입니까?

우리 모두 한 주간 기도하는 중에 이런 근사치에 가까운 사람들을 선택할 수 있기를 바랍니다. 우리 중에 완전무결한 자가 어디에 있겠습니까? 그러나 기본 바탕이 되어 있으면 부족한 점은 성령께서 채워 주실 것입니다. 그 기본 바탕이란 믿음의 바탕입니다. 믿음의 바탕이 바로 되어 있으면, 하나님은 부족한 점을 보충하여 쓰실 줄 믿습니다.

나의 기도생활 이대로 좋은가?

[야고보서 1장 26-27절]

누구든지 스스로 경건하다 생각하며 자기 혀를 재갈
먹이지 아니하고 자기 마음을 속이면 이 사람의 경
건은 헛것이라 하나님 아버지 앞에서 정결하고 더러
움이 없는 경건은 곧 고아와 과부를 그 환난 중에 돌
아보고 또 자기를 지켜 세속에 물들지 아니하는 이
것이니라

나의 기도생활 이대로 좋은가?

1. 기도는 신앙생활의 첫 걸음입니다.

아기가 탄생하여 첫 걸음마를 떼면서 〈아빠〉〈엄마〉라고 하는 것처럼 신앙생활의 첫 걸음은 기도에서부터 시작됩니다.

"세례 문답할 때 기도를 하십니까?" 라고 물으면 웃음으로 묵묵부답으로 대답하는 분이 있고, 어떤 분은 '예' 라고 하는 분이 있습니다.

'그러면 언제 기도합니까?' 라고 물으면, '식사할 때 기도합니다' 라고 합니다. 또 어떤 분은 '어려울 때 기도합니다' 라고 대답합니다.

위의 대답이 모두 잘못된 것은 없습니다.

식사할 때 하나님 앞에 감사의 기도를 드리는 것은 당연한 일입니다. 그리고 어려울 때 기도하는 것도 너무나 당연한 일입니다.

그러나, 기도가 그런 때만 기도하는 것인가? 그런 기도만 한다면 아직도 기도하는 법을 모른다고 해도 과언이 아닙니다. 기도는 하나님과의 대화라고 하고, 기도는 영혼의 호흡이라고 합니다.

신앙생활이 병들면 기도가 없어지거나 약해집니다. 한국교회가 선교 역사상 비약적으로 성장하게 된 것은 기도에서 찾게 됩니다. 일제치하 36년의 세월과 6.25 전쟁으로 폐허된 강토에서 한국교회는 기도로 살았습니다. 기도는 영적 부흥의 원동력이기도 합니다. 기도가 꺼지거나 기도가 사라지면 개인도, 교회도 시험에 들거나 세속에 물들어버리게 됩니다.

요즘 우리 한국 교회의 위기는 성장둔화라고 합니다. 그러나 정작 위기는 성장 둔화에 있는 것이 아니라, 한국교회의 기도교육의 부족에서 기인된 것이 많다고 봅니다.

기도는 가르쳐야 하고, 배워야 합니다. 성경은 가르치고 배우면서, 기도는 가르치고 배우려하지 않습니다.

우리 한국교회 목회자들의 반성점이 바로 여기에 있습니다. 우리 교회에서도 기도를 가르치거나 배우려고 하지 않은데 문제점이 있습니다. 앞으로 이 문제에 대하여 깊이 생각해 보아야 하겠습니다.

한국 교회처럼 기도 많이 하는 교회도 없습니다. 한국 신자들처럼 기도 열심히 하는 나라도 없습니다. 그런데 왜 기독교인의 말이 사회에서 먹혀들지가 않습니까?

여기에 '오늘의 우리 기도 이대로 좋은가' 라는 의문이 제기 됩니다. 기도는 열심히 하는데, 기도하는 사람들은 많은데, 왜 사회에서 기독교인들이 영향력을 끼치지 못하고 있는가?

2. 오늘의 나의 기도생활 이대로 좋은가? 살펴야겠습니다.

분명히 오늘 한국교회는 위기를 맞이했습니다. 우선에 교회학교들이 줄어가고 있습니다.

컴퓨터와 PC방, 노래방, 기디 오락기구들로 인하어 주일날 청소년들이 교회로 오지 않습니다. 모두 수영장, 스키장, 오락실로 나갑니다. 이것은 어른들에게도 마찬가지입니다.

소위 웰빙(well-being) 바람이 불어, '잘 먹고, 잘 놀자' 는 바람이 거세게 불어 닥칩니다. 더구나 주 5일제를 실시하면서 더더욱 교회에 나아와 예배하는 사람들 보다는 여행과 자기성취를 위한 노력으로 기도생활도 멀어질 것입니다.

초대교회와 오늘의 현대 교회의 차이가 어디에 있습니까? 초대교회는 모이면 기도하는 일에 전념했습니다. 오늘의 교회들은 기도는 하느라고 하는데, 별로 의미가 없습니다.

기도의 올바른 지식이 없이 마구 하는데서 기인된 것이 많습니다. 오늘의 한국교회의 기도생활에 문제가 무엇입니까?

두 가지 측면에서 생각하게 됩니다.

첫째, 기도 없이 신앙생활을 하는 사람들이 많아진 것입니다.

둘째, 기도를 하되 바르게 하지 못하는데서 오는 위기라고 봅니다.

기도 없이 신앙생활을 하다보니 세속주의를 이겨낼만한 힘이 없습니다. 기도 없이도 교회 직분을 다 가지고 있습니다.

일주일을 생각해 보십시오. 우리가 얼마나 기도합니까?

기도 없이 출근하고, 기도 없이 잠자리에 들고, 기도 없이 전도하고, 기도 없이 봉사하고, 기도 없이 성경을 배웁니다. 그 결과 나약한 신자들만 양산했습니다. 그러니 사회로부터 믿는 사람들이 따돌림 당하고, 무시 당합니다.

또 기도는 하느라 하는데, 기도의 능력이 없습니다.

한국 교회의 위기는 미신적인 기도를 많이 하는데 있습니다. 기도 많이 한다는 말은 기도를 오래하는 것을 의미합니다.

기도는 자신의 인격의 고백이요, 삶의 고백이어야 합니다. 무조건 기도만 많이 하면 된다고 하여 인격적 기도가 못되고 주술적인 기도만 한다는 말입니다. 이런 가정에서 자라나는 자녀들이 부모에게 어떤 생각을 갖겠습니까?

'나는 절대로 우리 어머니처럼 저렇게 믿는 것은 안 할거야...'

그래서 교회에 나오지 않는 아들, 딸들이 많습니다. 그러다가 아들, 딸 세 넷 낳고 오랜 방황 끝에야 나오는 사람들도 있습니다.

인격적으로 하지 못하는 기도는 사람들에게 영향을 끼치지 못합니다. 그런 기도는 신비주의로 빠지게 됩니다. 아니면, 기복주의적으로 빠지게 됩니다.

이런 기도는 결국 개인주의적이고 이기주의적인 기도로 전락해 버립니다. 이런 기도에는 자기 밖에 모릅니다. 이런 기도자는 아무리 많아도 가정과 사회에서 아무런 영향력이 없습니다.

오늘 우리의 기도하는 모습을 가만히 보십시오.
모두가 개인주의적이요, 신비주의적이요, 기복주의적인 것이 대부분입니다. 기도는 오랫동안 한다고 해서 하나님과 깊은 교제가 이루어지는 것은 아닙니다. 아무리 오래 해도 인격적인 기도가 아닐 때는 외식하게 되는 기도요, 그런 기도자는 자신의 인격과 사회를 변화시키지는 못합니다.

옛날 주님 당시 바리새인들이 그렇게 기도했습니다.
저들은 일주일에 한번씩 금식하면서 기도했습니다. 온종일 성전에서 기도로 하루 해를 다 보냈습니다. 그런가 하면 어떤 사람들은 길거리에서 많은 사람들이 왕래하는 거리 모퉁이에 서서 오랫동안 기도하였습니다. 그런 것을 우리 주님도 다 보았습니다. 그래서 너희는 바리새인들처럼 그렇게 기도하지 말라고 하였습니다. 저들은 사람 앞에서 자신의 기도하는 것을 보이려고 한다고 했습니다. 은밀히 보시는 하나님께 기도하라고 하였습니다. 또 이방인들처럼 중언부언 하지 말라고 하였습니다. 저들은 말을 많이 해야 들으실 줄 안다고 했습니다.

3. 그러면 인격적으로 하는 기도란 어떤 기도일까요?

모범적 기도의 모델을 주님으로 삼아야 합니다. 우리 주님이 한 기도를 통하여 우리의 올바른 기도생활을 배우게 됩니다. 그도 육신을 가진 몸이었기 때문에 우선 자신의 문제를 하나님께 아뢰었습니다. 문제없는 사람이 어디에 있습니까? 고통이 없이 사는 사람들이 어디에 있습니까? 우리가 모두 문제를 안고 살아가는 실존적 존재들입니다. 그러므로 우리의 문제를 가지고 하나님께 아뢰어야 합니다. 그런데 그 하나님을 인격적으로 대하는 기도자라야 한다는 말입니다.

　그러므로 기도의 대상은 인격의 하나님이십니다.
　① 첫째, 인격적 기도는 내가 누구에게 기도하는지 분명해야 합니다. 그래서 호칭을 〈하늘에 계신 우리 아버지〉 라고 하라고 했습니다.
　② 둘째, 기도의 내용은 하나님께 나의 모든 문제를 아뢰는 것입니다. 그래서 기도는 중언부언 하지말고 단순해야 합니다. 수식어는 다 빼버리고 진실된 고백과 간구(懇求)이어야 합니다.
　③ 셋째, 인격적 기도는 하나님의 뜻을 구하는 기도라야 합니다. 기도가 응답 없는 기도가 될 가능성이 많다는 말입니다.
　구하라 주실 것이요, 찾으라 만날 것이요, 두드리라 열릴 것이니....
구하는 이 마다 주실 것이요, 찾는 이 마다 찾을 것이요, 두드리는 자 마다 열릴 것이라고....이 말씀을 자기생각대로 생각하기 쉽습니다.
　구해도 잘못 구하면 주려고 해도 못 주는 경우가 있고, 찾아도 만나지지 못하는 경우가 있고, 두드려도 안 열릴 경우가 있다는 것입니다.
　왜? 기도에는 상대가 있기 때문입니다. 그래서 기도는 나의 문제를 아뢰는 것이지만 그 기도가 비인격적인 주술적이거나, 미신적인 것이 되면 안됩니다. 미신 섬기는 사람들이 비나이다, 비나이다 하는 식의 기도가 그런 기도입니다.

　기도는 하나님과 나와의 인격적인 만남의 대화라야 합니다. 대화란 상대방이 있습니다. 그 상대방의 말을 듣고 나의 말을 하는 것이 대화입니다.

　주님이 바로 이런 기도를 했습니다. 할 수만 있거든 이 잔(십자가)을 넘어가게 해 달라고 했습니다. 그러나 다음 순간 '나의 원대로 마시고 아버지의 뜻대로 하시옵소서' 라고 하였습니다.

그러므로 올바른 기도는 나의 모든 문제들을 가지고 나아가 하나님의 뜻을 구하고 찾아내는데 있습니다. 이 세상에 살면서 눈물과 고통스러움이 없는 사람이 누가 있겠습니까? 그것을 가지고 하나님께 아뢰면서, 그 분의 뜻을 생각해야 합니다. 눈물 뒤에 하나님은 반드시 말씀하십니다.

괴로움 속에서 하나님은 반드시 깨우쳐 주십니다.

실패한 자리에서 하나님은 새로운 지혜와 용기를 주십니다.

바로 그것이 올바른 기도입니다. 그렇게 기도하면, 내 뜻을 이루어 달라고만 기도하는 것이 아니고, 내 문제 속에 하나님의 뜻이 이루어지도록 생각이 바뀌어집니다. 이것이 바로 인격적인 대화의 기도입니다.

그런 기도자들이 될 때 어떤 세속의 바람에서도 이겨낼 수 있습니다. 그런 기도 속에 역사는 바뀌어집니다. 그런 기도 속에, 생활 속에 하나님의 뜻은 이루어지게 됩니다. 나의 문제들 속에 하나님의 뜻을 찾는 기도라야 합니다.

영국의 존 낙스는 기도의 사람이었습니다. 그의 기도는 하나님과의 인격적이 기도이었습니다. 결코 자기의 뜻을 이루어 달라는 기도는 없었습니다. 하나님의 뜻이 나의 문제들 속에서 이루어지도록 구한 기도들이었습니다. 오늘 우리 대한민국은 이런 기도자들을 찾습니다. 이 나라를 구할 자들을 찾습니다. 가정을 구할 자들을 찾습니다.

사랑하는 성도 여러분!

여러분의 문제가 지금 무엇입니까?

그 문제를 속에서 하나님의 뜻이 이루어지도록 구해 보시기 바랍니다. '내 원대로 마시고 아버지의 뜻대로 하시옵소서' 라는 주님의 기도를 본 받아 배워야 하겠습니다. 이런 기도 속에 놀라운 역사(役事)는 이루어 질 것입니다.

왜 기도를 해야하는가?

[야고보서1장 5-8절]

너희 중에 누구든지 지혜가 부족하거든 모든 사람에
게 후히 주시고 꾸짖지 아니하시는 하나님께 구하라
그리하면 주시리라 오직 믿음으로 구하고 조금도 의
심하지 말라 의심하는 자는 마치 바람에 밀려 요동
하는 바다 물결 같으니 이런 사람은 무엇이든지 주
께 얻기를 생각하지 말라 두 마음을 품어 모든 일에
정함이 없는 자로다

왜 기도를 해야하는가?

사람들이 기도하는 것을 보면서 무엇을 느낄 수 있을까요? 좀 이상한 생각을 할 줄 압니다. 기도한다고 무엇이 해결 되냐? 아마 어리석게 보일 것입니다. 그래서 기도 없이 사는 사람들이 많습니다. 그러나, 인간 세상사 살아가는 동안 자기 마음대로, 자기 원대로 되는 일이 과연 얼마나 있다고 보십니까?

그래서 대학을 졸업한 지성인이라고 자처하던 사람들도 무당을 찾게 되고, 급하면 점쟁이를 찾아가 자신의 운수를 점쳐보는 것이 인간이란 말입니다.

옛날 돈암동 쪽 미아리 미암교회가 있었는데, 제가 어느해 그 교회 제직 수련회를 인도하러 갔을 때 들은 이야기입니다. 그쪽 고갯길에는 철학관이란 간판이 붙어 있는 집들이 많습니다. 나는 철학을 연구하는 곳인 줄 알았더니 그곳이 점치는 곳이었습니다.

김신조가 청와대를 까부시기 위하여 남파되었을 때, 〈대포집〉이란 것을 보고, 그 속에 대포를 숨겨 놓았는가 했다는 생각과 같았습니다.

그런데 그들도 대목이 있다는 말을 들었습니다.

그 대목이 언제인가? 대학 입학시험이 가까워질 때, 국회위원 선거가 공고되었을 때, 그리고 봄,가을 결혼시즌이 되었을 때, 그 때가 대목이라고 합니다. 모두 자신의 미래와 현실의 선택에 대하여 불안하고 자신감이 없기 때문에 알아보려고 하는 심리에서 기인된 것이라고 봅니다. 이렇게 인간은 누구나 제한된 존재들이란 말입니다.

1. 제한된 존재란 말은 다른 말로 하면 무능한 존재라는 말입니다.

우선 사람은 생각이 제한되어 있습니다. 알고 있는 것만 알고 있습니다. 인간의 지식이 제한되어 있습니다. 경험하지 못한 것은 깨닫지 못합니다. 지혜가 제한되어 있습니다. 광대한 우주를 어떻게 안다고 할 수 있겠습니까?

왜 기도해야 하나?

그러므로 기도가 필요하다는 것입니다.

우리는 모두 피조물이기 때문입니다.

우리의 생각, 지식, 경험, 지혜가 다 제한되어 있기 때문입니다.

그럼에도 불구하고 기도할 줄 모르면 그것 자체를 모릅니다. 기도를 해야 자신이 얼마나 무능한 존재임을 깨닫게 됩니다. 왜냐하면 기도를 해야 하나님과 대면하기 때문입니다.

요즘 현대인들은 걱정이나 근심이나 우울증 해소를 최면이나 정신 훈련이라는 것으로 해소하려고 합니다. 그런 간판을 걸고 영업을 하는 곳들이 많습니다. 하지만 그런 정신 훈련이나 명상은 어디까지나 자기가 주체입니다. 자기의 힘으로 모든 것을 해결해 보려는 노력일 뿐입니다.

기도는 그런 것이 아니라 나를 지으신 하나님께 나의 문제를 아뢰는 것이기에 근본적으로 다릅니다. 비록 무능한 존재요 제한된 존재들이지만, 그것을 철저하게 의식한 사람이라면 자기 부정에서 긍정이 되도록 하는 것이 기도입니다. 하나님을 인격적으로 모시고 사는 사람에게는 기도 중에 새 힘을 얻습니다. 기도 중에 지혜를 깨닫게 됩니다. 그 힘과 그 지혜는 세상의 지식과 그 어떤 것과도 비교할 수 없습니다.

2. 기도 없이 하는 일과, 기도하고 하는 일에는 차이가 있습니다.

기도 안하고도 무슨 일이든지 할 수 있습니다. 기도 없이도, 잘 되는 것 같이 보일 때가 있습니다. 요즘 기도 없이도 잘 나가는 회사들도 얼마든지 있지 않습니까?

기도하지 않고도 시험에 합격하여 좋은 직장 나가는 사람이 얼마든지 있지 않습니까? 기도 없이도 무슨 일이든지 할 수 있습니다.

그러나 결과에서 드러납니다. 지금 당장에는 성공가도를 달리는 것 같지만, 골인 점에서 드러납니다.

마라톤 경기를 상상해 보시기 바랍니다.

처음 뛸 때는 모두 이길 것 같습니다.

처음은 도리어 아마츄어들이 앞장서서 뛸 수 있습니다.

그러나 나중에 들어오는 것을 보면, 그 많던 사람들이 다 어디로 가버렸는지 하나둘씩 들어옵니다. 끝까지 실패하지 않고, 자신과의 싸움에서 이긴 사람들만이 들어옵니다.

이처럼 기도 없이도 시작은 잘 할 수 있습니다. 그러나 나중 결과에서 현격한 차이가 드러납니다. 구약시대 이스라엘 민족이 전쟁에 나아갈 때마다, 하나님께 묻고 나간 것은 바로 이때문이었습니다. 하나님께 기도하고 하는 것과 자기 의지대로 하는 것에는 차이가 있습니다.

사울 왕은 블레셋과 싸움에서 사무엘 선지가 오기 전에 그만 급해서 요즘 말로 하면 기도 없이 법궤를 메고 전쟁에 나갔다가 보기 좋게 실패하였습니다. 법궤까지 블레셋에게 빼앗겼던 일이 있었습니다. 그 이유는 먼저 하나님의 뜻을 묻지 않고 자기의 생각을 앞세웠기 때문입니다.

기도는 하나님에게 자기의 의사를 타진하는 일입니다. 그러므로 어떤 일을 계획할 때부터 기도로 계획하고, 기도로 준행하는 자들에게는 실패가 없습니다. 비록 어려운 중에서도 구하여 주십니다. 하나님께 기도하는 사람에게는 그 택할 길을 가르쳐 주겠다고 하였습니다.

시편 25:12절에 보면 "여호와를 경외하는 자 누구뇨 그 택할 길을 저에게 가르치시리로다" 라고... 공동번역에는 "야훼를 경외하는 자가 누구냐? 바른 길을 그에게 가르쳐 주시리라"고 하였습니다.

지난번 경제불황인 IMF 때 일입니다.

얼마나 많은 사람들이 순식간에 재산을 날려버리게 되었습니까?

돈이란 이상한 것입니다. 자기 수중에 있을 때는 모든 것을 할 수 있을 것 같지만, 한번 삐꺽하면 걷잡을 수 없이 새어 나가는 것이 돈이란 흉물입니다.

경제란 서로 서로 다 연관이 되어 있는 상태이기 때문에 나와 상관하는 사람들 쪽에서 누군가 부도를 내버리면, 막을 길이 없어집니다.

그래서 젊은 사람들도 한강에 몸을 던지거나, 아파트에서 뛰어 내리는 것이 아닙니까? 그렇다고 그게 문제 해결은 아니지요.

왜 기도해야 하나? 인간은 약한 존재이기 때문입니다. 자신만만하던 사람도 이런 때 하나님과 인격적으로 정면으로 대할 기회입니다. 그런데 보면, 이런 위기를 기회로 삼지 못하고, 도리어 믿던 사람들 중에도 두 가지 현상으로 나타납니다.

하나는 비 기독교인들처럼 하나님 존재를 의심하거나 부인하면서 술 먹고 낙심하는 사람이 있습니다. 다른 하나는 그 과정에서 정말 기도다운 기도로 하나님을 만나게 되는 경우가 있습니다.

후자의 경우에 속한 사람들을 보면, 하나님께 감사한다는 간증들을 합니다.

기도하고 하는 일에는 사탄의 유혹을 물리칠 지혜를 주기 때문입니다. 기도하고 하는 일에는 탐심을 물리치게 하기 때문입니다. 기도하고 하는 일에는 하나님 나라와 연결되게 하기 때문입니다. 그래서 기독교인이 할 수 있는 일이 있고 할 수 없는 일이 있습니다. 이것을 잘 구별할 때 먹고사는 문제에서는 하나님이 책임져 주십니다.

사랑하는 성도 여러분!

여러분 중에 지금 실패한 분들이 계십니까?

지금 정말 힘든 분들이 계십니까?

이런 때 사탄은 우리를 하나님과 멀어지게 하려고 맴돌고 있습니다. 시기, 원망, 저주, 탐심, 분쟁, 미움의 마음으로 가득 차게 합니다. 그래서 도저히 기도를 하지 못하게 만들어버립니다. 이것을 이겨야 합니다.

마라톤 코-스에 중반을 돌아가는 때라고 보아야 합니다.

중도에 포기하면 하나님의 놀라운 계획을 경험하지 못하게 됩니다.

3. 그러므로 기도 중에 하나님을 만나야 합니다.

하나님은 영으로 존재하기 때문에 육으로 볼 수 없습니다. 하나님이 하시는 역사(working)는 기도하는 중에 보게 되고 깨닫게 됩니다. 마치 전류의 흐름이 눈에 보이지 않아도 전구를 꽂으면 알 수 있는 것과 같습니다. 그런데 사람들은 이것을 믿으려고도 하지 않습니다. 그러므로 그들의 삶에서 하나님의 능력은 나타나지 못합니다. 세속의 욕심과 탐심으로 이끌리어 살다 죽게 됩니다. 하나님을 만날 수 있는 길은 기도하는 중에 뜨겁게 만나게 됩니다.

어느 한 목사님의 간증을 들어 보시기 바랍니다.

그는 가난한 농촌교회 교역자 가정에서 태어나 어렸을 때부터 신앙적 분위기에서 성장하여 교회 생활에 너무나 익숙해 있었습니다. 기도라는 것은 언제나 형식적으로 해 왔고, 그러면서 그래도 대학까지 나와 1960년대 미국 유학의 길에 오르게 되었습니다. 그때만 해도 한국 학생이 거의 없었던 때인고로 학교에서는 유일하게 한국학생이었습니다. 그래서 학교 당국으로부터 특별한 관심을 갖게 되었고, 장학금도 받아무사히 졸업을 앞두게 되었습니다. 그것이 1969년이었으니 지금으로부터 벌써 35년 전이었습니다.

그 해 부활절에 그는 자신의 생애에서 일대 변화가 일어난 사건이 생겼습니다.

미국의 고속도로에서 교통사고를 입게 되었습니다. 아무도 없는 외국 땅에서 그런 일을 당했을 때 얼마나 절박했겠습니까? 그때 그는 비로소 기도다운 기도를 하였습니다.

얍복강 나루터에서 야곱이 밤새껏 천사와 씨름하듯이 자신의 자신감과 교만함에 대하여 뼈저린 통회의 눈물을 흘리면서 기도했습니다.

그런데 신비로운 음성을 들었습니다.

자기의 이름을 하나님께서 부르면서 "아무개야 아무개야! 내가 왜 너의 머리를 상하지 않게 했는지 아느냐? 그리고 왜 너의 팔을 빼어 위골시겼는지 넌 아느냐?" 하는 음성이었습니다.

그런데 그리고는 해석이 나옵니다.

'머리를 상하게 했으면 목사로서 어떻게 설교를 할 수 있겠는가'

그러니 머리털 하나도 상하게 하지 않았고, '왜 어깨를 뽑아 위골시켰느냐? 야곱을 생각해 보라' '야곱이 이스라엘이 되기 전까지 얼마나 잔꾀를 부리며 자신을 믿었는가?'

'네 어깨를 상하게 한 것은 이제 너는 다른 일 할 수 없도록 내가 그렇게 만든거야' 라는 음성이었습니다.

그것을 깨달은 후에는 이상하리만큼 마음 속에 평안이 숨어들었습니다. 다시 이번에는 감사와 감격의 눈물이 펑펑 쏟아지는 기도가 터져 나왔습니다.

그리고는 저절로 찬송이 불러졌는데, 그 찬송이 499장이었습니다.

"저 장미꽃 위에 이슬, 아직 맺혀 있는 그 때에 귀에 은은히 소리 들리니 주 음성 분명하다 주가 나와 동행을 하면서 나를 친구 삼으셨네 우리 서로 받은 그 기쁨은 알 사람이 없도다" 라는 찬송이었습니다. 그 주인공이 바로 상도교회 목사이었습니다. 지금도 나는 그 때의 그 순간을 생각하면 감격의 눈물이 흘려지곤 합니다.

내 팔은 축도하기에 꼭 알맞은 45도의 각도까지만 올라갑니다.

이 팔로는 다른 아무것도 할 수 없도록 만들어 놓았습니다.

이 얼마나 정확한 하나님의 섭리와 계획입니까!

성경에 나타난 인물들 중에서도 많은 경우에서 기도 중에 하나님을 만난 사람들이 있습니다. 모세는 기도 중에 하나님과 직접 대화를 나누었고, 하나님의 뒷모습까지 보았습니다.(출 33:22-23)

기도하는 중에 놀라운 영적 체험을 하게 됩니다. 육(肉)이 영(靈)을 체험하면 그 〈육〉은 더 이상 〈육〉의 종이 되지 않습니다. 그 속에 거하는 〈영〉으로 말미암아 넉넉히 죄악을 이길 수 있기 때문입니다. 우리 모두 기도하는 사람들이 되어 하나님의 은혜 속에 살기를 바랍니다.

언제 기도해야하나

[이사야 55장 6-9절]

너희는 여호와를 만날만한 때에 찾으라 가까이 계실 때에 그를 부르라 악인은 그 길을, 불의한 자는 그 생각을 버리고 여호와께로 돌아오라 그리하면 그가 긍휼히 여기시리라 우리 하나님께로 나아오라 그가 널리 용서하시리라 여호와의 말씀에 내 생각은 너희 생각과 다르며 내 길은 너희 길과 달라서 하늘이 땅보다 높음 같이 내 길은 너희 길보다 높으며 내 생각은 너희 생각보다 높으니라

언제 기도해야하나

신앙생활에서 기도는 뗄 수 없는 가장 근본적인 것입니다.

만일 거꾸로 기도 없는 그리스도인이 있다면 그것은 〈등록 교인〉일 뿐입니다.

〈등록 교인〉이라고 다 그리스도인은 아니기 때문입니다. 그리스도인이란, 그리스도께서 가르친 교훈과 말씀을 따라 살아보려고 힘쓰고 애쓰는 신앙의 사람들을 의미하기 때문입니다. 그러한 〈힘씀〉과 〈애씀〉이 바로 기도생활에서부터 시작되고, 기도생활에서 우리의 신앙은 성장하고, 기도로 승리할 수 있기 때문입니다.

그러면 {기도는 언제 해야 하나?} 하는 것입니다.

1. 기도는 언제 해야 하나?

에베소서 6:18절에 "무시로 성령 안에서 기도하라"고 하였습니다. 무시(無時)란 말은 어떤 특정한 시간이 없다는 뜻입니다. 영어 성경에는 Pray at all time 이라고 번역하였고, 공동 번역에는 '언제나 기도하라' 고 하였습니다.

즉, 기도란 특정한 때에만 기도하는 것이 아니라, 아무 때나, 언제나, 우리의 삶의 모든 정황 속에서 기도하라고 하였습니다. 괴로울 때나, 즐거울 때나, 감사할 때나, 성공했을 때나, 실패했을 때나, 얻었을 때나, 잃어버렸을 때나, 어떤 경우에서도 기도하라고 하였습니다.

그런데 우리의 형편을 보면 그렇게 기도하지 못할 때가 많이 있습니다. 우선 괴로우면 마음이 괴로워서 기도 못합니다. 즐거운 일이 생기면 너무 기뻐서 기도 못합니다. 그래서 무시로 기도하라고 하였습니다.

주님도 육신으로 계셨을 때, 밤 중에도 기도하였고, 새벽 미명에도 기도하였고, 마음이 무거울 때도 기도하였습니다. 대부분의 경우 우리는 정작 기도해야 할 때 기도하지 못하는 경우가 많습니다.

특별히 어떤 경우에 기도해야 하나?

오늘 본문에 보면 "너희는 여호와를 만날만한 때에 찾으라", "가까이 계실 때 그를 부르라"고 하였습니다.

하나님을 만날만한 때가 언제이겠습니까?

하나님이 가까이 계실 때가 언제이겠습니까?

바로 그 때 기도하라고 하였습니다.

그러면 그 때가 언제입니까? 성경을 통하여 알아보아야 하겠습니다.

2. 하나님을 만날만한 때, 가까이 계실 때가 언제입니까?

호세아 10:12 "지금이 곧 여호와를 찾을 때니 너희 묵은 땅을 기경하라"고 하였습니다. 그렇게 하면 "마침내 여호와께서 임하사 의를 비처럼 너희에게 내리시리라"고 하였습니다. 지금이 하나님을 찾을 때이고 만날 때라고 하였습니다.

호세아 선지자는 BC 8세기경의 선지자입니다.

주전 8세기경 이스라엘의 상황은 어떠했는가? 오늘 우리 대한민국이 처한 환경과 비슷했습니다. 그때도 바벨론, 애굽과 같은 강대국들 틈 사이에서 국론이 통일되지 못했습니다.

어떤 사람들은 바벨론을 의지해야 한다고 했고, 어떤 사람들은 애굽과 동맹을 맺어야 한다고 하였습니다. 그러면서 하나님께 드리는 제사는 형식으로 행해지던 상황이었습니다.

어쩌면 오늘 대한민국의 정황과 비슷합니다.

한반도는 지정학적으로 동북아시아에 중요한 자리에 위치해 있기 때문에, 항시 강대국의 입김을 의식하면서 살아야 하는 것이 우리들입니다. 지금도 미국, 중국, 소련 등의 외교를 등한히 하고는 정치적 안정을 이룰 수 없다고 생각하는 것과 꼭 같은 경우이었습니다.

이러한 때에 호세아는 "지금이 곧 여호와를 찾을 때니, 너희 묵은 땅을 기경하라"고 하였습니다. 여기서 묵은 땅이란 우리의 마음 밭을 의미합니다.

우리나라의 경제성장과 함께 오늘 한국의 그리스도인들의 마음이 묵은 밭들로 변했다는 것입니다. 과거 우리 선조들의 신앙에 비하면 모두 심령의 밭이 산성화되어 버렸습니다. 요즘 믿는 사람들의 마음이 얼마나 거칠어졌습니까?

부흥회를 열어도 이제는 전에처럼 회개의 눈물을 흘리는 경우들이 사라졌습니다. 아무리 훌륭한 부흥사가 와서 외쳐도 감동을 느끼지 못합니다. 그러기에 결국 소출을 내지 못하는 묵은 땅이 되어버렸다는 말입니다. 그런 면에서 지금이 여호와 하나님께 나아와 기도할 때라는 말입니다.

성경대로 보면 하나님은 어떤 사람들에게 가까이 계신다고 하였는가? 시편 34:18절에 보면 ① '마음이 상한 자'들과 가까이 계신다고 하였습니다.

〈마음이 상한자〉란 마음의 통회를 의미합니다. 영어성경에는 broken heart 이라고 하였습니다.

깨진 마음, 부서진 마음을 가진 자에게 가까이 계신다는 말입니다.

눈물, 콧물 흘리며 자신의 허물과 죄를 통회하는 사람들에게 가까이 한다는 것입니다. 사실 우리가 언제 기도하게 됩니까?

마음이 든든하거나 편할 때는 기도하게 되지 않습니다.

그런 때는 하나님을 미처 생각하지 못하고 살 수 있는 것이 사실입니다. 그러나 마음 상하는 일이 생겨야 기도하게 됩니다. 마음 상한 사람에게 하나님은 가까이 와 계신다고 하였습니다. 마음 상한 분들이 계시면 하나님이 지금 제일 가까이 와 계심을 믿어야 합니다.

또 시편 145:8절에 보면 ② 간구하는 자, 진실되게 간구하는 자들에게 가까이 계신다고 하였습니다. 여기 〈간구〉한다는 것은 '간절한 마음으로 구하는 것'을 의미합니다. 간절성이 없는 기도는 아직도 두 마음을 품고 있는 경우가 많습니다.

아직도 여유가 있기 때문입니다. 절박한 상황이라면 자연히 간구하지 않을 수 없습니다. 그러므로 그런 기도는 진실성이 없습니다. 간구하되, 진실되게 간구하는 자들에게 가까이 계신다고 하였습니다.

진실은 믿음이란 말과 어원이 같습니다.

상대방을 믿는다는 것은 그의 진실성을 믿는다는 의미입니다.

진실이 보이지 않는 사람에게 어떻게 믿음이 가겠습니까?

하나님께 기도하는 기도가 진실되지 못하면 하나님이 우리에게 어떻게 구하는 대로 주실 수 있겠습니까?

사람과 사람들 사이에서도 진실성이 보이지 않으면 그 사람이 와서 구한다고 선뜻 줄 수 있겠습니까? 돈 거래하는 것도 보면 그렇습니다. 신용이 없는 사람, 구한다고 줄 수 있는 사람이 어디에 있습니까?

고로 하나님 앞에 진실해야 합니다.

또 어떤 사람들이 하나님을 만날 수 있는가? 잠언서 8:17절에 '나를 간절히 찾는 자가 나를 만날 것이라'고 하였습니다. 하나님을 만날 수 있는 길은 진실되게 간구하고, 간절한 마음으로 찾을 때 만난다고 하였습니다.

여기 진실이니, 간구니 하는 말이 무엇을 의미합니까?

자신의 모든 것을 건 기도를 의미합니다. 여기 간절히 찾는다는 의미는 쉽게 이렇게 이해하면 됩니다.

돈 잃어버렸을 때, 내 돈 떼먹고 달아난 사람을 찾을 때 어떻게 찾습니까? 아니 그것보다 아이를 잃어버린 사람이 어떤 심정으로 찾습니까? 바로 그런 마음이 간절히 찾는다는 말에 해당하는 말입니다.

하나님은 그렇게 자기를 찾는 자들에게 만나준다는 말입니다.

그래서 주님도 '찾으라, 만날 것이요' 라고 하였습니다.

3. 그러면 어떻게 기도해야 하겠습니까?

멀어졌던 하나님과의 관계를 회복하는 기도를 해야 합니다. 오늘 본문 7절을 다 함께 읽으시기 바랍니다. '악인은 그 길을, 불의한 자는 그 생각을 버리고 여호와께로 돌아 오라' 먼저 자신을 살피면서 기도하라는 뜻입니다.

즉 회개하면서 기도하라는 뜻입니다. 자기에게 무슨 잘못된 것이 없었는가를 살피면서 하나님과의 거리를 단축하라는 것입니다.

마치 탕자가 아버지와 멀어졌던 관계를 회복하기 위하여 반성하고 회개하면서 돌아온 것처럼 그런 심정으로 기도하라는 것입니다. 기도가 건성으로 돌 때는 눈물이 안나옵니다.

그러나 자신의 뼈 아픈 잘못을 스스로 인정하게 되면 눈물이 나옵니다. 눈물 없는 마른 기도를 지금껏 한 경우라면 눈물의 기도를 해보시기 바랍니다. 하나님의 놀라운 신비한 은혜를 체험하게 될 것입니다.

눈물의 양만큼 은혜도 충만하게 받게 될 것입니다.

탕자의 마음이 되기만 하면 하나님을 만나게 됩니다. 대부분 여기서 걸려서 못 돌아오는 사람들이 지금도 많이 있습니다. 마치 하나님이 자기 생각과 같은 줄 그렇게 알고 있기 때문입니다. 어떤 사람은 교회를 핍박하고 저주하던 죄 때문에, 아직까지 돌아오지 못하는 사람들도 있습니다. 그들은 '벼룩도 낯짝이 있지, 나 같은 놈이 어떻게 교회에 나가겠는가?' 하고 체념해 버립니다.

그런 사람들에게 오늘 본문 말씀은 무엇이라고 말하고 있습니까? '내 생각은 너희 생각과 다르고 내 길은 너희 길과 다르다'고 하십니다. "하늘이 땅 보다 높은 것 같이 내 길은 너희 길 보다 높으며, 내 생각은 너희 생각보다 높으니라"고 하였습니다.

회개하고 돌아오면 널리 용서하겠다고 하였습니다. 이런 하나님의 약속을 믿지 못하면, 그것이 제일 큰 죄라는 것입니다. 그래서 불신처럼 더 큰 죄는 없습니다.

지금 이 순간이 하나님을 만나야 할 때입니다.

언제 기도해야 하나?
바로 지금 여기에서, 이 자리에서 하나님께로 돌아가야 하겠습니다.
우리 모두 하나님께로 돌아가는 운동을 펼쳐야 하겠습니다.
이것이 참된 개혁입니다.
이것이 우리의 살 길입니다.
이것이 통일을 앞당길 수 있는 통일 방안입니다.
이것이 우리에게 영원한 평화구축 운동입니다.
이것이 다시 일어날 수 있는 재 도약의 발판이기도 합니다.

기도자가 받는 복

[빌립보서 4장 6-7절]

아무 것도 염려하지 말고 오직 모든 일에 기도와 간
구로, 너희 구할 것을 감사함으로 하나님께 아뢰라
그리하면 모든 지각에 뛰어난 하나님의 평강이 그리
스도 예수 안에서 너희 마음과 생각을 지키시리라

 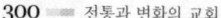

기도자가 받는 복

요즘 재미없어 못 살겠다는 사람들이 많습니다.

모든 것이 다 생각대로 되는 일도 없고, 사회 돌아가는 꼴을 보면, 어느 하나도 맘에 드는 일도 없고, 웬 날씨는 이렇게 더운지 짜증만 난다고 하는 사람들이 많습니다. 사람은 동물과 달라서 본능욕으로만 살 수 없기 때문에, 무엇인가 이상(理想)과 가치(價値)와 의미(意味)를 추구하면서 살게 되어 있습니다.

이런 것들이 좌절될 때 힘이 없어지고, 맥이 빠지고, 살 재미를 못 느끼고 있다고 보아야 할 것입니다. 무엇인가 신나는 일이 있고, 추구하는 의미의 삶이 보람으로 느껴질 때, 사람들은 스스로 행복감에 젖게 됩니다. 이것은 누구나 사람이라면 다 공통적인 것입니다.

특히 우리 신앙인들에게 있어서 신앙생활에서의 재미는 무엇일까? 신앙생활에서 아무런 재미를 느끼지 못하였다면, 지금껏 우리가 생각해 본 기도의 문제가 있음을 알아야 하겠습니다.

기도는 왜 해야 하고,

기도는 어떻게 해야 하며,

기도는 언제 해야 하는가를 바로 깨달았다면, 기도하는 자들에게는 반드시 응답이 있게 됩니다.

그 응답이 바로 하나님께로 부터 주시는 은혜의 선물입니다. 바르게 기도하는 자에게 하나님은 〈은혜의 복〉을 내려 주십니다.

1. 기도하는 사람에게 하나님은 은혜를 베푸십니다.

성경에 보면 기도에 응답 받은 사람들이 많이 있습니다. 그 기도의 응답은 여러가지로 나타났습니다. 오늘 본문에 "아무것도 염려하지 말고 오직 모든 일에 기도와 간구로 너희 구할 것을 감사함으로 하나님께 아뢰라"고 하였습니다. 그리하면 "예수 그리스도 안에서 너희 마음과 생각을 지켜 주실 것이다" 라고 하였습니다. '모든 일에 기도와 간구로 너희 구할 것을 감사함으로 아뢰라' 고 하였습니다. 여기에 어떻게 기도해야 할 것을 바르게 가르쳐 주고 있습니다.

첫째, 모든 일에 기도하라고 하였습니다.

둘째, 그냥 건성으로 기도하지 말고 간구하라고 하였습니다.

셋째, 그리고 감사함으로 기도하라고 하였습니다.

이렇게만 기도하면, 우리의 사정을 다 통찰하고, 아시는 하나님께서 우리의 생각보다 훨씬 더 뛰어난 것으로 응답해 주신다고 하였습니다.

그것이 무엇이겠습니까? 그것이 하나님의 귀한 은혜의 선물입니다.

기도는 내가 바라는 대로만 이루어져야 이루어진 것은 아닙니다.

내가 미처 생각하지 못했던 것 까지도 주시는 하나님이십니다.

그래서 예수 그리스도 안에서 너의 마음과 생각을 지켜주겠다고 하였습니다.

(He will guard your hearts and your minds in Christ Jesus)

여기 '지킨다' 는 영어성경 KJV에는 'keep' 이라고 했는데, 요즘 성경에서는 'guard' 라고 했습니다.

'Guard' 란 지킨다는 말도 있지만, 〈망보다〉, 〈보호하다〉, 〈주목하다〉, 〈경계하다〉 라는 뜻이 있습니다.

① 하나님은 기도하는 자들을 망보아 줍니다.

② 하나님은 기도하는 자들을 주목하여 지켜보고 있습니다.

③ 하나님은 기도하는 자들을 경계하여 줍니다.

그것도 예수 그리스도 안에서 그렇게 해 주겠다는 것입니다. 그래서 아무것도 염려하지 말고 너의 구할 것을 감사함으로 아뢰라고 했습니다.

사랑하는 성도 여러분!

이렇게 기도하라고 했는데 우리는 지금 어떤 모습으로 기도하고 있습니까?

모든 일에 기도하라고 했는데 우리는 답답할 때만 기도합니다. 감사함으로 아뢰라고 했는데 불평과 불만한 생각으로 아룁니다. 염려하지 말고 기도하라고 하였는데 기도하면서도 염려합니다. 기도한 것은 이미 얻은 줄로 여기라고 했는데 기도하면서도 의심합니다.

그렇게 기도하니 무슨 응답을 받을 수 있습니까?

또, 기도는 무시로 하되, 성령 안에서 해야 합니다. 성령의 교통하심을 소멸하지 않고 기도해야 합니다. 그렇게 기도하면 하나님은 내가 생각했던 것 보다 더 큰 응답을 주십니다. 이것을 우리 말에는 "지각에 뛰어난 하나님의 평강이 그리스도 예수 안에서 너희 마음과 생각을 지키시리라"고 하였습니다.

2. 성경에는 기도로 응답 받은 사람들이 많이 있습니다.

① 먼저 히스기야 왕입니다.

히스기야 왕은 기도로 병 고침을 받았습니다.(왕하 20:1-11)

"히스기야가 낯을 벽으로 향하고 여호와께 기도하여 가로되 여호와여 구하오니 내가 진실과 전심으로 주 앞에 행하며 주의 보시기에 선하게 행한 것을 기억하옵소서 하고 심히 통곡 하니라"고 하였습니다. 히스기야는 왕이었습니다.

지금 민주사회에서 왕은 사라졌지만, 옛날 우리나라도 왕이 있던 때를 보면, 이 나라는 백성의 나라가 아니라 왕의 나라이었습니다. 나라도 왕의 나라이었고, 백성도 왕의 백성이었습니다. 그 나라에서 나는 모든 좋은 것은 모두 왕에게 진상해야 했습니다.

왕은 곧 법이었습니다.

왕은 하늘이 낸 사람의 말이라고 감히 거역할 수 없었습니다.

그런 때에 히스기야는 하나님을 향하여 통곡하면서 기도하였습니다.

왕이 통곡할 지경이었다면 그가 얼마나 간절한 마음으로 기도했을까 짐작이 갑니다.

그렇게 기도했더니 하나님이 그의 기도를 들으시고 병을 낫게 해 주었습니다.

"내가 네 기도를 들었고 네 눈물을 보았노라"하였습니다. 그리고 처방의 지혜까지 주었습니다. 무화과 반죽을 그 종처에 놓으니 나았다고 하였습니다. 약을 통하여 하나님의 치유의 역사가 나타났다는 말입니다. 15년을 더 살게 해 주었습니다.

사랑하는 성도 여러분!

야고보서 5:14 "너희 중에 병든 자가 있느냐 저는 교회의 장로들을 청할 것이요 그들은 주의 이름으로 기름을 바르며 위하여 기도할지니라. 믿음의 기도는 병든 자를 구원하리니 주께서 저를 일으키시리라 혹시 죄를 범하였을지라도 사하심을 얻으리라. 이러므로 너희 죄를 서로 고하며 병 낫기를 위하여 서로 기도하라 의인의 간구는 역사하는 힘이 많으니라"고 하였습니다.

② 한나는 기도로 아들을 얻었습니다.

즉 그의 소원을 이루었습니다.(삼상 1:10-11)

"한나가 마음이 괴로와서 여호와께 기도하고 통곡하며 서원하여 가로되 만군의 여호와여 만일 주의 여종의 고통을 돌아보시고 나를 생각하시고 주의 여종을 잊지 아니하사 아들을 주시면 내가 그의 평생에 그를 여호와께 드리고 삭도를 그 머리에 대지 아니하겠나이다" 라고 했습니다.

여자에게서 제일 큰 슬픔과 고통은 불임이라고 합니다. 한나는 불임 때문에 통곡하며 기도했다고 했습니다. 그로 인하여 항상 마음이 괴로운 여인이었습니다. 성전에서 기도할 때 엘리 제사장은 술 취한 여자로 보았습니다. 서원 기도란 하나님께 맹세하고 기도하는 기도입니다.

'내게 아들만 안겨주면 그 아들을 평생 하나님께 바치겠나이다' 라는 맹세이었습니다. 그랬더니 하나님은 그의 기도를 들으시고 아들을 주었습니다. 그것이 사무엘이었습니다. 한나는 기도로 소원을 성취한 사람의 대표자입니다. 그런데 한나의 위대한 점을 배워야 합니다.

소원이 성취된 후 자기의 서원대로 하나님께 바치었습니다.

이것이 대단한 믿음입니다. 아마 그런 마음의 소유자이었기에 하나님이 그의 기도를 들어 주었는지도 모릅니다.

여기에 오늘의 우리들의 반성이 있어야 하겠습니다.
우리는 어떻습니까?
여러분!
우리 다 절실한 소원들이 있지 아니합니까?
그런데 그런 절실한 소원이 이루어질 때,
한나 같이 그렇게 실행할 자신이 있습니까?

"좋은 직장을 내게 주십시오 그러면 봉사생활 잘 하겠습니다"
정작 좋은 직장 주었을 때 한나 처럼 그렇게 실천할 자신이 있습니까?
"돈만 벌게 해 주십시오 그러면 내가 십일조 생활 잘 하겠습니다"
정작 돈 벌게 해 주었을 때 한나 처럼 십일조를 정직하게 할 자신이 있습니까? 그러니 어쩌면 하나님께서 허락하지 않는지도 모릅니다.

주면 죄 지을 확률이 많고, 주면 세상으로 나갈 확률이 많고, 주면 그것이 우상이 될 가능성이 더 농후한데 어떻게 하나님이 그 기도를 들어

주시겠습니까? 정말 소원이 있으면 한번 한나 처럼 서원기도를 해 보시기 바랍니다.

한나 처럼 통곡하며 구해 보시기 바랍니다.

아직도 우리 눈에는 눈물이 없습니다.

그래서 기도 응답의 가뭄이 들어있는지도 모릅니다.

③ 또 유다왕 아사는 기도로 국가의 위기를 모면하였습니다.(대하 14:9-15) 구스인 〈세라〉가 100만명과 병거 300승을 거느리고 유다와 싸우러 왔습니다.

나라의 위기였습니다. 이런 상황에서 아사왕은 "하나님 여호와께 부르짖어 가로되 여호와여 강한 자와 약한 자 사이에는 주 밖에 도와줄이가 없사오니 우리 하나님 여호와여 우리를 도우소서…"라고 기도했습니다.

그 결과 대 승리했습니다. 살아 남아 돌아간 자가 하나도 없었다고 하였습니다. 완전 승리를 얻었습니다. 국가의 위기는 많은 군대와 병거로 구원 얻은 왕이 없다고 하였습니다. 하나님이 나라의 위기를 모면케 해 주어야 합니다.

대한민국의 위기도(정치, 경제, 사회) 하나님이 해결해 주어야 합니다. 하나님이 허락하지 않으면 아무리 파수군이 그 성을 지켜도 헛수고라고 하였습니다. 또 하나님이 허락지 아니하면 아무리 집을 일으켜 세우려고 해도 세우는 자의 수고가 헛되고, 아무리 돈 벌려고 아침 일찍 일어나 별을 보고 나갔다가 별을 보고 들어와도 수고의 떡을 먹음이 다 헛 것이라고 하였습니다.

앞으로 벌고 뒤로 새 나간다는 말입니다. 그러므로 나라나, 개인이나, 가정의 위기를 극복하려면 우선 겸손해져 기도해야 합니다. 지은 죄가 있으면, 그것부터 회개하고 기도해야 합니다. 그리하면 하나님께서 이상한, 신비로운 방법으로, 내가 감히 생각지도 못했던 그런 방법으로 해결해 주십니다. 이렇게 기도하는 자들에게 하나님은 은혜의 복을 내려 주십니다. 히스기야 왕은 기도로 병을 고쳤고, 한나는 기도로 절박한 자기의 소원을 이루었고, 아사왕은 위태로운 나라의 위험을 극복하였습니다. 이 세 사람의 기도는 어쩌면 우리 모든 인생의 공통적인 기도 제목인지도 모릅니다. 아무쪼록 기도의 응답 받는 자들이 되시어 오늘도 살아 역사하는 하나님을 만나는 성도들이 다 되시기를 바랍니다.